财务管理

(第2版)

主　编　何爱赟　杜　敏　李　莉

副主编　吕继英　易和平　周殿红

参　编　赵成婷　戴　芳　熊　媛

　　　　向昌学　石磊芬　周婷婷

北京理工大学出版社

BEIJING INSTITUTE OF TECHNOLOGY PRESS

内容简介

本书以“项目导向、任务驱动”教学理念来组织教材的编写，共分为10个项目，确定34个工作任务。全书以公司理财为主体，以风险与收益为主线，系统地介绍了财务管理的基本理论和实用技能。本书主要内容包括财务管理的目标和环境、财务管理的基本价值观念、筹资管理、资本成本与资本结构、项目投资管理、证券投资管理、营运资本管理、利润分配管理、财务分析和财务预算与控制等。

本书体例新颖，内容翔实，根据公司财务的实际业务，设置了案例导入、任务介绍、基本知识、练习与思考、任务实施、实操训练等栏目，培养学生的学习能力、方法能力、实践能力。本书针对高职学生的特点，做到理论知识够用，专业技能实用、管用，实现与公司财务职业岗位的无缝对接。

本书实务性较强，适合作为高职高专院校会计、财务管理及相关专业的教材，也适合作为财务管理人员的自学参考书与培训用书。

图书在版编目（CIP）数据

财务管理／何爱赟，杜敏，李莉主编. —2版. —北京：北京理工大学出版社，2020.9重印
ISBN 978－7－5682－0511－5

Ⅰ. ①财… Ⅱ. ①何… ②杜… ③李… Ⅲ. ①财务管理－高等学校－教材
Ⅳ. ①F275

中国版本图书馆CIP数据核字（2017）第002795号

出版发行／北京理工大学出版社有限责任公司
社　　址／北京市海淀区中关村南大街5号
邮　　编／100081
电　　话／（010）68914775（总编室）
（010）82562903（教材售后服务热线）
（010）68948351（其他图书服务热线）
网　　址／http：//www. bitpress. com. cn
经　　销／全国各地新华书店
印　　刷／三河市天利华印刷装订有限公司
开　　本／787毫米×1092毫米　1/16
印　　张／17
字　　数／399千字
版　　次／2020年9月第2版第5次印刷
定　　价／49. 80元

责任编辑／周　磊
文案编辑／周　磊
责任校对／周瑞红
责任印制／李志强

图书出现印装质量问题，请拨打售后服务热线，本社负责调换

再版前言

培养高素质技能型人才是高职高专教育教学的根本目标，其中，教材建设是实现这一目标的重要保障。因此，编写一本体系科学、内容新颖、切合实际、理论与技能寓于一体的财务管理教材，既是当前我国经济发展的需要，也是培养财务行业高素质技能型人才的迫切需要。

本书以“项目导向、任务驱动”教学理念来组织教材的编写，有别于传统的财务管理教材的编写风格，主要特色如下：

（1）以项目为导向，以工作任务为驱动因素组织教材内容与编写体例。编者在编写过程中，注重理论与实务并重、知识与技能并重。根据财务管理的实际岗位，将全书分为10个项目，确定34个工作任务。按照工作任务来编写理论知识，实现了理论教学与实践教学的一体化，有助于锻炼学生解决实际问题的能力，提高岗位适应能力。

（2）体例新颖，内容翔实。本书以新的《企业会计准则》和《企业财务通则》等财会法规为准绳，结合近年来最新研究的财务理论成果和教学经验，精心组织教材的编写内容；同时，打破传统教材的编写风格，每个项目设置知识目标、技能目标、案例导入、任务介绍、基本知识、练习与思考、任务实施、实操训练等栏目，既增强了学生学习的针对性，又提高了学生职业分析的能力。

（3）互动性与趣味性相结合。通过每个项目设置的案例导入、案例分析和工作任务实施等栏目，不仅增加了“教”与“学”的互动性，而且使学生学习起来更有趣味性。

（4）理论适度，深入浅出。由于本书的主要适用对象是高职高专学生，因此，理论部分以“必需、够用”为原则，语言描述以深入浅出为方针。

本书由湖北财税职业学院何爱赟、杜敏、李莉（青岛恒星科技学院）担任主编，吕继英、易和平、周殿红（湖北生物职院）担任副主编，赵成婷、戴芳、熊媛、向昌学、石磊芬（仙桃职业学院）、周婷婷（青岛恒星科技学院）参加了编写。具体分工为：何爱赟、杜敏负责拟定编写提纲，杜敏负责编写项目一和项目二，且对全书进行修改，易和平编写项目三，熊媛编写项目四，吕继英编写项目五和项目六，赵成婷编写项目七，戴芳编写项目九，向昌学编写项目八，李莉编写项目十，最后由何爱赟、杜敏总纂成书。在此过程中周殿红、石磊芬、周婷婷做了很多实务性工作。

本书的编写，得到了湖北财税职业学院领导和相关职能部门的大力支持，在此一并表示诚挚的感谢。

作为对实践教学方式的探索，本书的完成只是编者阶段性探索的总结，书中难免存在不足之处，编者期待着会计界的专家、学者和广大读者的批评指正。

编　者

再版前言

目 录

项目一

总　论

知识目标

1. 了解财务管理的含义与内容；
2. 理解财务管理的环节，掌握财务管理的环境；
3. 理解财务管理的原则。

技能目标

1. 能够掌握财务管理目标；
2. 能够分析财务管理环境对企业理财的影响。

案例导入

旅行社的财务管理问题

李月是刚从旅游学院毕业的学生，他决定自主创业。他根据所学的专业知识，结合自己积累的一些实习经验，通过请教导师，反复经过可行性论证后，决定开设一家旅行社。

李月曾经在实习期间考察过几家旅行社，虽然对其经营有一定的了解，但自己创建旅行社必须面对许多问题，他认为需要解决以下事项：

(1) 旅行社的选址与设计。

(2) 旅行社筹建期间的费用预算。

(3) 如何筹集旅行社所需资金？

(4) 如何经营旅行社？

(5) 如何协调旅行社未来发展规划与预期收益分配问题？

假设你是旅行社的财务管理者，应如何为他规划、管理与财务相关的问题？

任务一　财务管理岗位内容

任务介绍

企业在日常经营活动中，财务管理者经常面临以下财务决策：

（1）如何筹集资金？
（2）如何使用和控制资金？
（3）如何进行投资活动？
（4）怎样合理进行收益分配？

这些问题就是财务管理的基本内容，只有明确了财务管理的基本内容，才能为实施具体的财务活动和协调有关各方利益关系奠定坚实的理论基础。

基本知识

一、企业财务活动

财务，简单地讲，就是理财的事务，或指企业、机关、事业单位和其他经济组织的资金及其运动。财务管理，本质上说，是资金管理。它是关于资金的筹集、运用和分配等方面所有管理工作的总称。从企业管理角度看，财务管理是指企业组织财务活动，处理财务关系的一项经济管理工作。因此，要了解什么是财务管理，必须先分析企业的财务活动和财务关系。

企业的财务活动包括筹资、投资、资金营运和利润分配等一系列行为。企业的经营过程，如图1－1所示。

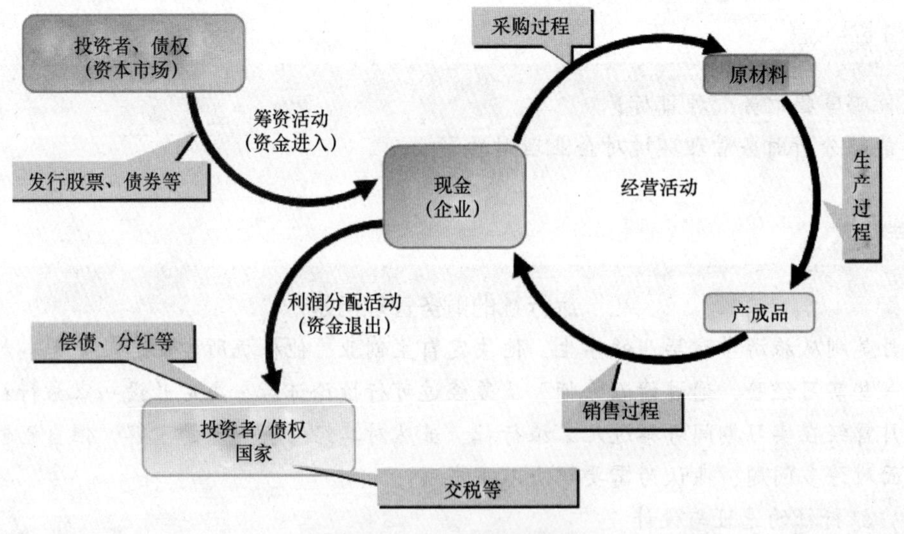

图1－1 企业经营过程

（一）筹资活动

在市场经济条件下，企业要想从事经营，首先必须筹集一定数量的资金。筹资是指企业为了满足投资和资金营运的需要，筹集所需资金的行为，是企业资金运动的起点。企业通过筹资通常形成两种资金来源：一是企业权益资金，企业可以通过向投资者吸收直接投资、发行股票、用留存收益转增资本等方式取得，其投资者包括国家、法人、个人等；二是企业债务资金，企业可以通过向银行借款、发行债券、利用商业信用等方式取得。企业筹集资金活动，表现为企业资金流入。企业偿还借款、支付利息和股利以及付出各种筹资费用等活动则表现为企业资金的流出。这种因为资金筹集而产生的资金收支，便是由企业筹资而引起的财务活动，是企业财务管理的主要内容之一。

在筹资过程中，一方面，企业需要根据战略发展的需要和投资计划来确定各个时期企业总体的筹资规模，以保证投资所需的资金；另一方面，要通过筹资渠道、筹资方式或工具合理地选择确定筹资结构，降低筹资成本和风险，提高企业价值。

（二）投资活动

企业取得资金后，必须将资金投入使用，以谋求最大的经济效益，否则筹资就失去了目的和效果。企业投资可分为广义的投资和狭义的投资两种：广义的投资包括对外投资（如购买其他公司股票、债券，或与其他企业联营）和对内投资（如购置固定资产、无形资产、流动资产等）；狭义的投资仅指对外投资。无论是企业购买内部所需各种资产，还是购买各种证券，都需要支付资金。而当企业变卖其对内投资形成的各种资产或收回其对外投资时，则会产生资金的收入。这种因企业投资而产生的资金收付，便是由投资而引起的财务活动。

企业在投资的过程中，必须考虑投资规模（即为确保获取最佳投资效益，企业应投入资金数额的多少）；同时，企业还必须通过投资方向和投资方式的选择，来确定合理的投资结构，以提高投资效益、降低投资风险。所有这些投资活动都是财务管理的重要内容。

（三）资金营运活动

企业在日常生产经营活动中，会发生一系列的资金收付行为。首先，企业需要采购材料或商品，从事生产和销售活动，同时，还要支付工资和其他营业费用；其次，当企业把商品或产品售出后，便可取得收入、收回资金；最后，如果资金不能满足企业经营需要，还要采取短期借款等方式来筹集所需资金。这种因企业生产经营而产生的资金收支，便是由企业经营而引起的财务活动。

在经营过程中，为满足企业日常营业活动的需要而垫支的资金，称为营运资金。在一定时期内，营运资金周转速度越快，资金的利用效率就越高，企业就可能生产出更多的产品，取得更多的收入，获取更多的利润。

（四）利润分配活动

企业通过投资和资金营运活动可以取得相应的收入，并实现资金的增值。企业取得的各种收入在补偿成本、缴纳税金后，还应依据有关法律对剩余收益进行分配。广义的分配是指对企业各种收入进行分割和分派的行为；狭义的分配仅指对企业净利润的分配。

企业通过生产经营活动取得的收入如销售收入，首先要用以弥补生产经营耗费、缴纳流转税，其余部分成为企业的营业利润；营业利润、投资净收益和营业外收支净额等构成企业利润总额。利润总额首先要按国家的规定缴纳所得税，净利润要提取公积金，分别用于扩大积累、弥补亏损和改善职工集体福利设施，其余利润作为投资收益分配给投资者或暂时留存企业，或作为投资者的追加投资。

值得说明的是，企业筹集的资金归结为所有者权益和负债两个方面，在对这两种资金分配报酬时，前者是通过利润分配的形式进行的，属于税后分配；后者是通过将利息等计入成本费用的形式进行分配的，属于税前分配。

另外，随着分配过程的进行，资金或者退出或者留存企业，必然会影响企业的资金运动，这不仅表现在资金活动的规模上，而且表现在资金运动的结构上（如筹资结构）。因此，如何依据一定的原则，合理确定分配规模和分配方式，确保企业取得最大的长期利益，也是财务管理的内容之一。

财务活动的四个方面，不是相互割裂、互不相关的，而是相互联系、相互依存的。正是上述互相联系又有一定区别的四个方面，构成了完整的企业财务活动。这四个方面也就是财务管理的基本内容：筹资管理、投资管理、营运资金管理、利润分配管理。

二、企业财务关系

企业在处理各项财务活动的过程中，会与有关各方发生经济利益关系，被称之为财务关系。企业的筹资活动、投资活动、经营活动和利润分配活动，与企业各方面存在着广泛的联系，主要包括以下七个方面：

（一）企业与投资者之间的财务关系

企业与投资者之间的财务关系主要是指企业的投资者向企业投入资金，企业向其投资者支付投资报酬所形成的经济关系。企业的所有者主要包括国家、法人、个人和其他组织。企业的所有者要按照投资合同、协议、章程的约定履行出资义务以便及时形成企业的资本，企业则利用资本营运以便实现预期利润。企业与投资者之间的财务关系实质上是一种所有权与经营权的关系。所有者的出资不同，对企业承担的责任不同，相应享有的企业权利也不相同。

（二）企业与债权人之间的财务关系

企业与债权人之间的财务关系主要是指企业向债权人借入资金，并按合同的规定支付利息和归还本金所形成的经济关系。企业的债权人主要有债权持有人、贷款机构、商业信用提供者、其他向企业出借资金的单位和个人。企业利用债权人的资金，要及时向债权人支付利息；债务到期时，要按时向债权人归还本金。企业与债权人之间的财务关系在性质上属于债务与债权的关系。

（三）企业与受资者之间的财务关系

企业与受资者之间的财务关系主要是指企业以购买股票或直接投资的形式向其他企业投资所形成的经济关系。企业向其他单位投资，应按约定履行义务，并依据其出资份额参与受资者的经营管理和利润分配。企业与受资者之间的财务关系体现的是一种所有权性质的投资与受资之间的关系。

（四）企业与债务人之间的财务关系

企业与债务人之间的财务关系主要是指企业将其资金以购买债券、提供借款或商业信用等形式出借给其他单位所形成的经济关系。企业将资金借出后，有权要求债务人按约定的条件支付利息和归还本金。企业与债务人之间的财务关系体现为债权与债务之间的关系。

（五）企业与政府之间的财务关系

企业与政府之间的财务关系是指政府作为社会管理者，以收缴各种税款的方式与企业形成的经济关系。在市场经济条件下，任何企业都有依法纳税的义务，以保证国家财政收入的实现，满足社会公共需要。企业与政府之间的财务关系体现为依法纳税和依法征税的关系，是一种强制和无偿的分配关系。

（六）企业与内部各单位之间的财务关系

企业与内部各单位之间的财务关系是指企业内部各单位之间在生产经营各环节中互相提

供产品或劳务所形成的经济关系。在企业实行内部经济核算制和经营责任制的情况下，企业内部各单位、部门之间因为相互提供产品劳务而形成内部计价结算。另外，企业内部各单位、部门与企业财务部门还会发生借款、报销、代收及代付等经济活动。因此，企业与内部各单位之间的财务关系体现为企业与内部各单位之间的资金结算关系。

（七）企业与职工之间的关系

企业与职工之间的关系主要是指企业向职工支付劳动报酬过程中所形成的经济利益关系，主要表现为：企业接受职工提供的劳务，并从营业所得中向职工支付工资、奖金、津贴、养老保险、失业保险、医疗保险、住房公积金等，从而实现按照职工劳动数量和质量对利润的分配。因此，企业与职工之间的关系体现为劳动成果的分配关系。

上述财务关系广泛存在于企业财务活动中，体现了企业财务活动的实质，从而构成了企业财务管理的另一项重要内容，即通过正确处理和协调企业与各有关方面的财务关系，努力实现企业与其他各种财务活动当事人之间的经济利益的均衡。

三、财务管理的环节

财务管理的环节是财务管理的工作步骤与一般工作程序。根据财务管理工作的程序及各部分间的内在关系，财务管理环节划分为财务预测、财务决策、财务预算、财务控制、财务分析。

财务预测是财务决策的依据，财务决策是财务管理的核心，财务预算是财务预测和财务决策的具体化，财务控制是实施财务预算的保证，财务分析可以改善财务预测、决策、预算和控制，完善企业财务管理水平，提高企业经济效益。以上五大工作环节相互联系、相互配合，形成周而复始的财务管理循环过程，构成完整的财务管理工作体系。财务管理工作各环节之间的关系如图 1 – 2 所示。

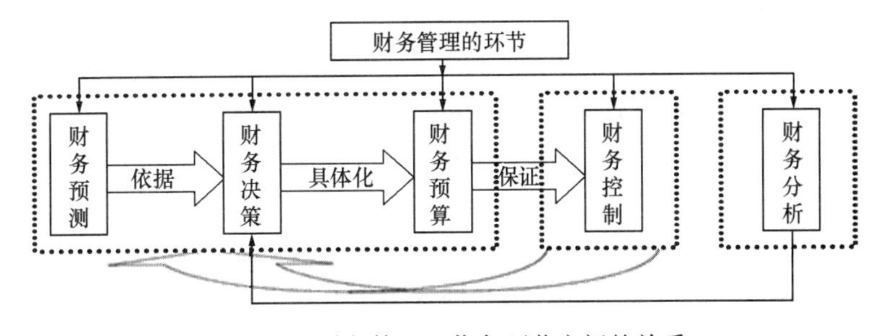

图 1 – 2　财务管理工作各环节之间的关系

（一）财务预测

财务预测是根据企业财务活动的历史资料，参考企业财务管理的现实要求和条件，对企业未来的财务活动、财务成果做出科学的预计和测算。财务预测是财务管理的一项重要工作，其作用在于测算各项生产经营方案的经济效益，为财务决策、财务预算和日常财务管理工作提供可靠的依据，使企业合理安排收支，提高资金使用效率，提高企业整体管理水平。

财务预测的起点是销售预测。一般情况下，财务预测把销售数据视为已知数，作为财务预测的起点。销售预测不是财务管理的职能，但它是财务预测的基础，销售预测完成后才能开始财务预测。财务预测的内容具体包括资金预测、成本和费用预测、营业收入预测和利润预测。按预测时间的长短，财务预测可以分为长期预测、中期预测和短期预测。

财务预测环节的主要工作是：确定预测对象和目的；收集和整理资料；选择预测模型；确定预测结果。

财务预测的方法主要有定性预测和定量预测两种。定性预测是利用已收集的资料，依靠财务人员的经验和吸收各方面的意见进行分析，做出定性的判断；定量预测是利用历史和现实的资料，运用数学方法建立经济模型，对未来财务发展趋势做出量化的预测，包括销售百分比法、回归分析法和计算机辅助技术法。在实践中一般是将这两种方法结合运用。

（二）财务决策

财务决策是企业决策的一部分。财务决策是为了实现预定的财务目标，根据财务预测资料，运用科学方法对若干可供选择的财务活动方案进行评价，从中选出最佳方案的过程。财务决策主要包括融资决策和投资决策两个部分。财务决策是财务管理的核心，在财务预测的基础上进行的财务决策是编制财务计划、进行财务控制的基础。

财务决策环节的主要工作是确定决策目标、提出备选方案、选择最优方案。

财务决策的方法很多，财务管理中常见的方法主要有投资利润率法、净现值法、内含报酬率法、偿债年限法和现值指数法等。

（三）财务预算

财务预算是运用科学的技术手段和数量方法，对目标进行综合平衡，制定主要的计划指标，拟定增产节约措施，协调各项计划指标。财务预算是以财务决策确立的方案和财务预测提供的信息为基础编制的，是财务预测和财务决策所确定的经营目标的系统化、具体化，是控制财务收支活动、分析生产经营成果的依据，是落实企业奋斗目标和保证实施的必要环节。

财务预算是企业全面预算的一部分，它和其他预算是联系在一起的，整个全面预算是一个数字相互衔接的整体。

财务预算环节的主要工作是：分析财务环境，确定预算指标；协调财务能力，组织综合平衡；选择预算方法，编制财务预算。

财务预算的编制方法，按不同要求有不同的方法，目前我国主要有以下三类：

（1）按与业务量的关系分为固定预算与弹性预算。

（2）按与基期的关系分为增量预算与零基预算。

（3）按设计的时间分为定期预算与滚动预算。

（四）财务控制

财务控制就是对预算和计划的执行进行追踪监督、对执行过程中出现的问题进行调整和修正，以保证预算的实现。财务控制与财务预算紧密相连，财务预算是财务控制的重要依据，财务控制是财务计划的重要手段，两者构成了财务管理的基本循环体系。

财务控制环节的主要工作是：制定控制标准并分解落实；实施追踪控制，及时调整与修正；分析执行情况。

财务控制的方法和手段通常包括授权批准控制、职务分离控制、全面预算控制、财产保全控制、标准成本控制、责任会计控制、业绩评价控制等。

（五）财务分析

财务分析是根据财务报表等有关资料，运用特定方法，对企业财务活动过程及结果进行分析和评价的一项工作。财务分析既是对已完成的财务活动的总结和评价企业财务状况、经营业绩，挖掘潜力、改进工作、实现财务管理目标的重要手段，也是财务预测的前提，在财务管理的循环中起着承上启下的作用。财务分析环节的主要工作是：占有资料，掌握信息；指标对比，揭露矛盾；分析原因，明确责任；提出措施，改进工作。

财务分析的方法主要包括趋势分析法、比率分析法和因素分析法。

在财务分析的基础上建立的经营业绩评价体系是企业建立激励机制和发挥激励作用的依据和前提。

练习与思考

1. 企业在组织财务活动中会发生哪些财务关系？其中最重要的财务关系是什么？
2. 财务管理的各个环节相互之间有什么联系？

任务实施

1. 假设你是某公司财务总监，试分析在工作中你应该如何组织财务活动并处理财务关系。
2. 搜集相关资料，明确财务总监的岗位职责，认真分析企业的财务活动及财务关系。
3. 形成报告，并上交老师评阅。

任务二　财务管理的目标

任务介绍

企业的目标是生存、发展和获利。企业目标要求财务管理完成筹措资金，并有效地使用资金的任务。财务管理的目标是企业理财活动所希望实现的结果，也是企业进行财务活动所要达到的根本目的，它决定着企业财务管理的基本方向和关键环节。

财务管理目标按照财务管理的内容，可分为整体目标、分部目标和具体目标；按照管理环节可分为财务预测目标、财务决策目标、财务控制目标、财务分析目标；按管理层次可分为总体目标和具体目标。

现以总体目标和具体目标为例，说明财务管理目标的内容。

基本知识

一、财务管理的总体目标

财务管理的总体目标，亦称财务管理的基本目标。它是企业全部财务活动需要实现的最终目标，也是企业开展一切财务活动的基础和归宿。财务管理的总体目标既要与企业生存与发展的总目标保持一致，又要直接、集中反映财务管理的基本特征，体现财务活动的基本规律。根据现代财务管理理论与实践，最具有代表性的财务管理目标有以下四种：

（一）利润最大化

利润是企业在一定期间内全部收入和全部成本费用的差额，它反映了企业当期经营活动中投入与产出对比的结果，在一定程度上体现了企业经济效益的高低。利润最大化目标假定在企业的投资预期收益确定的情况下，财务管理行为朝着有利于企业利润最大化的方向发展。以追逐利润最大化作为财务管理的目标，其主要原因有三：一是人类从事生产经营活动的目的是为了创造更多的剩余产品，而剩余产品的多少可以用利润这个指标来衡量；二是在自由竞争的资本市场中，资本的使用权最终属于获利最多的企业；三是只有每个企业都最大限度地创造利润，整个社会的财富才可能实现最大化，从而带来社会的进步和发展。

1. 利润最大化作为财务管理目标的优点

（1）简单明了，易于理解。

（2）有利于企业加强管理，增加利润。

2. 利润最大化目标的不足

（1）没有考虑资金时间价值。

（2）没有反映创造的利润与投入资本之间的关系。

（3）没有考虑风险因素，高额利润往往要承担过大的风险。

（4）片面追求利润最大化，可能导致企业短期行为，与企业发展的战略目标相背离。

注意：如果假设投入资本相同、利润取得的时间相同、相关的风险相同，利润最大化是一个可以接受的观念。事实上，许多经理人员都把高利润作为公司的短期目标。

（二）资本利润率最大化或每股收益最大化

所有者作为企业的投资者，其投资目标是取得资本收益，具体表现为净利润与出资额或股份数（普通股）的对比关系。资本利润率是企业当期净利润与资本额（投资者的出资额）的比率。每股收益，是指企业实现的归属于普通股股东的当期净利润与发行在外普通股股数的比值。资本利润率和每股收益的大小反映了投资者投入资本获得回报的能力。

这个目标的优点是把企业实现的利润额中投入的资本或股本数进行对比，能够说明企业的盈利水平，可以在不同资本规模的企业或同一企业不同期间之间进行比较，揭示其盈利水平的差异。但与利润最大化一样，该目标也存在以下不足：一是没有考虑资金时间价值；二是没有考虑风险因素；三是不能避免企业短期行为，与企业发展的战略目标相背离。

注意：如果假设风险相同、时间相同，每股盈余最大化也是一个可以接受的观念。事实上许多投资人都把每股盈余作为评价公司业绩的最重要目标。

（三）股东财富最大化目标

股东创办企业的目的是增加财富。如果企业不能为股东创造价值，他们就不会为企业提供资金。没有了权益资金，企业也就不存在了。因此，企业要为股东创造价值。股东财富最大化目标是指企业的财务管理以股东财富最大化为目标。

股东财富可以用股东权益的市场价值来衡量。股东财富的增加可以用股东权益的市场价值与股东投资资本的差额来衡量。它被称为“权益的市场增加值”。权益的市场增加值是企业为股东创造的价值。上市公司的股东财富是由其所拥有的股票数量和股票市场价格两方面所决定的。在股票数量一定时，股票价格达到最高，股东财富也就达到最大。因此，当股东投资资本不变时，股价最大化与增加股东财富具有同等意义。

1. 与利润最大化相比，股东财富最大化的优点

（1）考虑了风险因素，因为通常股价会对风险作出比较敏感的反应。

（2）在一定程度上能够避免企业在追求利润上的短期行为。

（3）对于上市公司而言，股东财富最大化比较容易量化，便于考核和奖惩。

2. 股东财富最大化目标的不足

(1) 通常只适用于上市公司，非上市公司难于应用。

(2) 股价由于受多种因素影响，不能完全准确反映企业财务管理状况。

(3) 股东财富最大化强调的更多的是股东利益，而对其他相关者的利益重视不够。

注意：主张股东财富最大化，并非不考虑其他利益相关者的利益。各国公司法都规定，股东权益是剩余权益，只有满足了其他方面的利益之后才会有股东的利益。事实上，企业守法经营就可以说基本满足了其他利益相关者的要求，在此基础上追求自身利益最大化，也会有利于社会。

(四) 企业价值最大化

企业价值最大化目标是指企业的财务管理以企业价值最大化为目标。企业价值是通过市场而确定的企业买卖价格，是企业全部资产市场价值，它反映了企业潜在的或预期的获利能力。

企业价值最大化目标是股东财富最大化目标更为科学的一种表述。一方面股东财富不仅表现为企业的利润，而且表现为企业全部资产的价值。如果企业利润增多了，但随之而来的是资产贬值，则意味着暗亏，对投资者来说是釜底抽薪。相反，如果企业资产价值增多了，生产能力强大了，则企业将具有持久的盈利能力，抵御风险的能力也会随之增强。因此人们在财务管理实践中深切地感受到以企业价值来衡量股东财富更必要。

另一方面，企业价值的增加，是由于权益价值增加和债务价值增加引起的。债务价值的变动是利率变化引起的，而利率不是企业的可控因素。在利率不变的情况下，增加企业价值与增加权益价值具有相同意义。

1. 与股东财富最大化相比，企业价值最大化目标的优点

(1) 该目标有利于克服管理的片面性和短期行为。

(2) 该目标有利于社会资源的合理配置。

2. 企业价值最大化目标的不足

(1) 企业的价值过于理论化，不易操作。尽管对于上市公司而言，股票价格的变动在一定程度上揭示了企业价值的变化，但是股价并非为企业所控制，其价格受多种因素影响产生的波动也并非与企业财务状况的实际变动相一致。

(2) 对于非上市公司，只有对企业进行专门的评估才能真正确定其价值，而资产估价不易做到客观和准确，也导致企业价值确定困难。

企业价值最大化作为当前公认的最佳财务管理目标，也是本教材主张的观点。

例题解析 1-1

下列关于财务目标的说法不正确的有（ABC）。

A. 主张股东财富最大化意思是说只考虑股东的利益

B. 股东财富最大化就是股价最大化或者企业价值最大化

C. 股东财富的增加可以用股东权益的市场价值来衡量

D. 权益的市场增加额是企业为股东创造的价值

解析：主张股东财富最大化，并非不考虑其他利益相关者的利益，所以，选项 A 的说法不正确。股东财富最大化与股价最大化以及企业价值最大化的含义并不完全相同，因此，选项 B 的说法不正确。股东财富可以用股东权益的市场价值来衡量，股东财富的增加可以用股东权益的市场价值与股东投资资本的差额来衡量，它被称为“权益的市场增加额”。权益的市场增加值是使企业为股东创造的价值。由此可知，选项C的说法不正确，选项D的说法正确。

二、财务管理的具体目标

财务管理的具体目标是根据财务管理的总体目标制定的，它是为实现财务管理总体目标而确定的企业各项具体财务活动所要达到的目的，如表1-1所示。

表1-1　财务管理的具体目标

目标分类	目标名称	目标含义
按管理层次划分	筹资管理目标	企业要在筹资活动中贯彻财务管理的总体目标的要求，以较小的筹资成本和较小的筹资风险，筹得同样多或较多的资金
	投资管理目标	企业要在投资活动中贯彻财务管理的总体目标的要求，以较小的投资额与较低的投资风险，获取同样多或较多的投资收益
	营运资金管理目标	企业的营运资金，是为满足企业日常营业活动的需要而垫支的资金。营运资金的周转速度，与生产经营周期具有一致性。在一定时期内资金周转越快，相同数量的资金，就越能够生产出更多的产品，取得更多的收入，获得更多的报酬。因此，加速资金周转，为提高自有资本收益率奠定坚实的基础
	收益分配管理目标	企业通过收益分配，选择适当的分配标准和分配方式，提高企业的即期市场价值和财务的稳定性与安全性，使企业的未来收入或利润不断增加。企业收益分配的具体目标：一是正确计算收益与成本；二是合理确定利润的留分比例以及分配方式，提高企业的潜在收益能力
按管理能力划分	盈利能力目标	盈利能力是指企业因销售产品或进行投资而产生的效益。企业筹集资金、使用资金，其目的就在于使资金增值，即实现企业盈利。因此，企业可把提高盈利能力作为财务管理的具体目标之一
	支付能力目标	支付能力也称偿债能力，它是指企业应保持一定的支付能力以保证必要时偿还一切债务。合理确定企业的负债规模和结构，保证企业的支付能力，已成为企业财务管理的一个具体目标
	经营能力目标	经营能力是指资金的周转速度和资产的增值率。企业对再生产过程的资金投入和收回进行科学的决策和计算，提高财务资源的使用效率和增值能力，确保资产的保值和增值，这也是财务管理的具体目标之一

三、财务管理目标的协调

企业财务活动涉及不同的利益主体，其中最主要的是股东、经营者和债权人，这三者构成了企业最主要的财务关系。企业是所有者即股东的企业，也是经营者和债权人等利益相关者的企业；财务管理目标是股东的目标，也应当兼顾经营者和债权人的目标。企业经营是不同利益主体共同作用的结果，将企业价值最大化作为企业财务管理目标的首要任务就是协调相关利益群体的关系，化解他们之间的利益冲突。

（一）所有者与经营者的矛盾与协调

股东为企业提供资本金，目标是使其财富最大化。经营者则希望在提高企业价值或股东财富的同时，提高自己的报酬、荣誉和社会地位，增加闲暇时间，降低劳动强度。经营者有可能为了自己的目标而背离股东目标，如借口工作需要乱花股东的钱，装修豪华的办公室，买高档汽车，增加享受成本等；或者蓄意压低股票价格，以自己的名义借款买回，导致股东财富受损，自己则从中渔利。

简言之，经营者和所有者的主要矛盾就是：经营者希望在提高企业价值和股东财富的同时，能更多地增加享受成本；而所有者和股东希望以较小的享受成本支出带来更高的企业价值或股东财富。

为了解决这一矛盾，应采取让经营者的报酬与绩效相联系，并配之以一定的监督措施。

第一，解聘。这是一种通过所有者约束经营者的办法。如果经营者决策失误，经营不力，未能采取有效措施使企业价值达到最大，就应解聘经营者。这会促使经营者因担心解聘而被迫实现财务管理目标。

第二，接收。这是一种通过市场约束经营者的办法。如果经营者决策失误，经营不力，且未能采取一切有效措施使企业价值提高，该公司就可能被其他公司强行接收或吞并，相应地经营者也会被解聘。因此，经营者为了避免这种接收，必须采取一切措施提高股票市价。

第三，激励。将经营者的报酬与其绩效挂钩，经营者更愿意自觉地采取能满足企业价值最大化的措施。激励有两种方式：第一种是“股票期权”方式，它允许经营者以固定的价格购买一定数量的公司股票，股票的价格越高于固定价格，经营者所得到的报酬就越多，经营者为了获取更大的股票涨价利益，就必然采取能够提高股价的行为；第二种是“绩效股”方式，它是公司运用每股利润、资产报酬率等指标来评价经营者的业绩，按其业绩大小给予经营者数量不等的股票作为报酬。如果公司的经营业绩未能达到规定目标，经营者也将部分丧失原先持有的“绩效股”。这种方式使经营者不仅为了多获得“绩效股”而不断采取措施提高公司的经营业绩，而且为了实现每股市价最大化也采取各种措施使股价趋于上升。

当然，不管采取哪一种措施，均不能完全消除经营者背离股东目标的行为，且采取任何一种措施，所有者都必须付出一定的代价，有时代价会很大。监督成本、激励成本和偏离股东目标的损失之间此消彼长，相互制约。股东要权衡轻重，力求找出能使三项之和最小的解决方法，它就是最佳解决方法。

例题解析 1-2

协调经营者与所有者之间的矛盾，股东必须支付（BC）。

A. 沉没成本　　B. 监督成本　　C. 激励成本　　D. 经营成本

解析：股东可采取监督和激励两种方法协调自己和经营者的目标，股东应在监督成本、激励成本和偏离股东目标的损失之间权衡，寻求最佳的解决方法。

（二）所有者与债权人的矛盾与协调

当公司向债权人借入资金后，两者也形成一种委托代理关系。所有者的财务目标可能与债权人期望实现的目标发生矛盾。首先，所有者可能未经债权人同意，要求经营者投资比债权人预计风险要高的项目，使偿债风险加大，债权人的负债价值必然会降低。高风险的项目一旦成功，额外的利润就会被所有者独享；但项目失败，债权人却要与所有者共同负担由此造成的损失。这对债权人来说风险与收益是不对称的。其次，所有者或股东可能未征得现有债权人的同意，而要求经营者发行新债券或举借新债，致使原债务价值降低（因为相应的偿债风险增加）。

所有者与债权人的上述矛盾协调可通过以下两种方式解决：

第一，限制性借债。即通过对借债的用途限制、借债办担保条款和借款的信用条件来防止和迫使股东不能利用上述两种方法削弱债权人的债权价值。

第二，收回借款或停止借款。当债权人发现公司有侵蚀其债权价值的意图时，采取收回债权或不给予公司增加放款，从而来保护自身的权益。

（三）企业财务目标与社会责任

企业财务管理目标与社会目标在许多方面是一致的，企业在追求自己的目标时，必然为社会提供服务，自然会使社会受益。但企业财务管理目标与社会目标也有不一致的地方。如企业为了获利，可能生产伪劣产品；可能不顾工人的健康和利益；可能造成环境污染；可能损害其他企业的利益等。当企业有这些行为时，社会将因此而受损。另一方面，企业承担过多的社会责任，必然会增加成本，降低每股盈余水平，从而导致股价降低，减少股东的财富。

为解决这一矛盾，可以采取以下方式：

第一，立法。政府颁布一系列保护公众利益的法律，如公司法、反不正当竞争法、反暴利法、环境保护法、合同法等，依此调节股东和社会公众的利益冲突。

第二，监督。法律不可能解决所有的问题，特别是在法制尚不健全的情况下，企业可能在合法的情况下从事不利于社会的事情。企业除了要在遵守法律的前提下去追求企业价值最大化的目标之外，还必须受到道德的约束，接受政府以及社会公众的监督，进一步协调企业与社会的矛盾。

例题解析1－3

股东协调自己和经营者目标的最佳办法是（D）。

A. 采取监督方式

B. 采取激励方式

C. 同时采取监督和激励方式

D. 使监督成本、激励成本和偏离股东目标的损失三者之和最小的办法

解析：通常，股东同时采取监督和激励两种方式来协调自己和经营者的目标。尽管如此仍不可能使经营者完全按照股东的意愿行动，经营者仍然可能采取一些对自己有利而不符合股东最大利益的决策，并由此给股东带来一定的损失。监督成本、激励成本和偏离股东目标的损失之间此消彼长，相互制约。股东要权衡轻重，力求找出能使监督成本、激励成本和偏离股东目标的损失三者之和最小的解决办法。这就是最佳的解决办法。

练习与思考

1. 以利润最大化作为财务管理的目标，其缺陷是（　　）。

   A. 没有考虑利润的取得时间

   B. 没有考虑获取利润所承担的风险

   C. 计量比较困难

   D. 没有考虑所获利润和投入资本额的关系

2. 财务管理十分重视股价的高低，其原因是（ ）。
   A. 股价代表了公众对企业价值的评价
   B. 股价反映了资本与获利之间的关系
   C. 股价反映了每股利润和风险的大小
   D. 股价反映了财务管理目标的实现程度
3. 债权人为了防止其利益被伤害，通常采取的措施有（ ）。
   A. 寻求立法保护　　B. 规定资金的用途
   C. 提前收回借款　　D. 限制发行新债数额

任务实施

如果你是一家公司的控股股东，子公司总经理汪成由于业绩的压力偏好于扩大投资规模，而且汪成个性张扬，讲排场，这样做对股东财富的增加是不利的。你是否想要解雇汪成？如果不能解雇，你如何来控制汪成的行为呢？利用财务管理目标协调的相关理论来说明这一实务中普遍存在的代理问题。

任务三　财务管理的原则

任务介绍

财务管理的原则是企业财务管理工作必须遵循的基本原则，它是从企业财务管理实践中抽象出来的并在实践中得以证明是正确的行为规范，它反映了企业财务管理活动的内在的本质要求。明确财务管理的原则，有助于财务管理工作的有效实施。

基本知识

一、货币时间价值原则

货币时间价值原则是指在进行财务计量时要考虑货币时间价值因素。该原则的依据是货币投入使用后其数额会随着时间的延续而不断增加。该原则要求财务估价时要考虑时间价值的影响。

货币时间价值是客观存在的经济范畴，它是指货币经历一段时间的投资和再投资所增加的价值。从经济学的角度看，即使在没有风险和通货膨胀的情况下，一定数量的货币资金在不同时点上也具有不同的价值。因此在数量上货币的时间价值相当于没有风险和通货膨胀条件下的社会平均资本利润率。今天的一元钱要大于将来的一元钱。货币时间价值原则在财务管理实践中得到广泛的运用。长期投资决策中的净现值法、现值指数法和内含报酬率法，都要运用到货币时间价值原则；筹资决策中比较各种筹资方案的资本成本、分配决策中利润分配方案的制定和股利政策的选择，营业周期管理中应付账款付款期的管理、存货周转期的管理、应收账款周转期的管理等，都充分体现了货币时间价值原则在财务管理中的具体运用。

二、资本市场有效原则

资本市场有效原则是指在资本市场上频繁交易的金融资产的市场价格反映了所有可获得的信息，而且面对新信息完全能迅速地做出调整。该原则的依据是有效市场理论。

财务管理的目标是使股东财富最大化，这只能在有效的市场中实现。市场是否有效与信息反映到证券价格中的速度有关。一个有效的市场是由大量受利润驱动的独立行为的投资者组成的。与证券有关的信息往往随机出现在市场上。投资者即时对信息作出反应，购买或出售证券。在有效市场的假定前提下，信息反馈到价格中去的速度之快使得投资者无法从公开信息获利。只有当投资者确信了证券价格已经恰当地反映了公司预期的利润和风险，进而反映了公司真实的价值，此时，投资者的投资行为才是理性的，资本市场才是有效的。

该原则要求重视市场对企业的估价；慎重使用金融工具，如果市场是有效的，购买或出售金融工具的交易的净现值为零。

三、资金合理配置原则

拥有一定数量的资金，是企业进行生产经营活动的必要条件，但任何企业的资金总是有限的。资金合理配置是指企业在组织和使用资金的过程中，应当使各种资金保持合理的结构和比例关系，保证企业生产经营活动的正常进行，使资金得到充分有效的运用，并从整体上（不一定是每一个局部）取得最大的经济效益。在企业的财务管理活动中，资金的配置从筹资的角度看表现为资本结构，具体表现为负债资金和所有者权益资金的构成比例，长期负债和流动负债的构成比例，以及内部各具体项目的构成比例。企业不但要从数量上筹集保证其正常生产经营所需的资金，而且必须使这些资金保持合理的结构比例关系。从投资或资金的使用角度看，企业的资金表现为各种形态的资产，各种形态的资产之间应当保持合理的结构比例关系，包括对内投资和对外投资的构成比例。对内投资构成比例包括流动资产投资和固定资产投资的构成比例、有形资产和无形资产的构成比例、货币资产和非货币资产的构成比例等；对外投资构成比例包括债权投资和股权投资的构成比例、长期投资和短期投资的构成比例等以及各种资产内部的结构比例。上述这些资金构成比例的确定，都应遵循资金合理配置原则。

四、成本—效益原则

成本—效益原则就是要对企业生产经营活动中的所费与所得进行分析比较，将花费的成本与所取得的效益进行对比，使效益大于成本，产生“净增效益”。成本—效益原则贯穿于企业的全部财务活动中。企业在筹资决策中，应将所发生的资本成本与所取得的投资利润率进行比较；在投资决策中，应将与投资项目相关的现金流出与现金流入进行比较；在生产经营活动中，应将所发生的生产经营成本与其所取得的经营收入进行比较；在不同备选方案之间进行选择时，应将所放弃的备选方案预期产生的潜在收益视为所采纳方案的机会成本与所取得的收益进行比较。在具体运用成本—效益原则时，应避免“沉没成本”对决策的干扰，“沉没成本”是指已经发生、不会被以后的决策改变的成本。因此，在做各种财务决策时，应将其排除在外。

五、风险—报酬均衡原则

风险与报酬是一对孪生兄弟，形影相随，投资者要想取得较高的报酬，就必然要冒较大的风险，而如果投资者不愿承担较大的风险，就只能取得较低的报酬。风险—报酬均衡原则是指决策者在进行财务决策时，必须对风险和报酬作出科学的权衡，使所冒的风险与所取得的报酬相匹配，达到趋利避害的目的。在筹资决策中，负债资本成本低，财务风险大；权益资本成本高，财务风险小。企业在确定资本结构时，应在资本成本与财务风险之间进行权衡。任何投资项目都有一定的风险，在进行投资决策时必须认真分析影响投资决策的各种可能因素，科学地进行投资项目的可行性分析，在考虑投资报酬的同时考虑投资的风险。在具体进行风险与报酬的权衡时，由于不同的财务决策者对风险的态度不同，有的人偏好高风险、高报酬，有的人偏好低风险、低报酬，但每一个人都会要求风险和报酬相对等，不会去冒没有价值的无谓风险。

六、收支积极平衡原则

财务管理实际上是对企业资金的管理，量入为出、收支平衡是对企业财务管理的基本要求。资金不足，会影响企业的正常生产经营，坐失良机，严重时，会影响到企业的生存；资金多余，会造成闲置和浪费，给企业带来不必要的损失。收支积极平衡原则要求企业一方面要积极组织收入，确保生产经营和对内、对外投资对资金的正常合理需要；另一方面，要节约成本费用，压缩不合理开支，避免盲目决策。保持企业一定时期资金总供给和总需求动态平衡和每一时点资金供需的静态平衡，要做到企业资金收支平衡，在企业内部，要增收节支，缩短生产经营周期，生产适销对路的优质产品，扩大销售收入，合理调度资金，提高资金利用率；在企业外部，要保持同资本市场的密切联系，加强企业的筹资能力。

七、利益关系协调原则

企业是由各种利益集团组成的经济联合体。这些经济利益集团主要包括企业的所有者、经营者、债权人、债务人、国家税务机关、消费者、企业内部各部门和职工等。利益关系协调原则要求企业协调、处理好与各利益集团的关系，切实维护各方的合法权益，将按劳分配、按资分配、按知识和技能分配、按绩分配等多种分配要素有机结合起来。只有这样，企业才能营造一个内外和谐的发展环境，充分调动各有关利益集团的积极性，最终实现企业价值最大化的财务管理目标。

八、现金流量衡量价值原则

现金流量是企业收到并可用于再投资的现金。按照权责发生制核算的会计利润是企业赚得的收益而不是手头可用的现金。企业的现金流和会计利润的发生往往是不同时的。现金流反映了收支的真实发生时间，因而比会计利润更能衡量企业价值。

在现金流量衡量价值原则应用中，应注意：第一，只有增量现金流才是相关的；第二，并非所有的现金流都是增量。这里所讲的增量现金流是指新项目上马后的现金流与原项目现金流之间的差额，反映了该决策的真实影响。当然，增量观念不能局限在现金流上，而应当从增量这个角度考察决策产生的一系列影响，如收入、成本、税金等。

九、纳税影响业务决策原则

货币时间价值原则是指企业在评价新项目时必须考虑纳税因素，投资收益的衡量应当建立在税后的基础上。不同的税种对企业的财务结构会产生不同的影响，如债务融资所支出的利息在所得税前列支，可以使企业减免一定的所得税，是一项减税费用。而股票的红利是在所得税后列支，不能抵减所得税。这也是债务融资优于股票融资的原因所在。

例题解析1-4

假设面对不同的投资机会，应把钱投到哪儿呢？

张华以储蓄进行投资并得到回报，王敏则愿意放弃未来的消费机会而现在消费。

张华由于延迟消费，会要求比预期的通货膨胀率更高的收益率，如果储蓄将导致购买力下降，那么张华推迟消费是不明智的。

王敏则认为储蓄利率低于预期的通货膨胀率，他提前购买目前不需要的产品或投资于那些能保值增值的资产，但是由于不同投资项目的风险与收益各不相同。如果王敏是高风险偏好者，他会投资风险高的项目，以获得较好的预期收益；如果王敏是稳健的投资者，他会选择购买政府债券或企业债券。总之，额外的风险应当由额外的收益来补偿。

例题解析1-5

如果资本市场是完全有效的，下列表述中正确的有（ACD）。

A. 股价可以综合反映公司的业绩

B. 运用会计方法改善公司业绩可以提高股价

C. 公司的财务决策会影响股价的波动

D. 在证券市场上，购买和出售金融工具的交易的净现值等于零

解析：如果资本市场是有效的，股价可以反映所有的可获得的信息，而且面对新信息股价完全能迅速地做出调整，如果资本市场是有效的，购买或出售金融工具的交易的净现值为零，所以，ACD是正确的。

练习与思考

1. 假设市场是完全有效的，基于市场有效假设可以得出的结论有（　　）。

   A. 在证券市场上，购买和出售金融工具的交易的净现值等于零

   B. 股票的高价等于股票的内在价值

   C. 账面利润始终决定着公司股票价格

   D. 证券市场可以完全地反映一切信息

2. 关于财务管理原则，下列说法正确的是（　　）。

   A. 高风险不一定会有高收益

   B. 两个方案中未来现金流量高的方案就是可选方案

   C. 不同的税种对公司的财务结构会产生不同的影响

   D. 只要是收益大于成本的项目都可以接受

3. 货币时间价值观念要把项目未来的成本和收益都以现值表示，如果两个投资机会除了报酬不同以外，其他条件（包括风险）都相同，人们会选择报酬较高的投资机会，这是（　　）所决定的。

   A. 风险—报酬均衡原则　　B. 投资分散化原则

   C. 自利行为原则　　D. 比较优势原则

任务实施

1. 请同学课下分析一下财务管理原则与教材后续章节的关联性。
2. 从1-4中你得到了什么启示？

任务四　财务管理的环境

任务介绍

财务管理的环境又称理财环境，是对企业财务活动和财务管理产生影响作用的企业内外各种条件的统称。企业财务活动在相当大程度上受理财环境制约，如生产、技术、市场、物价、金融、税收等因素，这些因素对企业财务活动都有重大影响。只有在理财环境的各种因素作用下实现财务活动的协调平衡，企业才能生存和发展。明确理财环境，有助于正确地制定理财策略。

基本知识

财务管理的外部环境，又称宏观理财环境，就是指影响财务主体运行的外部条件和因素。外部环境对所有企业的财务都可能产生影响，但这种影响往往是间接的，并通过影响内部财务管理环境体现出来。财务管理的外部环境是企业财务决策难以改变的，企业财务决策更多的是适应它们的要求和变化。财务管理的外部环境涉及的范围很广，本教材主要介绍的是经济环境、法律环境和金融环境。

财务管理的内部环境，又称微观理财环境，是指企业自身管理体制、经营组织形式、生产经营规模以及内部管理水平等诸多因素的结合所形成的既定空间。每个企业都有其独特的内部环境，这些内部微观因素对企业财务主体的财务机制运行有直接的影响。研究不同企业的微观理财环境其意义在于指导企业根据自身特点，分别采取不同的理财措施，以实现企业理财效果最优化。

一、财务管理的外部环境

（一）经济环境

影响财务管理的经济环境内容十分广泛，主要包括经济体制、经济周期、经济发展水平、宏观经济政策和通货膨胀水平。

1. 经济体制

不同经济体制下，企业财务管理有显著区别。经济体制是制约企业财务管理的重要环境因素之一。在计划经济体制下，财务管理活动内容比较单一，财务管理方法比较简单。在市场经济体制下，企业成为“自主经营、自负盈亏”的经济实体，有独立的经营权和理财权，企业财务活动要自始至终根据自身条件和外部环境作出各种财务管理决策并组织实施。

2. 经济周期

市场经济条件下，经济发展与运行带有一定的波动性。经济运行大体上经历复苏、繁荣、衰退和萧条几个阶段的循环，这种循环叫做经济周期。在不同的经济周期，企业应采用不同的财务管理战略。

市场经济条件下，经济发展与运行带有一定的波动性，大体上经历复苏、繁荣、衰退和萧条几个阶段的循环，这种循环叫做经济周期。在不同的经济周期，企业应采用不同的财务管理策略。西方财务学者探讨了经济周期中的经营理财策略，现择其要点归纳如表 1－2 所示。

表1－2　经济周期中的经营理财策略

经济周期	复苏	繁荣	衰退	萧条
经营理财策略	1. 增加厂房设备 2. 实行长期租赁 3. 建立存货 4. 开发新产品 5. 增加劳动力	1. 扩充厂房设备 2. 继续建立存货 3. 提高产品价格 4. 开展营销规划 5. 增加劳动力	1. 停止扩张 2. 出售多余设备 3. 停产利润低的产品 4. 停止长期采购 5. 削减存货 6. 停止扩招雇员	1. 建立投资标准 2. 保持市场份额 3. 压缩管理费用 4. 放弃次要利益 5. 削减存货 6. 裁减雇员

3. 经济发展水平

财务管理的发展水平是和经济发展水平密切相关的，经济发展水平越高，财务管理水平也越高。财务管理水平的提高，也有利于经济发展水平的进一步提高。近年来我国的国民经济保持高速的增长，各项建设方兴未艾。这不仅给企业带来了机遇。同时又给企业财务管理带来严峻的挑战。因此，企业财务管理工作者必须积极探索与经济发展水平相适应的财务管理模式。

4. 宏观经济政策

经济政策是国家进行宏观经济调控的重要手段，经济政策包括产业政策、金融政策、财税政策、价格政策等。不同的宏观经济政策，对企业财务管理影响不同。金融政策中的货币发行量、信贷规模会影响企业投资的资金来源和投资的预期收益；财税政策会影响企业的资金结构和投资项目的选择等；价格政策会影响资金的投向和投资的回收期及预期收益；会计制度的改革会影响会计要素的确认和计量，进而对企业财务活动的事前预测、决策及事后的评价产生影响等。可见，经济政策对企业财务的影响是非常大的。这就要求企业财务人员必须把握经济政策，更好地为企业的经营活动服务。

5. 通货膨胀水平

通货膨胀对企业财务活动的影响是多方面的。企业应当采取措施予以防范。在通货膨胀初期，货币面临着贬值的风险，这时企业进行投资可以避免风险，实现资本保值；与供应商应签订长期购货合同，以减少物价上涨造成的损失；取得长期负债，保持资本成本的稳定。在通货膨胀持续期，企业可以采用比较严格的信用条件，减少企业债权；调整财务政策，防止和减少企业资本流失等等。

（二）法律环境

财务管理的法律环境是指企业和外部发生经济关系时所应遵守的各种法律、法规和规章。

1. 法律环境的范畴

市场经济是法制经济，企业的经济活动总是在一定法律规范内进行的。法律既约束企业的非法经济行为，也为企业从事各种合法经济活动提供保护。

国家相关法律法规对财务管理内容的影响情况如下：

（1）影响企业筹资的各种法规：公司法、证券法、金融法、证券交易法、合同法等。

（2）影响企业投资的各种法规：公司法、证券交易法、企业财务通则等。

（3）影响企业收益分配的各种法规：税法、公司法、企业财务通则等。

2. 法律环境对财务管理的影响

法律环境对企业的影响是多方面的，影响范围包括企业组织形式、公司治理结构、投融资活动、日常经营、收益分配等。不同种类的法律，分别从不同方面约束企业的经济行为，对企业财务管理产生影响。

（三）金融环境

企业总是需要资金从事投资和经营活动。而资金的取得，除了自有资金外，主要从金融机构和金融市场取得。金融政策的变化必然影响企业的筹资、投资和资金运营活动。所以，金融环境是企业最为主要的环境因素之一。影响财务管理的主要金融环境因素有金融机构、金融工具、金融市场和利率。

1. 金融机构

金融机构包括银行和非银行金融机构。

（1）银行。银行是指经营存款、放款、汇兑、储蓄等金融业务，承担信用中介的金融机构。银行的主要职能是充当社会中介、充当企业之间的支付中介、提供信用工具、充当投资手段和充当国民经济的宏观调控手段。我国银行主要包括各种商业银行和政策性银行。商业银行，包括国有商业银行（如中国工商银行、中国农业银行、中国银行和中国建设银行）和其他商业银行（如交通银行、广发银行、招商银行、光大银行等）；政策性银行主要包括国家开发银行、中国进出口银行、中国农业发展银行等。

（2）非银行金融机构。非银行金融机构包括金融资产管理公司、信托投资公司、财务公司和金融租赁公司等。

2. 金融工具

金融工具是证明债权债务关系并据以进行货币资金交易的合法凭证，是融通资金的双方在金融市场上进行资金交易、转让的工具，具体分为基本金融工具和衍生金融工具两大类。金融工具的特征是：期限性、流动性、风险性、收益性。

3. 金融市场

金融市场是指融通资金的双方通过一定的金融工具进行交易而融通资金的场所。金融市场有广义与狭义之分。广义的金融市场是指一切以资本和货币交易为对象的场所，包括货币借贷、票据承兑与贴现、有价证券买卖、外汇和黄金买卖、保险业务等市场；狭义的金融市场一般指有价证券市场，即股票和债券发行与交易市场。一般意义上的金融市场是指狭义的金融市场。

（1）金融市场按照不同的标准，可以进行以下四种分类。

① 按交易期限划分为短期资金市场和长期资金市场。短期资金市场也叫货币市场，是指期限不超过一年的资金交易市场。长期资金市场也叫资本市场，是指期限在一年以上的股票和债券交易市场。

② 按交割的时间划分为现货市场和期货市场。现货市场是买卖双方成交后，当场或几天之内买方付款、卖方交出证券的交易市场。期货市场是买卖双方成交后，在双方约定的未来某一特定的时日才交割的交易市场。

③ 按交易的方式和次数分为初级市场和次级市场。初级市场也叫发行市场或一级市场，是指从事新金融工具买卖的转让市场。次级市场也叫流通市场或二级市场，是指从事旧金融工具买卖的转让市场。

④ 按金融工具的属性分为基础性金融市场和金融衍生品市场。

（2）金融市场的要素。金融市场的要素主要有：市场主体、金融工具、交易价格、组织方式。

4. 利率

利率也称利息率，是利息占本金的百分比指标。从资金的借贷关系看，利率是一定时期内运用资金资源的交易价格。资金作为一种特殊商品，以利率为价格标准的融通，实质上是资源通过利率实行的再分配。因此，利率在资金分配以及企业财务决策中起着重要的作用。

（1）利率的类型。

① 按利率之间的变动关系，分为基准利率和套算利率。基准利率是指在整个利率体系中起主导作用的基础利率。它的水平和变化决定其他各种利率的水平和变化。基准利率是利率市场化机制形成的核心。我国以中国人民银行对各专业银行的贷款利率为基准利率。套算利率是各金融机构根据基准利率和借贷款项的特点而换算出的利率。

② 按利率与市场资金供求情况的关系，分为固定利率和浮动利率。固定利率是指借贷期内不作调整的利率。浮动利率是一种在借贷期内可定期调整的利率。

③ 按利率形成机制不同，分为市场利率和法定利率。市场利率是指根据资金市场的供求关系，随着市场而自由变动的利率。法定利率是指由政府金融管理部门或中央银行确定的利率。

（2）利率的一般计算公式。

$$利率 = 纯利率 + 通货膨胀补偿率 + 风险报酬率$$

① 纯利率。纯利率是指无通货膨胀、无风险情况下的平均利率。通常，在没有通货膨胀时，国库券的利率可以视为纯利率。纯利率的高低，受平均利润率、资金供求关系和国家调节的影响。

② 通货膨胀补偿率。通货膨胀补偿率是指由于持续的通货膨胀会不断降低货币的实际购买力，为补偿其购买力损失而要求提高的利率。

③ 风险报酬率。风险报酬率是投资者要求的除纯利率和通货膨胀补偿率之外的风险补偿，包括违约风险报酬率、流动性风险报酬率和期限风险报酬率三种。

二、财务管理的内部环境

（一）企业管理体制

企业管理体制是国家对企业的各种管理体制和管理方式的总称。企业管理体制一般是由其所有制性质和国家的宏观经济管理体制所决定的。在企业微观理财环境中，管理体制起着决定的作用，它直接决定着企业微观理财环境的优劣，以及企业理财权限的大小和理财领域的宽窄。

（二）企业经营组织形式

企业经营组织形式是指在既定的产权体制下，企业内部的权责结构和利益关系的组合方式，又称经营方式。在企业微观理财环境中，经营组织形式受制于企业管理体制。在管理体制既定的条件下，不同的经营组织形式，决定了企业内部财务管理权限分配和职责划分不同。

（三）企业生产经营规模

在企业理财的微观环境中，生产经营规模是一个变量，即在企业管理体制和经营组织形式既定的条件下，生产经营规模大小的不同会对财务管理工作提出不同的要求。在大规模企业中，内部分工协作具有明显的专业化特征，而且其工艺过程的现代化水平较高，企业生产经营资金的存量、流量、流向等有多元化、复杂化的特征，这都要求企业财务管理活动贯穿于生产经营的各个环节，企业内部要制定严格的财务管理制度。而对于规模较小的企业，由于经营活动较为简单，筹资、投资活动也只在小范围内进行，这就要根据自身规模小的特点，灵活组织理财活动。

（四）企业内部管理水平

企业内部管理水平是指企业内部各项管理制度的制定及执行情况。从企业理财来看，如果企业内部有着完备健全的管理制度并能得到严格执行，这就意味着企业理财有着较好的基础，有章可循，企业理财工作起点较高，容易走上规范化的轨道并带来理想的理财效果。反之，企业内部管理制度不健全，或管理制度得不到严格执行，这必然给企业理财工作带来困难。

练习与思考

1. 财务管理的外部环境有哪些？它们分别对财务管理活动的影响体现在哪些方面？
2. 利率有哪些类型？如何确定利率的计算公式？
3. 财务管理的内部环境有哪些？

任务实施

1. 将同学分组，不同的小组选择某一特定的企业展开调研，分析该企业面临的理财环境。
2. 形成书面调研报告，上交老师进行评阅。

实操训练

一、单项选择题

1. 企业支付利息属于由（　　）引起的财务活动。

   A. 投资　　B. 分配　　C. 筹资　　D. 资金营运

2. 已知短期国库券利率为5%，纯利率为4%，市场利率为8%，则通货膨胀补偿率为（　　）。

   A. 3%　　B. 1%　　C. －1%　　D. 4%

3. 下列（　　）属于企业购买商品或接受劳务形成的财务关系。

   A. 企业与供应商之间的财务关系　　B. 企业与债务人之间的财务关系

   C. 企业与客户之间的财务关系　　D. 企业与受资者之间的财务关系

4. 在下列各种观点中，既能够考虑资金的时间价值和投资风险，又有利于克服管理上的片面性和短期行为的财务管理目标是（　　）。

   A. 企业价值最大化　　B. 利润最大化

   C. 每股收益最大化　　D. 资本利润率最大化

5. 下面是通过市场约束经营者的办法的是（　　）。

A. 解聘　　B. 接收

C. 激励　　D. “股票期权”的方法和“绩效股”形式

6. 在下列各项中，不属于企业财务管理的金融环境内容的有（　　）。

A. 利息率和金融市场　　B. 金融机构

C. 金融工具　　D. 税收法规

二、多项选择题

1. 下列各项中属于广义投资的是（　　）。

A. 发行股票　　B. 购买其他公司债券

C. 与其他企业联营　　D. 购买无形资产

2. 假定甲公司向乙公司赊销产品，并持有丙公司债券和丁公司的股票，且向戊公司支付公司债券利息。假定不考虑其他条件，从甲公司的角度看，下列各项中属于本企业与债务人之间财务关系的是（　　）。

A. 甲公司与乙公司之间的关系　　B. 甲公司与丁公司之间的关系

C. 甲公司与丙公司之间的关系　　D. 甲公司与戊公司之间的关系

3. 企业价值最大化的缺点包括（　　）。

A. 股价很难反映企业所有者权益的价值

B. 法人股东对股票价值的增加没有足够的兴趣

C. 片面追求利润最大化，可能导致企业短期行为

D. 对于非股票上市企业的估价不易做到客观和准确，导致企业价值确定困难

4. 下列属于所有者与债权人的矛盾协调措施的是（　　）。

A. 限制性借款　　B. 接收

C. “股票选择权”方式　　D. 收回借款或停止借款

5. 金融市场的组成要素主要有（　　）。

A. 市场客体　　B. 金融工具

C. 交易价格　　D. 组织方式

6. 在不存在通货膨胀的情况下，利率的组成因素包括（　　）。

A. 纯利率　　B. 违约风险报酬率

C. 流动性风险报酬率　　D. 期限风险报酬率

三、案例分析题

李海是某高校财务管理专业的应届毕业生，经学校推荐来到华威有限责任公司实习，公司总经理是从事技术管理出身的，对财务管理不太在行，对李海寄予很高期望，希望李海能够充分利用所学专业知识，为公司的财务管理献计献策，解决目前公司存在的财务问题。

李海白天深入企业一线，晚上查阅专业资料进行分析，经过一个月的调查和了解，发现公司存在下列问题：

（1）公司没有财务预算和现金收支计划，资金周转困难时就向银行贷款解决。

（2）公司采购行为无计划，审批程序流于形式，部分存货长期积压，部分存货因出现缺货现象而影响生产进度。

（3）产品质量控制不严格，部分工序没有质量检查程序。

（4）产品销售价格不均衡，存在不同客户不同价格的现象。

（5）税款缴纳不及时。

（6）公司员工工作积极性不高，普遍存在“磨洋工”现象。

问题：

（1）上述问题中，哪些属于财务管理问题？

（2）企业应该从哪些方面解决上述问题？

项目二

财务管理的基本价值观念

知识目标

1. 了解资金时间价值的含义、计算及应用；
2. 理解名义利率和实际利率的计算及应用；
3. 理解年金的含义、种类、计算；
4. 掌握风险报酬的概念和计算方法。

技能目标

1. 能够正确理解时间价值和风险价值的实质和应用的必要性；
2. 能够准确计算时间价值并应用其进行相关决策；
3. 掌握风险衡量的方法。

案例导入

企业团体年金保险

武汉大华房地产公司为其所有员工投保太平团体年金保险（分红型）产品，以该公司员工李先生（30岁）为例，见表2－1。

表2－1　团体年金保险示例表

交费	趸交10 000元
红利领取方式	累积生息
领取年龄	60岁
领取方式	一次性领取

养老保险金演示：李先生生存至60周岁，其保证可领取的养老金为440 715元，加上每年有红利，低档为每年300元红利；中档为每年500元红利；高档为每年1 000元，则到期一次领取红利按低档红利测算为13 221.45元；按中档红利测算为22 035.75元；按高档红利测算为44 071.5元。

注：以上所述红利均假定以累积生息的方式留存于本公司，现时该累积年利率为2.5%。

思考题：

1. 请用你学的知识说明李先生存至60周岁，其保证可领取的养老金是如何计算出来的？

2. 如果同期银行5年期定期存款年利率5%，计算李先生60周岁时，可以一次性领取多少钱？请说明公司是把钱存银行好，还是买团体年金保险好。

3. 本案例对你有何启示？

任务一　资金时间价值的计算及应用

任务介绍

资金时间价值是现代财务管理的基本概念之一，企业很多财务决策均要考虑时间价值因素，因此，熟练掌握资金时间价值的计算及应用是财务管理人员必备的基本技能。

基本知识

货币的时间价值，也称为资金的时间价值，是指货币经历一定时间的投资和再投资所增加的价值，它表现为同一数量的货币在不同的时点上具有不同的价值。

比如，若银行存款年利率为10%，将今天的1元钱存入银行，一年以后就会是1.10元。可见，经过一年的时间，这1元钱发生了0.1元的增值，今天的1元钱和一年后的1.10元钱等值。人们将货币在使用过程中随着时间的推移而发生增值的现象，称为货币具有时间价值的属性。它是一个客观存在的经济范畴，是财务管理中必须考虑的重要因素。把货币时间价值引入财务管理，在资金筹集、运用和分配等各方面考虑这一因素，是提高财务管理水平，进行筹资、投资、分配决策的有效保证。

通常用“终值”和“现值”来表示货币在不同时点的价值。终值又称将来值，是现在一定量现金在未来某一时点上的价值，俗称本利和。现值又称本金，是指未来某一时点上的一定量现金折合为现在的价值。

终值与现值的计算涉及利息计算方式的选择。目前有两种利息计算方式，即单利和复利。单利方式下，每期都按初始本金计算利息，当期利息即使不取出也不计入下期本金，计算基础不变。复利方式下，以当期期末本利和为计息基础计算下期利息，即利滚利。

为计算方便，先设定如下符号：I为利息；P为现值；F为终值；i为每一利息期的利率（折现率）；n为计算利息的期数。

一、单利的终值和现值

单利是一种不论时间长短，仅按本金计算利息，其所生利息不加入本金重复计算利息的方法。

（一）单利利息的计算

按照单利的计算法则，单利利息的计算公式为：

$$I = P \times i \times n$$

（二）单利终值的计算

单利的终值就是按单利计算的本利和。单利终值的计算公式为：

$$F = P(1 + i \times n)$$

（三）单利现值的计算

单利现值就是以后年份收到或付出资金按单利计算相当于现在的价值。单利现值的计算同单利终值的计算是互逆的，由终值计算现值的过程称为折现。单利现值的计算公式为：

$$P = \frac{F}{1 + i \times n}$$

例题解析 2－1

某人在2017年3月8日存入银行35 000元，年利率为4%，求到2017年6月6日（共90天）的本利和。

$$F = P \times (1 + i \times n) = 35\,000 \times (1 + 4\% \times 90/360) = 35\,350(\text{元})$$

在计算利息时，除非特别指明，给出的利率均为年利率。对于不足一年的利息，以一年等于360天来折算。

例题解析 2－2

某人希望在5年后取得本利和2 000元，用以支付一笔款项。则在利率为5%、单利方式计息的条件下，此人现在需存入银行的资金为：

$$P = \frac{2\,000}{1 + 5\% \times 5} = 1\,600(\text{元})$$

练习与思考

1. 王强将现金50 000元存入银行，期限3年，若年利率为5%，单利计息，则3年后王某可以获取的本利和是多少？

2. 王强准备存入银行一笔钱，希望在10年后取得本利和200 000元，用以支付孩子的出国留学费用。银行存款利率为8%，单利计息，王强目前应存入银行多少钱？

3. 请举例说明单利的终值和现值在现实经济生活中的应用。

二、复利的终值和现值

货币的时间价值通常是按复利计算的。复利不同于单利，它是在一定期间（如一年）按一定利率将本金所生利息加入本金再计利息，即“利滚利”。也就是说，它既涉及本金所生的利息，也涉及利息所生的利息。

（一）复利终值的计算

复利终值是指一定量的本金按复利计算若干期后的本利和。复利终值的计算，是指已知P、i、n时求F，其计算公式为：

$$F = P(1 + i)^n$$

公式中的$(1+i)^n$通常被称为复利终值系数或1元的复利终值，用符号$(F/P, i, n)$表示。如$(F/P, 6\%, 3)$表示利率为6%、3期复利终值的系数。复利终值系数可以通过查阅“复利终值系数表”（见本书附表一）直接获得。“复利终值系数表”的第一行是利率i，第一列是计息期数n，相应的复制终值在其纵横相交处。通过该表可查出，$(F/P, 6\%, 3) = 1.191\,0$。该表的作用不仅在于已知i和n时查找1元的复利终值，而且可在已知1元的复利终值和n时查找i，或已知1元复利终值和i时查找n。

上式可写作：

$$F = P(F/P,i,n)$$

例题解析 2-3

某人有 180 000 元，拟投入报酬率为 8% 的投资机会，经过多少年才可使现有资金增长为原来的 3.7 倍？

$$F = 180\,000 \times 3.7 = 666\,000(\text{元})$$
$$F = 180\,000 \times (1 + 8\%)^n$$
$$666\,000 = 180\,000 \times (1 + 8\%)^n$$
$$(1 + 8\%)^n = 3.7$$
$$(F/P,8\%,n) = 3.7$$

查“复利终值系数表”，在 $i=8\%$ 的项下寻找 3.7，$(F/P, 8\%, 17)=3.7$，所以：$n=17$，即 17 年后可使现有资金增长为原来的 3.7 倍。

（二）复利现值的计算

复利现值是复利终值的对称概念，它是指未来一定时间的特定资金按复利计算的现在价值，或者说是为取得一定本利和现在所需要的本金。

复利现值的计算，是指已知 F、i、n 时求 P，其计算公式为：

$$P = \frac{F}{(1+i)^n} = F \times (1+i)^{-n}$$

公式中的 $(1+i)^{-n}$ 是把终值折算为现值的系数，通常称为复利现值系数或 1 元的复利现值，用符号 $(P/F, i, n)$ 表示。如 $(P/F, 6\%, 3)$ 表示利率为 6%、3 期复利现值的系数，复利现值系数可以通过查阅“复利现值系数表”（见本书附表二）直接获得。该表的使用方法与“复利终值系数表”相同，因此上式可写作：

$$P = F(P/F,i,n)$$

例题解析 2-4

某人拟在 5 年后获得本利和 10 000 元，假设投资报酬率为 10%，他现在应投入多少元？

$$P = F \times (P/F,i,n)$$
$$P = F \times (P/F,10\%,5)$$
$$= 10\,000 \times 0.620\,9$$
$$= 6\,209(\text{元})$$

即他现在应投入 6 209 元。

练习与思考

1. 将 1 000 元现金存入银行，若年利率为 7%，一年复利一次，8 年后的复利终值是多少？
2. 若年利率为 10%，一年复利一次，10 年后的 1 000 元的复利现值是多少？
3. 简述复利的终值系数和复利现值系数之间的关系。
4. 请举例说明复利的终值和现值在现实经济生活中的应用。

三、名义利率与实际利率

在前面的复利计算中，所涉及的利率均假设为年利率，并且每年复利一次。但在实际业务中，复利的计算期不一定是1年，可以是半年、一季、一月或一天复利一次。当利息在一年内要复利几次时，给出的年利率称为名义利率，用r表示，根据名义利率计算出的每年复利一次的年利率称为实际利率，用i表示。实际利率和名义利率之间的关系为：

$$1 + i = \left(1 + \frac{1}{M}\right)^{M}$$

式中，M表示每年复利次数。

例题解析 2-5

本金1 000元，投资5年，年利率8%，每季度复利一次，则：

$$每季度利率 = 8\% \div 4 = 2\%$$

$$复利次数 = 5 \times 4 = 20$$

$$F = 1\ 000 \times (P/F, 2\%, 20)$$

$$= 1\ 000 \times 1.485\ 9$$

$$= 1\ 485.9(元)$$

$$I = 1\ 485.9 - 1\ 000 = 485.9(元)$$

本例的实际利息为485.9元。

练习与思考

1. B公司正在平价发行每半年计息一次的债券，若投资人期望获得10%的实际报酬率，B公司票面利率至少多少？

2. 2-5按名义利率计算的利息应该是多少？实际利率应该是多少？

四、各种年金的终值和现值

年金是指等额、定期的系列收支。例如，分期付款赊购、分期偿还贷款、发放养老金、分期支付工程款、每年相同的销售收入等，都属于年金收付形式。

年金按其每次收付发生的时点不同，可分为普通年金、预付年金、递延年金和永续年金等。

（一）普通年金终值和现值的计算

普通年金是从第一期开始，凡在每期期末发生的年金。在现实经济生活中，这种年金最为常见，普通年金中的现金流发生在每期的期末，所以普通年金又称为后付年金。普通年金的收付形式如图2-1所示。

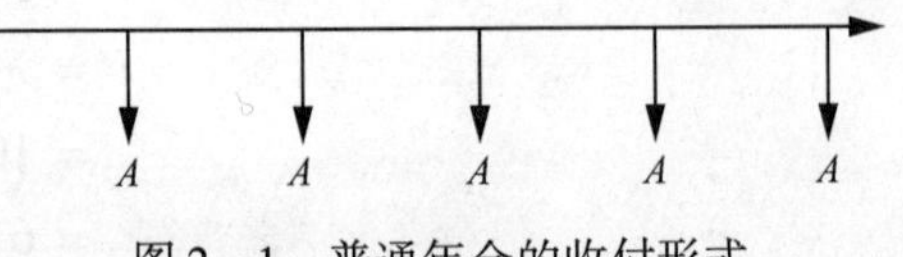

图2-1 普通年金的收付形式

设每年的支付金额即年金为A，利率为i，期数为n。

1. 普通年金终值的计算

普通年金终值犹如零存整取的本利和，它是一定时期内每期期末等额收付款项的复利终值之和。

例题解析 2-6

某人拟购房，开发商提出两种方案（见图2-2和图2-3）：第一种方案是5年后付120万元；第二种方案是从现在起每年年末付20万元，连续5年，若目前的银行存款利率是7%，应如何付款？

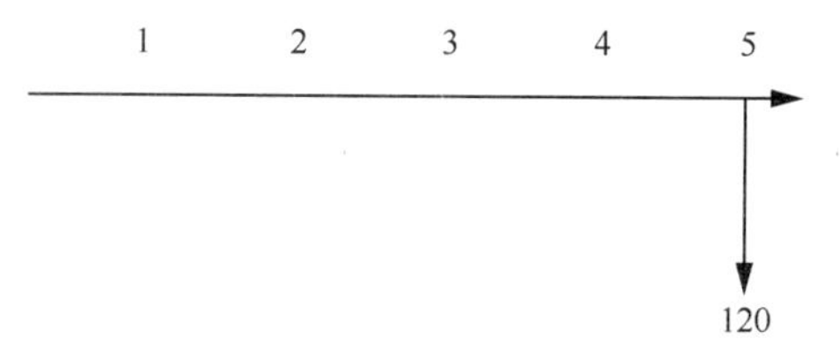

图2-2　第一种方案的现金流量图

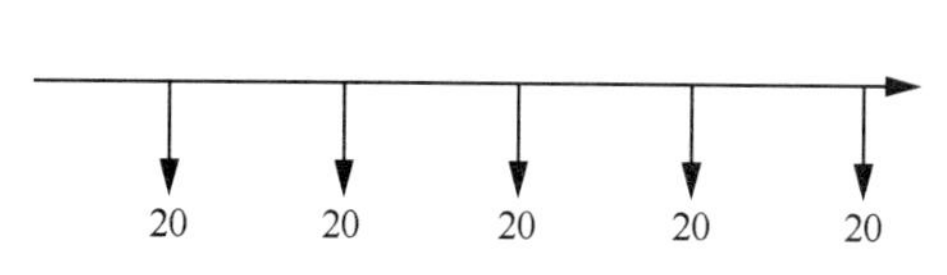

图2-3　第二种方案的现金流量图

$$F = A + A(1+i) + A(1+i)^2 + \cdots + A(1+i)^{n-1}$$
$$= A \times \frac{(1+i)^n - 1}{i}$$

式中，$\frac{(1+i)^n-1}{i}$被称为年金终值系数，用符号（F/A，i，n）表示。可以通过查阅“年金终值系数表（见本书附表三）直接获得，因此，上式可写作：

$$F = A \times (F/A, i, n)$$

第一种方案的终值：$F=120$（万元）

第二种方案的终值：$F=20\times$（F/A，7%，5）$=20\times5.7507=115.014$（万元）

决策时应将不同时点的现金流量换算到相同的时点（计算终值或现值），才能比较大小。因此，上述付款方案，将不同时点的现金流量计算终值，到第五年的年末，比较大小，可确定应选择第二种付款方案。

2. 年偿债基金

计算年金终值，一般是已知年金，然后求终值。有时，会碰到已知年金终值，反过来求每年支付的年金数额，这是年金终值的逆运算，被称为年偿债基金的计算。其计算公式为：

$$A = F \times \frac{i}{(1+i)^n - 1}$$

式中，$\frac{i}{(1+i)^n-1}$称作偿债基金系数，记作（A/F，i，n），可查偿债基金系数表，也可根据年金终值系数的倒数来得到。即（A/F，i，n）$=1\div(F/A$，i，$n)$。利用偿债基金系数可把年金终值折算为每年需要支付的年金数额。

例题解析2-7

某人在5年后要偿还一笔50 000元的债务，银行利率为5%。要求：为归还这笔债务，每年年末应存入银行多少元？

$$A = F \times (A/F, i, n) = 50\,000 \times (A/F, 5\%, 5)$$
$$= 50\,000 \times [1 \div (F/A, 5\%, 5)]$$
$$= 50\,000 \times 1 \div 5.525\,6$$
$$= 9\,048.79(\text{元})$$

某银行利率为5%时，每年年末存入银行9 048.79元，5年后才能还清债务50 000元。

3. 普通年金现值的计算

普通年金现值是一定期间内每期期末的等额收付款项的复利现值之和。

例题解析2-8

某人拟购房，开发商提出两种方案（见图2-4和图2-5）：第一种方案是现在一次性支付80万元；第二种方案是从现在起每年年末支付20万元，连续支付5年，若目前的银行贷款利率是7%，应如何付款？

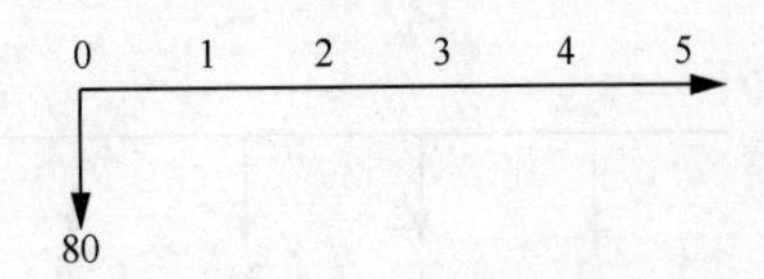

图2-4　第一种方案的现金流量图

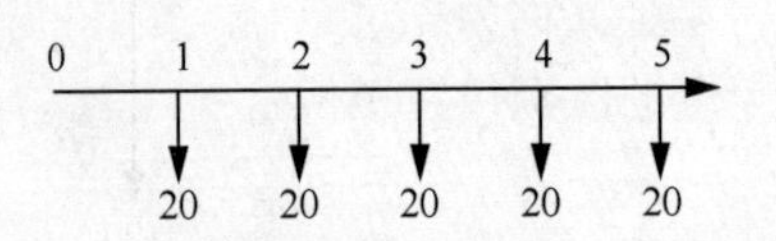

图2-5　第二种方案的现金流量图

$$P = A(1+i)^{-1} + A(1+i)^{-2} + \cdots + A(1+i)^{-n}$$
$$= A \times \frac{1-(1+i)^{-n}}{i}$$

式中，$\frac{1-(1+i)^{-n}}{i}$被称为年金现值系数，记作（P/A，i，n）。可以通过查阅“年金现值系数表”（本书附表四）直接获得，因此，上式可写作：

$$P = A \times (P/A,i,n)$$

第一种方案的现值：$P=80$（万元）

第二种方案的现值：$P=20\times$（P/A，7%，5）$=20\times4.100\,2=82$（万元）

比较第一种方案和第二种方案的现值，应该选择现付金额少的第一种方案。

4. 年回收额

年回收额是在已知年金的条件下，计算年金的现值，也可以反过来在已知年金现值的条件下求年金，这是年金现值的逆运算，可称作年回收额的计算。其计算公式为：

$$A = P \times \frac{i}{1-(1+i)^{-n}}$$

式中，$\frac{i}{1-(1+i)^{-n}}$称作投资回收系数，记作（A/P，i，n），是年金现值系数的倒数，可查表获得，也可利用年金现值系数的倒数来求得。

例题解析2-9

某人购入一套商品房，须向银行按揭贷款100万元，准备20年内于每年年末等额偿还，银行贷款利率为5%。

要求：每年应归还多少元？

解：$A = P\times(A/P,i,n) = 100\times(A/P,5\%,20)$

$= 100\times[1\div(P/A,5\%,20)]$

$= 100\times1\div12.462\,2$

$= 8.024\,3$（万元）

练习与思考

1. 拟在5年后还清10 000元债务，从现在起每年年末等额存入银行一笔款项。假设银行存款利率为10%，每年需要存入多少元？

2. 假设以10%的利率借款20 000元，投资于某个寿命为10年的项目，每年至少要收回多少现金才是有利的？

3. 请举例说明普通年金的终值和现值在现实经济生活中的应用。

（二）预付年金终值和现值的计算

预付年金又称为先付年金，是指从第一期开始每期期初收付等额款项的年金。预付年金与后付年金的区别仅在于付款的时间不同。假设年金为 20 元，预付年金收付形式如图 2-6 所示。

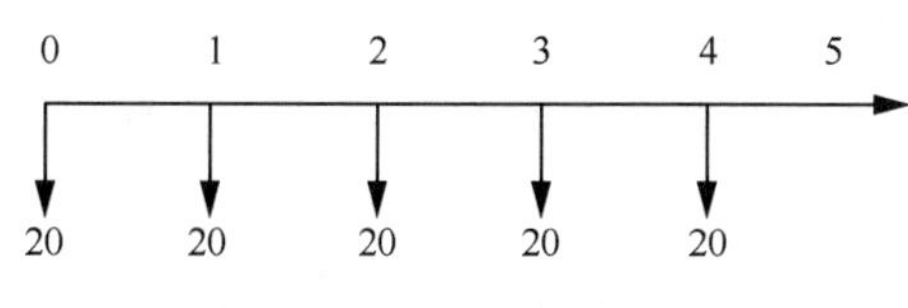

图 2-6　预付年金收付形式

1. 预付年金终值的计算

预付年金的终值是其最后一期期末时的本利和，是各期期初收付款项的复利终值之和。

预付年金终值的计算公式为：

$$F = A \times (1+i) + A(1+i)^2 + \cdots + A(1+i)^n$$
$$= A \times \left[\frac{(1+i)^{n+1}-1}{i} - 1\right]$$

式中，$\left[\frac{(1+i)^{n+1}-1}{i} - 1\right]$被称为预付年金终值系数，它和普通年金终值系数$\frac{(1+i)^n-1}{i}$相比，期数加 1，而系数减 1，可以记作［$(F/A, i, n+1)-1$］。

例题解析 2-10

某人拟购房，开发商提出两种方案：第一种方案是 5 年后一次性支付 120 万元；第二种方案是从现在起每年年初支付 20 万元，连续 5 年，若目前的银行存款利率是 7%，应如何付款？

请同学自己画出现金流量图。

第一种方案的终值：$F_1 = 120$（万元）

第二种方案的终值：$F_2 = 20 \times (F/A, 7\%, 5) \times (1+7\%) = 120.065$（万元）

或 $F_2 = 20 \times [(F/A, 7\%, 5+1) - 1] = 123.066$（万元）

应选择第一种方案进行付款。

2. 预付年金现值的计算

预付年金现值是各期期初收付款项的复利现值之和。其计算公式为：

$$P = A + A(1+i)^{-1} + A(1+i)^{-2} + \cdots + A(1+i)^{-(n-1)}$$
$$= A \times \left[\frac{1-(1+i)^{-(n-1)}}{i} + 1\right]$$

式中，$\left[\frac{1-(1+i)^{-(n-1)}}{i} + 1\right]$被称为预付年金现值系数，它和普通年金现值系数$\frac{1-(1+i)^{-n}}{i}$相比，期数减 1，而系数加 1，可以记作$[(P/A, i, n-1) + 1]$。

例题解析 2-11

某人拟购房，开发商提出两种方案：第一种方案是现在一次性支付 80 万元，第二种方案是从现在起每年年初支付 20 万元，连续支付 5 年，若目前的银行贷款利率是 7%，应如何付款？

请同学自己画出现金流量图。

第一种方案的现值：$P_1 = 80$（万元）

第二种方案的现值：$P_2 = 20 \times [(P/A,7\%,5-1)+1] = 87.744$（万元）

根据上述计算结果可知，应该选择第一种方案的付款方式。

练习与思考

某公司有一项付款业务，有甲乙两种付款方式可供选择。

甲方案：现在支付10万元，一次性结清。

乙方案：分三年付款，1～3年每年年初的付款额分别为3万元、4万元、4万元，假设利率为6%。

要求：按现值计算，从以上两个方案中选择最优方案。

任务实施

请举例说明预付年金的终值和现值在现实经济生活中的应用。

（三）递延年金终值和现值的计算

递延年金是指在第一次收付款发生时间不在第一期期末，而是间隔若干期后才发生的系列等额收付款项，是普通年金的特殊形式。递延年金的收付形式如图2-7所示。

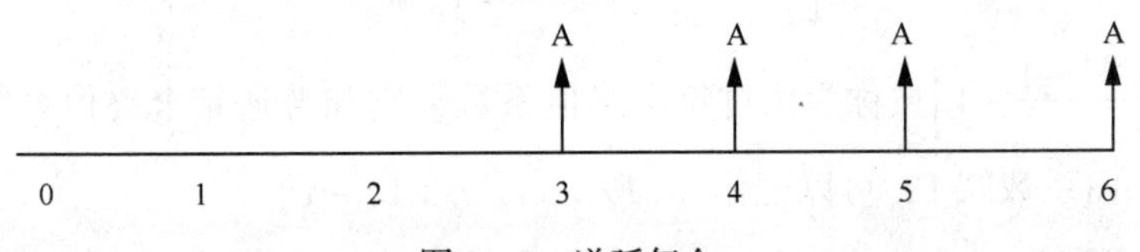

图2-7　递延年金

一般用 m 表示递延期数；n 表示连续收支期，即连续支付的次数。在图2-7中，$m=2$，第一次支付在第三期期末，连续支付4次，即 $n=4$。

m 的确定方法：分析与普通年金比较少了几次支付。

1. 递延年金终值的计算

递延年金终值的计算方法和普通年金终值的计算方法类似。

2. 递延年金现值的计算

递延年金的现值计算方法有两种：

第一种方法：两次贴现的方法。计算公式为：

$$P = A \times (P/A,i,n) \times (P/F,i,m)$$

上式是先将递延年金视为 n 期普通年金，求出在第 $m+1$ 期期初的现值，然后再折算到第一期期初，即得到递延年金的现值。

例题解析2-12

有一项年金，前三年无流入，后五年每年年初流入500万元（图2-8），假设年利率为10%，现值为多少万元？

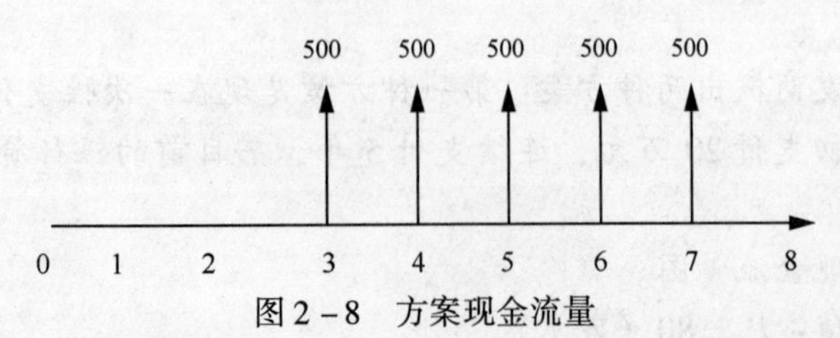

图2-8　方案现金流量

$$P = 500 \times (P/A,10\%,5) \times (P/F,10\%,2) = 1\ 565.68(\text{万元})$$

第一种方法：先求出 $m+n$ 期普通年金的现值，然后扣除实际并未付款的 m 期普通年金现值。其计算公式为：

$$P = A \times (P/A,i,m+n) - A \times (P/A,i,m)$$

$$P = 500 \times (P/A,10\%,7) - 500 \times (P/A,10\%,2) = 1\ 565.68(\text{万元})$$

练习与思考

某人拟购置一处房产，卖方提出两种付款方案：

(1) 从现在起，每年年初支付20万元，连续支付10次，共200万元。

(2) 从第五年开始，每年年末支付25万元，连续支付10次，共250万元。

若利率为6%，你认为此人应该选择哪个方案？

任务实施

请举例说明递延年金的终值和现值在现实经济生活中的应用。

(四) 永续年金现值的计算

永续年金是指无限期等额收付的特种年金，即期限趋于无穷的普通年金。永续年金收付形式如图2-9所示。

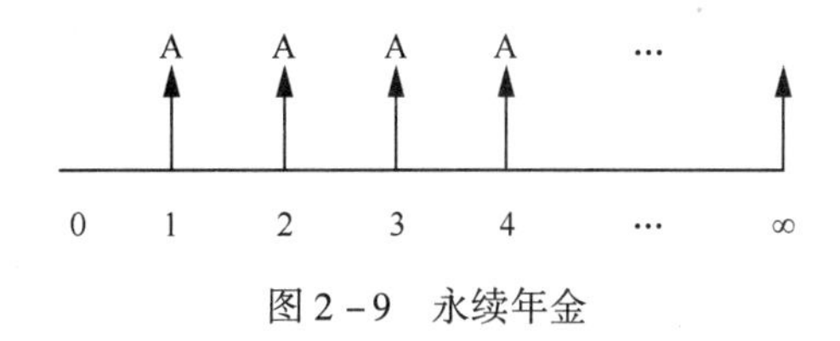

图2-9　永续年金

由于永续年金没有终止的时间，因此永续年金没有终值，只有现值。永续年金现值可以通过普通年金现值的计算公式推导出：

$$P = A \times \frac{1 + (1+i)^{-n \to \infty}}{i} = \frac{A}{i}$$

例题解析2-13

某项永久性奖学金，每年计划颁发50 000元奖金。若年复利率为8%，该奖学金的本金应为多少元？

$$P = \frac{50\ 000}{8\%}$$

$$= 625\ 000(\text{元})$$

练习与思考

1. 李强是某高校1994年毕业的大学生，在校期间由于家庭贫困，受到了学校和老师的资助，目前事业有成。李强为了感谢母校和老师对自己的培养，帮助家庭贫困的学生顺利完成学业，决定在母校设立一项永久性励志奖学金，每年从基金中支付100 000元用于资助品学兼优的贫困学生，若银行存款年利率为3%，则李强现在应该一次性投入多少钱来设立该项奖学金？

2. 请举例说明递延年金的终值和现值在现实经济生活中的应用。

任务实施

1. 张明购买商品房，开发商给了3种付款方式。

方式1：每年年初支付购房款80 000元，连续支付8年。

方式2：从第三年开始，每年年末支付房款132 000元，连续支付5年。

方式3：现在支付房款100 000元，以后在每年年末支付房款90 000元，连续支付6年。

在市场利率为6%的条件下，张明应该选择何种付款方式？

2. 分析任务所涉及的相关因素并画出线段式现金流量图（知三求四的问题，已知三个因素求第四个）。

方式1：属于8年期的预付年金形式（见图2－10）。

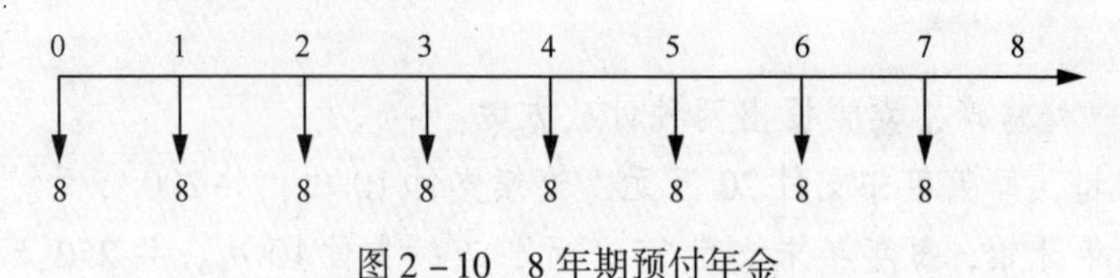

图2－10　8年期预付年金

方式2：属于5年期的普通年金形式（见图2－11）。

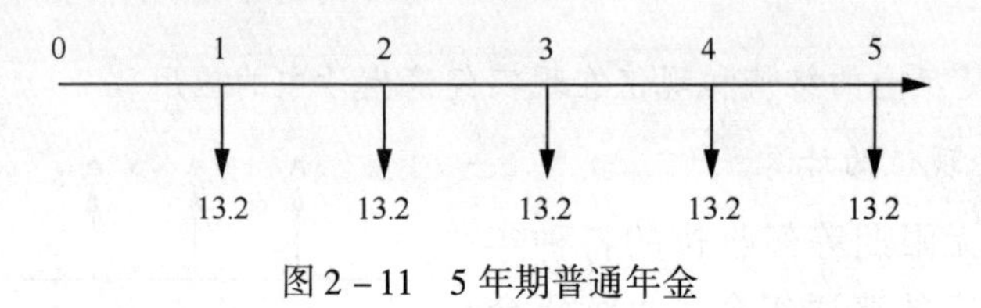

图2－11　5年期普通年金

方式3：属于复利和普通年金的混合现金流量的形式（见图2－12）。

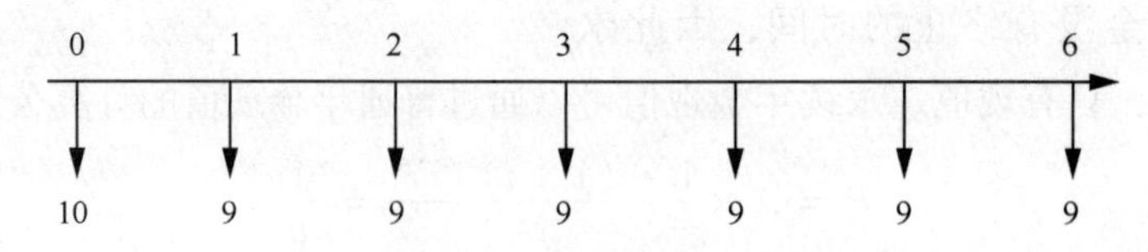

图2－12　复利和普通年金混合

3. 运用相关指标计算公式进行计算。

提示：由于资金存在着时间价值，因此，不同时点的现金流量不能直接相加减，也不能比较大小，必须将不同时点的现金流量换算到同一时点，才能比较大小，所以，将三种付款方式的现金流量可以折算到零时点，即计算三种方式现金流量的现值。

任务二　风险价值的衡量与应用

任务介绍

风险价值是现代财务管理的基本概念之一，企业很多财务决策均要考虑风险价值因素，因此，熟练掌握风险价值的计量及应用是财务管理人员必备的基本技能。

基本知识

财务活动经常是在有风险的情况下进行的。冒风险，就要求得到额外的收益，否则就不值得去冒风险。投资者由于冒风险进行投资而获得的超过资金时间价值的额外收益，称为资金的风险价值，或风险收益、风险报酬。企业理财时，必须研究风险、计量风险，并设法控制风险，以求最大限度地扩大企业财富。

一、风险的概念及其分类

（一）风险的概念

一般来说，风险是指在一定条件下和一定时期内可能发生的各种结果的变动程度。在风险存在的情况下，人们只能事先估计到采取某种行动可能导致的结果以及每种结果出现的可能性，而行动的真正结果究竟会怎样不能事先确定。例如，预计一个投资项目的报酬时不可能十分精确，也没有百分之百的把握。有些事情的未来发展变化事先不能确知，如价格、销量、成本等都可能发生预想不到并且无法控制的变化。

风险是事件本身的不确定性，具有客观性。投资者进行投资时，不同的投资项目的风险程度是不同的。比如，购买国库券收益稳定且到期一定能够收回本息，风险较小，但是如果投资于股票，其收益的不确定性就高，一旦从事了该项投资，风险的大小也就无法改变，具有客观性。也就是说，特定投资的风险大小是客观的，是否去冒风险以及冒多大风险，是可以选择的，是主观的。

在实务上对风险和不确定性往往不做区分，统称为风险。某一行动的结果具有多种可能而不确定，就叫有风险；而某一行动的结果十分确定，就叫无风险。

风险是可以控制的。采取行动之前，可以测算该行动可能产生的风险程度，根据抗风险能力、心理承受能力等多种因素，选择风险程度适宜的行动方案；当行动进行中，可以通过对行动方案的不断调整和严格的制度保证，来控制行动风险程度。例如，负债所带来的财务风险，可以通过根据企业经营的实际情况，选择适应企业的负债程度控制财务风险，当企业举债程度确定后，还可以通过改善企业现金流转的措施，增强企业的支付能力，控制企业的债务风险。

风险可能给投资人带来超出预期的收益，也可能带来超出预期的损失。一般来说，投资人对意外损失的关切程度，比对意外收益要强烈得多。因此，人们研究风险时侧重减少损失，主要从不利的方面考虑风险，经常把风险看成是不利事件发生的可能性。从财务角度来说，风险主要指无法达到预期报酬的可能性。

（二）风险的分类

1. 从投资主体的角度看，风险分为市场风险和公司特有风险两类

（1）市场风险。市场风险是指那些对所有企业产生影响的因素引起的风险，如战争、自然灾害、经济衰退、通货膨胀等。这类风险涉及所有企业，不能通过多角化投资来分散，因此又称不可分散风险或系统风险。对于这类风险，投资者只能够根据承担的风险程度要求相应的报酬。

（2）公司特有风险。公司特有风险是指发生于个别企业的特有事项造成的风险，如罢工、诉讼失败、失去销售市场、新产品开发失败等。从投资者角度看，这类事件是随机发生的，因而可以通过多角化投资来分散，即发生于一家公司的不利事件可以被其他公司的有利事件所抵消。这类风险也称可分散风险或非系统风险。例如，在证券投资上，同时购买若干种股票，风险比只购买一种小。又如，在企业的经营中，在资源允许的前提下，同时经营不同的投资项目，比只经营一种投资项目的风险小。因此，分散化投资更安全。

2. 从企业本身来看，风险可分为经营风险和财务风险两大类

（1）经营风险。经营风险是指因生产经营方面的原因给企业盈利带来的不确定性。经营风险是任何商业活动都有的，也称为商业风险。企业生产经营的许多方面都会受到来源于企业外部和内部诸多因素的影响，具有很大的不确定性。经营风险主要来自以下四个方面：

第一，市场销售。市场需求、市场价格、企业可能生产的数量不确定，尤其是竞争使供、产、销不稳定，加大了风险。

第二，生产成本。原料的供应和价格、工人和机器的生产率、工人的工资和奖金，都是不确定的因素，因而会产生风险。

第三，生产技术。设备事故、产品质量问题、新技术的出现等，存在不确定性，会产生风险。

第四，其他。外部的环境变化，如天灾、经济不景气、通货膨胀、有协作关系的企业没有履行合同等，企业自己不能左右，因而会产生风险。

（2）财务风险。财务风险又称筹资风险，是指由于举债而给企业财务成果带来的不确定性。企业举债经营，全部资金中除自有资金外还有一部分借入资金，这会对自有资金的盈利能力造成影响；同时，借入资金需还本付息，一旦无力偿付到期债务，企业便会陷入财务困境甚至破产。当企业息税前资金利润率高于借入资金利息率时，使用借入资金获得的利润除了补偿利息外还有剩余，因而使自有资金利润率提高。但是，若企业息税前资金利润率低于借入资金利息率，这时，使用借入资金获得的利润不够支付利息，还需动用自有资金的一部分利润来支付利息，从而使自有资金利润率降低。如果企业息税前利润还不够支付利息，就要用自有资金来支付，使企业发生亏损。若企业亏损严重，财务状况恶化丧失支付能力，就会出现无法还本付息甚至破产的危险。总之，由于许多因素的影响，企业息税前资金利润率和借入资金利息率差额具有不确定性，从而引起自有资金利润率的高低变化，这种风险即为筹资风险。这种风险程度的大小受借入资金与自有资金比例的影响，借入资金比例大，风险程度就会随之增高；借入资金比例小，风险程度也随之降低。对财务风险的管理，关键是要保证有一个合理的资金结构，维持适当的负债水平，既要充分利用举债经营这一手段获取财务杠杆收益，提高自有资金盈利能力，同时要注意防止过度举债而引起的财务风险的加大，避免陷入财务困境。

例题解析 2－14

请判断：企业举债过度、原材料价格发生变动、企业产品更新换代周期过长、企业产品的质量不稳定等情况中，哪些会给企业带来经营风险？

练习与思考

1. 经营风险可由多种原因引起，但所有原因引起的经营风险最终都表现为（　　）。
   A. 收入的高低变化　　B. 成本的高低变化
   C. 利润的高低变化　　D. 企业价值的高低变化
2. 风险可以分为哪些类型？简要概述每一种风险的影响因素。

二、风险的衡量

风险是客观存在的，广泛影响着企业的财务和经营活动，因此，正视风险并将风险程度予以量化，成为企业财务管理中的一项重要工作。衡量风险大小需要使用概率和统计方法。

（一）概率

在完全相同的条件下，某一事件可能发生也可能不发生，可能出现这种结果也可能出现另外一种结果，这类事件称为随机事件。概率就是用来反映随机事件发生的可能性大小的数值。概率一般用 X 表示随机事件，X_i 表示随机事件的第 i 种结果，P_i 表示第 i 种结果出现的概率。一般随机事件的概率在 0 与 1 之间，即 $0 \leqslant P_i \leqslant 1$，$P_i$ 越大，表示该事件发生的可能性越大；反之，P_i 越小，表示该事件发生的可能性越小。所有可能的结果出现的概率之和一定为 1。肯定发生的事件概率为 1，肯定不发生的事件概率为 0。

将随机事件各种可能的按一定的规则进行排列，同时列出各结果出现的相应概率，这一完整的描述称为概率分布。

概率分布有两种类型：一种是离散型分布，其特点是概率分布在各个特定的点（指 X 值）上；另一种是连续型分布，其特点是概率分布在连续图像的两点之间的区间上。两者的区别在于，离散型分布中的概率是可数的，而连续型分布中的概率是不可数的。离散型概率分布和连续型概率分布，分别如图 2－13 所示。

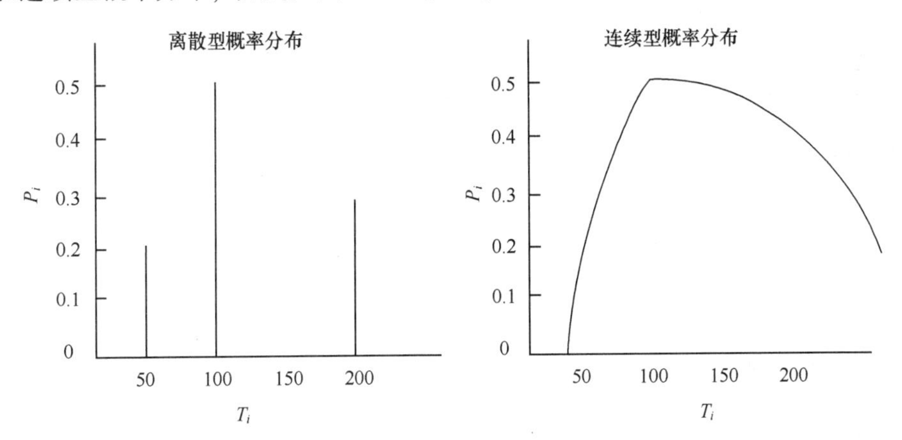

图 2－13　离散型概率和连续型概率分布

例题解析 2－15

金星公司拟对外投资，现有 A 公司和 B 公司有关股票收益的资料，如表 2－2 所示，试分析其风险的大小。

表 2－2　A 公司和 B 公司股票收益概率分布表

经济状况	事件发生的概率 P_i	A 公司收益额 X_i/万元	B 公司收益额 Y_i/万元
繁荣	0.2	40	70
一般	0.6	20	20
衰退	0.2	0	-30
合计	1.0	—	—

在表 2－2 中，概率表示每种结果出现的可能性，即经济状况会出现三种结果，其概率分别为：0.2、0.6、0.2。

（二）期望值

期望值是一个概率分布中的所有可能结果以其概率为权数进行加权平均的加权平均数，

反映事件的集中趋势。其计算公式为：

$$\bar{E} = \sum_{i=1}^{n} P_i X_i$$

式中，X_i 为第 i 种结果出现的预期收益（或预期收益率）；P_i 为第 i 种结果出现的概率；n 为所有可能结果的数目。

根据表2-2中的资料，计算A、B公司的期望值如下：

$$A公司的期望值 = 40 \times 0.2 + 20 \times 0.6 + 0 \times 0.2 = 20(万元)$$

$$B公司的期望值 = 70 \times 0.2 + 20 \times 0.6 + (-30) \times 0.2 = 20(万元)$$

（三）标准离差

标准离差是各种可能的收益（或收益率）偏离期望收益（或期望收益率）的综合差异，是反映离散程度的一种量度。其计算公式为：

$$\sigma = \sqrt{\sum_{i=1}^{n} (X_i - \bar{E})^2 P_i}$$

在期望值相等的情况下，标准离差越大，意味着风险越大。

根据表2-2资料，A公司股票的标准离差

$$\sigma = \sqrt{(40-20)^2 \times 0.2 + (20-20)^2 \times 0.6 + (0-20)^2 \times 0.2} = 12.65(万元)$$

同理，可以计算出B公司股票的标准离差 $\sigma = 31.62$（万元）

因为A公司股票的标准离差小于B公司股票的标准离差，在期望值都为20万元的条件下，A公司股票的风险程度小于B公司股票的风险程度，所以应选择购买A公司股票。

标准离差是反映随机变量离散程度的一个指标，但它是一个绝对值，而不是一个相对值，只能用来比较预期收益率相同的投资项目的风险程度，而不能用来比较预期收益率不同的投资项目的风险程度。

（四）标准离差率

为了比较不同的投资项目的风险程度，需要使用标准离差率这个指标。标准离差率是标准离差与期望值的比值。计算公式为：

$$V = \frac{\sigma}{\bar{E}}$$

标准离差率越大风险程度就越大。在期望值不相等的情况下，应用标准离差率比较风险大小。根据表2-2资料，A公司和B公司股票的标准离差率计算如下：

A公司股票的标准离差率 $V = \frac{12.65}{20} = 0.632\ 5$

B公司股票的标准离差率 $V = \frac{31.62}{20} = 1.581$

可见，A公司股票的标准离差率小于B公司股票的标准离差率，即A公司股票的风险程度小于B公司股票的风险程度。

练习与思考

1. 对风险进行衡量时，应着重考虑的因素有哪些？

2. 东方公司拟以500万元投资筹建电机厂，根据市场预测，预计每年可获得的收益及其概率如表2-3所示。

表 2-3　预期年收益概率表

经济状况	事件发生的概率 P_i	公司收益额 X_i/万元
繁荣	0.2	120
一般	0.5	100
衰退	0.3	60
合计	1.0	—

要求：评价东方公司该项投资的风险情况。

三、风险报酬的计算

（一）风险报酬的概念

风险报酬是指投资者由于冒风险进行投资而获得的超过资金时间价值的额外收益，又称投资风险收益或投资风险价值。风险报酬可以用风险报酬额或风险报酬率来反映。为方便比较和分析，财务管理中一般用风险报酬率表示风险报酬。

（二）风险报酬的计算

标准离差率虽然能正确评价投资风险程度的大小，但还无法将风险与收益结合起来进行分析。在进行项目投资决策时，投资者不但要比较项目的投资风险，更要比较项目的投资收益。因此，还需要一个将风险的评价转化为收益率的指标，这便是风险价值系数。风险收益率、风险价值系数和标准离差之间的关系可用公式表示如下：

$$K_r = bV$$

式中，K_r 为风险收益率；b 为风险报酬系数；V 为标准离差率。

在不考虑通货膨胀因素的情况下，投资的总收益率为：

$$K = K_f + bV$$
$$= 无风险报酬率 + 风险报酬系数 \times 标准离差率$$
$$= 无风险报酬率 + 风险报酬率$$

式中，K 为期望投资报酬率；K_f 为无风险报酬率。其中无风险收益率可用加上通货膨胀溢价的时间价值来确定，在财务管理实务中一般把短期政府债券（如短期国债）的收益率作为无风险的比率。

风险报酬的计算关键是风险报酬系数 b 的确定。风险报酬系数是个经验数据，它可以根据对历史资料的分析、统计回归、专家评议获得，或者由政府等专门机构公布。

风险与报酬的关系是风险越大要求的报酬率越高。风险与报酬的关系如图 2-14所示。

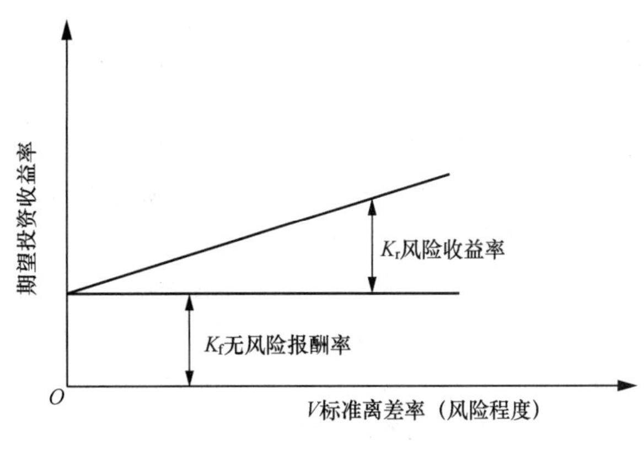

图 2-14　风险与报酬的关系

例题解析2－16

见【2－15】，假设无风险报酬率为5%，股票投资的风险报酬系数为0.2，则投资A、B公司股票的风险报酬率和期望投资报酬率分别为多少？

A公司股票的风险报酬率＝0.2×0.632 5×100%＝12.65%

A公司股票的期望投资报酬率＝5%＋12.65%＝17.65%

B公司股票的风险报酬率＝0.2×1.581×100%＝31.62%

B公司股票的期望投资报酬率＝5%＋31.62%＝36.62%

由此可见，由于B公司股票的风险程度大于A公司股票，按照风险收益对等原理，投资于B公司股票所要求的风险报酬率和期望投资报酬率均高于A公司，这是投资者风险投资所应得到的报酬。如果B公司给予投资者的回报低于36.62%，则对投资者而言，该项投资是不可行的。

练习与思考

1. 在不考虑通货膨胀的情况下，投资报酬率主要包括什么？

2. 红光公司拟进行股票投资，有两家公司可供选择，其中A上市公司是一个高科技企业，该领域竞争很激烈，如果经济发展迅速并且该公司经营得好，取得较大市场占有率，利润会很大。否则，利润很小甚至亏本。B上市公司是一个生产老产品并且是必需品的传统企业，其产品销售前景可以准确预测出来。假设未来的经济情况只有3种：繁荣、一般、衰退，有关的概率分布和预期报酬率如表2－4所示。

表2－4　A和B项目预期报酬率的概率分布表

经济状况	事件发生的概率 P_i	A公司预期报酬率/%	B公司预期报酬率/%
繁荣	0.3	90	20
一般	0.4	15	15
衰退	0.3	－60	10
合计	1.0	—	—

要求：(1) 评价红光公司拟投资的A、B两个公司的风险情况。

(2) 假设无风险报酬率为3%，股票投资的风险报酬系数为0.25，则投资A、B公司股票的风险报酬率和期望投资报酬率分别为多少？

任务实施

1. 任务描述：

方圆公司2016年陷入经营困境，原有柠檬饮料因市场竞争激烈、消费者喜好发生变化等开始出现滞销。为改变产品结构、开拓新的市场领域，拟开发两种新产品。

方案一：开发“洁清”纯净水

面对全国范围内的节水运动及限制供应，尤其是北方十年九旱的特殊环境，开发部认为，“洁清”纯净水将进入百姓的日常生活，市场前景看好，有关市场预测资料见表2－5。经过专家测算，该项目的风险系数为0.5。

方案二：开发“消渴”啤酒

北方人有豪爽、好客、畅饮的性格，亲朋好友聚会的机会较多；北方气温大幅度升高，并且气候干燥；北方人的收入明显增多，生活水平日益提高。开发部据此提出开发“消渴”啤酒方案，有关市场预测资料见表 2－6。据专家测算，该项目的风险系数为 0.7。

表 2－5　“洁清”纯净水方案市场预测资料

市场销路	概率	预计年利润/万元
好	0.6	150
一般	0.2	60
差	0.2	－10

表 2－6　“消渴”啤酒方案市场预测资料

市场销路	概率	预计年利润/万元
好	0.5	180
一般	0.2	85
差	0.3	－25

要求：进行方案评价。

2. 分析完成任务所需要的步骤

(1) 先计算两个产品开发方案预计年利润的期望值。

(2) 计算两个产品开发方案的标准离差。

(3) 若两个产品开发方案预计年利润的期望值不相等，则计算两个产品开发方案的标准离差率，以比较风险的大小。

(4) 得出结论：在期望值相等的情况下，比较标准离差，标准离差大的方案风险程度高；期望值不相等的情况下，比较标准离差率，标准离差率大的方案风险程度高。

实操训练

一、单项选择题

1. 在下列各项中无法计算出确切结果的是（　　）。

A. 后付年金终值　　B. 即付年金终值

C. 递延年金终值　　D. 永续年金终值

2. 为比较期望报酬率不同的两个或两个以上方案的风险程度，应采用的标准是(　　)。

A. 标准离差　　B. 标准离差率　　C. 概率　　D. 风险报酬率

3. 甲方案在五年中每年年初付款 2 000 元，乙方案在五年中每年年末付款 2 000 元，若利率相同，则两者在第五年年末时的终值（　　）。

A. 相等　　B. 前者大于后者

C. 前者小于后者　　D. 可能会出现上述三种情况中的任何一种

4. 假设企业按 12% 的年利率取得贷款 200 000 元，要求在 5 年内每年年末等额偿还，每年的偿付额为（　　）元。

A. 40 000　　B. 52 000　　C. 55 482　　D. 64 000

5. 通过投资多样化可分散的风险是（　　）。

A. 系统风险　　B. 总风险　　C. 非系统风险　D. 市场风险

二、多项选择题

1. 下列说法正确的是（　　）。

A. 普通年金终值系数和偿债基金系数互为倒数

B. 普通年金终值系数和普通年金现值系数互为倒数

C. 复利终值系数和复利现值系数互为倒数

D. 普通年金现值系数和资本回收系数互为倒数

2. 递延年金具有如下特点（　　）。

A. 年金的第一次支付发生在若干期以后

B. 没有年金终值

C. 年金的现值与递延期无关

D. 年金的终值与递延期无关

3. 企业的财务风险是指（　　）。

A. 因销售量变化带来的风险　　B. 因借款带来的风险

C. 筹资决策带来的风险　　D. 外部环境带来的风险

4. 在不考虑通货膨胀的情况下，投资报酬率包括（　　）。

A. 通货膨胀补偿率　　B. 无风险收益率

C. 资本成本率　　D. 风险收益率

5. 按照资本资产定价模型，确定特定股票必要收益率所考虑的因素有（　　）。

A. 无风险收益率　　B. 公司股票的特有风险

C. 特定股票的 β 系数　　D. 所有股票的年平均收益率

三、计算题

1. 假设以 10% 的年利率借得 30 000 元，投资于某个寿命为 10 年的项目，为使该投资项目成为有利的项目，每年至少应收回的现金数额为多少？

2. 胜利公司拟进行一项投资。目前有甲和乙两种方案可供选择。如果投资于甲方案其原始投资额会比乙方案高 40 000 元，但每年可获得的收益比乙方案多 8 000 元。假设该公司要求的最低报酬率为 8%，则应持续多少年该公司投资于甲方案才会更合算？

四、案例分析题

华中激光厂年金终值与现值的计算。

资料一：华中激光厂 2017 年 1 月 1 日向湖北信托投资公司融资租赁一台机床，双方在租赁协议中明确：租期截止到 2020 年 12 月 31 日，年租金 5 600 元，于每年年末支付一次，湖北信托投资公司要求的利息及手续费率通常为 5%。

资料二：华中激光厂 2016 年 8 月拟在湖北大学设立一笔“奖学基金”。奖励计划为每年特等奖 1 人，金额为 1 万元；一等奖 2 人，每人金额 5 000 元；二等奖 3 人，每人金额 3 000 元；三等奖 4 人，每人金额 1 000 元。目前银行存款年利率为 4%，并预测短期内不会发生变动。

资料三：华中激光厂2017年1月1日向中国银行湖北省分行借入一笔款项，银行贷款年利率6%，同时华中激光厂与中国银行湖北省分行约定：前3年不用还本付息，但从2020年12月31日起至2024年12月31日止，每年年末要偿还本息2万元。

要求：

（1）计算华中激光厂租赁设备的现值是多少。

（2）计算华中激光厂设立奖学金需要一次投入多少奖金。

（3）计算华中激光厂借款的年金终值和现值。

项目三

筹资管理

知识目标

1. 了解企业筹资的概念、企业筹资的基本原则和企业的筹资的动机；
2. 了解企业筹资的渠道和方式；
3. 了解企业筹资策划的程序和方法；
4. 掌握企业资金需要量的计算。

技能目标

与企业所承担的风险结合分析，选择企业筹资渠道与方式，并进行筹资策划。

案例导入

田大妈："从来没有赖账，为啥就贷不到款?"

位于成都市近郊新津县，拥有2亿多资产，占有全国泡菜市场60%份额的新蓉新公司，1999年却被流动资金的"失血"折磨得困苦不堪。企业创始人、总经理田玉文（人称"田大妈"）在由成都市委宣传部、统战部和市工商联联合召开的一次座谈会上大倒苦水。这位宣称"除了田玉文认不到多少字"的企业家当场发问："我始终弄不懂：像我们这样的企业，一年上税三四百万，解决了附近十几个县的蔬菜出路，安排了六七千农民就业，从来没有赖账，为啥就贷不到款?"

新蓉新最近的流动资金状况的确很成问题。1999年4月、5月正是蔬菜收购和泡菜出厂的旺季，该公司这段时间每天从农民手中购进价值70余万元的大蒜、萝卜等蔬菜，但田大妈坦言，她已经向农民打了400多万元的"白条"。

这种状况让田大妈非常苦恼。她能有今天——据她自己说——全靠她一诺千金。在她看来，"白条"所带来的信誉损失是难以接受的。新蓉新从零开始做到如今的2亿多元，历史上只有中国工商银行的少量贷款，大部分资金是"向朋友借的"。也正是为了维护这种民间信用关系，田大妈近日一口气偿还了"朋友"的借款共2 000多万元。据说，现在，新蓉新的民间借款几乎已经偿清。这也正是新蓉新目前面临流动资金困境的主要原因之一。

此外，为了引进设备建一个无菌车间，田大妈新近花100多万元，购进土地110亩①。近日，田大妈同她的长子、新蓉新董事长陈卫东为此发愁：如果不能申请800万元贷款，下

---

① 1亩=666.67平方米。

一步收购四季豆就没法了。

田大妈说，一周前，公司已向中国工商银行提出了800万元贷款申请，但目前还没有动静。

据田大妈说，新蓉新现有资产2.63亿元，资产负债率10%左右。另据新津县委办公室负责人介绍，该公司目前已签了3亿多供货合同，在国内增加了几百个网点，预计年内市场份额能达到80%。像这样的企业，银行为何惜贷呢？

思考题：

（1）现实中，"田大妈"现象产生的根本原因是什么？

（2）在发展的过程中，上市融资是不是企业解决资金短缺的唯一道路？

（3）企业上市融资是否意味着融资成功？

（4）企业在筹资时，应综合考虑哪些问题？

任务一　企业筹资概述

任务介绍

任何一个企业，为了保证生产经营的正常进行，必须有一定数量的资金。筹资是企业理财的起点，资金运用的前提。现代企业的资金来源于两个方面：一是权益资金；二是债务资金。从一定意义上讲，筹资数量与结构直接影响企业效益的好坏。因此，企业的筹资管理是企业财务管理的首要任务。

筹资管理解决为什么要筹资，以何种渠道、何种方式筹资，要筹集多少资本，如何合理安排资本结构等问题。因此，对于筹资相关概念的掌握可以使我们更好地理解企业在持续的生存和发展中所进行的筹资活动。

基本知识

企业筹资是指企业根据其生产经营、对外投资及调整资本结构的需要，通过一定的渠道，采取适合的筹资方式，经济有效地筹集资本的财务活动。企业创建、开展日常生产经营业务、购置设备、材料等生产要素，不能没有一定数量的生产经营资金；扩大生产规模、开发新产品、提高技术水平，更要追加投资。筹集资金是企业资金运动的起点，是决定资金运动规模、生产规模和生产经营发展的重要环节。通过一定的资金渠道，采取一定的筹资方式，组织资金的供应，保证企业生产经营活动的需要，是企业财务管理的一项重要内容。

一、企业筹资的动机

企业筹资的动机是指企业筹资的目的。企业筹资的基本目的是为了自身的生存和发展。企业具体筹资活动通常受特定动机的驱使。企业筹资的具体动机概括起来主要有以下四个方面：新建筹资、扩张筹资、调整筹资和混合筹资。

（一）新建筹资

公司最初创建时就需要筹资，以获得设立一个企业所必需的初始资本。公司取得验资证明、到工商管理部门办理注册登记后，才能开展正常的生产经营活动。企业的经营性质、组织形式不同，对资本的需求量也不相同。筹资对企业的设立有启动作用，加强筹资管理，及时筹足资本金，可以保证企业顺利设立。

（二）扩张筹资

企业因为扩大生产经营规模或增加对外投资而产生筹资的动机。处于成长时期，具有良好发展前景的企业通常会产生这种筹资动机，这种筹资动机的结果是企业资产总值和资产总额的增加。

（三）调整筹资

企业因为调整现有资本结构的需要而产生筹资动机。资本结构是企业各种筹资方式的组合及其比例关系。企业在不同的时期，随着相关情况的变化对现有的资本结构进行调整，使之能够适应企业的发展。

（四）混合筹资

企业既需要扩大经营又需要调整资本结构而产生筹资动机。这种动机中兼并了扩张筹资和调整筹资两种动机。

二、筹资的分类

（一）按照所取得资金的权益特性不同，可分为股权筹资、债务筹资及衍生工具筹资

（1）股权筹资形成股权资本。企业的股权资本通过吸收直接投资、发行股票、内部积累等方式取得。股权资本由于一般不用还本，形成了企业的永久性资本，因而财务风险小，但付出的资本成本相对较高。

（2）债务筹资，是企业通过借款、发行债券、融资租赁以及赊购商品或服务等方式取得的资金形成在规定期限内需要清偿的债务。由于债务筹资到期要归还本金和支付利息，对企业的经营状况不承担责任，因而具有较大的财务风险，但付出的资本成本相对较低。

（3）衍生工具筹资包括兼具股权与债务特性的混合融资和其他衍生工具融资。我国上市公司目前最常见的混合融资是可转换债券融资，最常见的其他衍生工具融资是认股权证融资。

（二）按照资金的来源范围的不同，可分为内部筹资和外部筹资

（1）内部筹资是指企业在企业内部通过留用利润而形成资本来源的筹资形式。

（2）外部筹资是企业吸收其他经济主体的闲置资金而形成的筹资形式。

（三）按照是否通过金融机构，可分为直接筹资和间接筹资

（1）直接筹资是指资本供求双方通过一定的金融工具直接形成债务关系或所有权关系的筹资方式。

（2）间接筹资是指资本供求双方通过金融机构间接实现融通的筹资形式。

（四）按照所筹资本使用期限的长短，可分为长期资金筹资和短期资金筹资

（1）长期资金筹资是指企业需要期限在1年以上的资本而形成的筹资形式。

（2）短期资金筹资是指企业需要期限在1年以内（含1年）的资本而形成的筹资形式。

三、筹资的基本原则

筹资的基本原则是指企业筹资的基本要求。在企业筹资过程中，会面临许多问题：何时

筹资，通过什么渠道筹资，采用什么方式进行筹资以及筹资的数量、成本和资金使用条件等，都是筹资工作必须解决的问题。为此，企业筹资应遵循以下原则：合法性、合理性、及时性、适度性、效益性。

（一）遵循国家法律法规，合法筹措资金（合法性原则）

无论企业采用何种筹资方式、通过何种筹资渠道、按照何种条件、筹集多少资金，都必须符合有关法律法规，依法筹资，履行约定的责任，维护投资者权益。

（二）分析生产经营情况，正确预测资金需要量（合理性原则）

企业在筹资时，其负债在全部资本中的比重应适度，防止负债过多而增加财务风险，增加偿债压力，或没有充分地利用负债经营，使权益资本的收益水平下降。

（三）合理安排筹资时间，适时取得资金（及时性原则）

企业筹集资金应根据资金的投放时间来安排，使筹资和用资在时间上相衔接，避免因筹资时间过早而造成使用前的闲置，或因筹资时间滞后而贻误有利的投资机会。

（四）了解各种筹资渠道，选择资金来源（适度性原则）

企业筹资的目的在于确保企业生产经营所必需的资金。资金不足，固然会影响企业生产经营；而资金过剩，则可能导致资金使用效果降低。所以资金筹集应掌握一个合理的限度，即保证企业生产经营正常、高效运行的最低资金数量。

（五）研究各种筹资方式，优化资本结构（效益性原则）

由于不同的筹资渠道和筹资方式，其资金成本各不相同，取得资金的难易程度也不尽一致，所以企业所承担的风险也大小不一。为此，在筹资时应综合考虑各种筹资方式的资本成本和筹资风险，力求以最小的资金成本实现最大的投资收益。

四、筹资渠道与方式

企业筹资需要通过一定的筹资渠道，运用一定的筹资方式来进行。筹资渠道与筹资方式之间既有联系，又有区别。同一筹资渠道的资金往往可以采用不同的筹资方式取得，而同一筹资方式又往往可以筹集不同渠道的资金。企业在筹资时，要根据情况灵活运用。

（一）筹资渠道

筹资渠道是指筹措资金来源的方向与通道，体现着资金的来源与流量，它属于资金供应的范畴。认识筹资渠道的种类及每种筹资的特点，有利于企业充分开拓和正确利用筹资渠道。

我国企业目前的筹资渠道主要有：国家财政资金、银行信贷资金、非银行金融机构资金、其他法人资金、民间资金、企业自留资金以及外商和我国港澳台资金。

1. 国家财政资金

国家财政资金历来是国有企业筹资的主要来源，政策性很强，通常只有国有企业才能利用。国家财政资金具有广阔的源泉和稳固的基础，并在国有企业资本预算中安排，今后仍然是国有企业权益资本筹资的重要渠道。

2. 银行信贷资金

银行信贷资金是各类企业筹资的重要来源。银行一般分为商业性银行和政策性银行。商业性银行可以为各类企业提供各种商业性贷款；政策性银行主要为特定企业提供一定的政策性贷款。银行信贷资本拥有居民储蓄、单位存款等经常性的资本来源，贷款方式灵活多样，可以适应各类企业债权资本筹集的需要。

3. 非银行金融机构资金

非银行金融机构资金也可以为一些企业提供一定的筹资来源。非银行金融机构是指除了银行以外的各种金融机构和金融中介机构。在我国，非银行金融机构主要有租赁公司、保险公司、企业集团的财务公司及信托投资公司、证券公司。它们有的集聚社会资本，融资融物；有的承销证券，提供信托服务，为一些企业直接筹集资本或为一些公司发行证券筹集资金提供承销信托服务。这种筹资渠道的财力虽然比银行要小，但具有广阔的发展前景。

4. 其他法人资金

企业单位资金有时也为筹资企业提供一定的筹集资金来源。企业在日常的资本运营周转中，有时也可能形成部分暂时闲置的资本。为了让其发挥一定的效益，也需要相互融通，这就为企业筹资提供了一定的筹资来源。

5. 民间资金

民间资金可以为企业直接提供筹资来源。我国企业和事业单位的职工和广大城乡居民持有的大笔货币资本，可以对一些企业直接进行投资，为企业筹资提供资本来源。

6. 企业自留资金

企业自留资金主要是指企业通过提取盈余公积金和保留未分配利润而形成的资本。这是企业内部的筹资渠道，比较便捷，有赢利的企业通常都可以利用。

7. 外商和我国港澳台资金

在改革开放的条件下，外商及我国香港、澳门和台湾地区的投资者持有的资本也可以吸收，从而形成外商和我国港澳台资金投资企业的筹资渠道。

（二）筹资方式

企业筹资方式是指企业筹集资本所采取的具体形式和工具，体现着资本的属性和期限。目前，我国企业资本的组织形式多种多样，为企业筹资提供了良好的条件。如果说，筹资渠道属于客观条件，那么筹资方式则属于企业的主观能动行为。

企业筹集资金必然要一定的代价并承担相应的风险，不同筹资方式条件下的资金成本和财务风险有高有低。为此，需要对各种筹资方式进行分析、对比，选择经济可行的筹资方式。

常见的企业筹资方式有：吸收直接投资、发行普通股票、长期借款、商业信用、发行债券、融资租赁、利用留存收益和短期借款。

1. 吸收直接投资

吸收直接投资中的出资方式：以现金出资，以实物出资，以工业产权出资，以土地使用权出资。

吸收直接投资的成本：是企业因吸收直接投资而支付给直接投资者的代价。吸收直接投资成本除不需考虑筹资费用外，其计算方式与普通股筹资基本相同。

2. 发行普通股票

股票的分类：按股东权利和义务的不同，可将股票分为普通股票和优先股票。普通股票简称普通股，是股份公司依法发行的具有平等的权利、义务、股利不固定的股票。优先股票是股份公司发行的、相对于普通股票具有一定优先权的股票。按股票票面是否记名可将股票分为记名股票和无记名股票。记名股票指在股票上载有股东姓名或名称并将其记入公司股东名册的股票。按发行对象和上市地区可将股票分为A股、B股、H股和N股等。A股是以人民币标明票面金额，以人民币认购和交易的股票。B股是以人民币标明票面金额，以外币认购和交易的股票。H股是在香港上市的股票。N股是在纽约上市的股票。

3. 长期借款

长期借款的种类主要有：第一，按照用途，分为基本建设贷款、更新改造贷款、科技开发和新产品试制贷款等；第二，按有无担保，分为信用贷款和抵押贷款。

4. 商业信用

商业信用的条件是指销货人对付款时间和现金折扣所作的具体规定，主要有以下两种形式：预收货款，但不涉及现金折扣；延期付款，但早付款，可享受现金折扣。

5. 发行债券

债券可按不同的标准进行分类。按债券是否记名，可将债券分为记名债券和无记名债券；按债券能否转换为公司股票，可将债券分为可转换债券和不可转换债券；按有无特定的财产担保，可将债券分为信用债券和抵押债券。

6. 融资租赁

融资租赁包括售后租回、直接租赁和杠杆租赁三种形式。

售后租回，即根据协议，企业将某资产卖给出租人，再将其租回使用。

直接租赁，即承租人直接向出租人租入所需要的资产，并付出租金。

杠杆租赁。杠杆租赁涉及承租人、出租人和资金出借者三方当事人。从承租人的角度来看，这种租赁与其他租赁形式并无区别，同样是按合同的规定，在基本租赁期内定期支付定额租金，取得资产的使用权。但对出租人却不同，出租人只出购买资产所需的部分资金作为自己的投资；另外以该资产作为担保向资金出借者借入其余资金。因此，它既是出租人又是贷款人，同时拥有对资产的所有权，既收取租金又要偿还债务。如果出租人不能按期偿还借款，资产的所有权就要转归资金的出借者。

7. 利用留存收益

留存收益来源渠道有以下两个方面：盈余公积、未分配利润。

盈余公积，是指有指定用途的留存净利润，它是公司按照《公司法》规定从净利润中提取的积累资金，包括法定盈余公积金和任意盈余公积金。

未分配利润，是指未指定用途的留存净利润。这里有两层含义：一是这部分净利润没有分给公司的股东；二是这部分净利润未指定用途。

8. 短期借款

短期借款，是指企业向银行和其他非银行金融机构借入的期限在一年以内的借款。短期借款主要有：生产周转借款、临时借款、结算借款等。短期借款还可依偿还方式的不同分为一次性偿还借款和分期偿还借款；依利息支付方法的不同分为收款法借款、贴现法借款和加息法借款；依有无担保分为抵押借款和信用借款。

银行发放短期贷款时主要信用条件包括：信贷额度、周转信贷协定、补偿性余额。

信贷额度亦即贷款限额，是借款人与银行在协议中规定的、允许借款人借款的最高额度。周转信贷协定是银行从法律上承诺，向企业提供不超过某一最高限额的贷款协定。补偿性余额，它是银行要求借款人在银行中，保持按贷款限额或实际借款额的一定百分比计算的最低存款余额。补偿性余额的要求提高了借款的实际利率。

（三）筹资渠道与筹资方式的配合

企业的筹资渠道与筹资方式之间存在着一定的联系，同一种筹资渠道的资本往往可以采取不同的筹资方式取得，而同一种筹资方式往往有可以适用于不同的筹资渠道。企业筹资方式与筹资渠道的相互配合如表3－1所示。

表3－1 企业筹资渠道与筹资方式的配合表

筹资方式 筹资渠道	吸收直接筹资	发行股票	留存收益	银行借款	融资租赁	发行债券	商业信用
国家财政资本	√	√					
银行信贷资本				√			
非银行金融机构资本	√	√			√	√	
其他法人资本	√	√			√	√	√
民间资本	√	√				√	
企业内部资本	√		√				
国外和我国港澳台资本	√	√		√	√	√	√

例题解析3－1

以下属于权益筹资方式有（AB）。

A. 吸收直接投资　　B. 发行股票

C. 商业信用　　D. 发行融资券

练习与思考

1. 下列各项中属于普通股特征的是（　　）。

A. 不需要还本　　B. 需要到期还本　　C. 股利不固定

D. 承担有限责任　　E. 收益分配在优先股之后

2. 下列各项中，属于短期筹资方式的有（　　）。

A. 商业信用　　B. 债券筹资　　C. 融资租赁

D. 经营租赁　　E. 应计费用

3. 企业筹资的目的主要有（　　）。

A. 创建企业　　B. 企业扩张　　C. 偿还债务

D. 调整资本结构　　E. 增加效益

任务实施

1. 中小企业已成为我国国民经济的基础，在增加就业岗位，缓解就业压力，实现科技创新与成果转让等方面发挥越来越重要的作用。然而，在中国大多数中小企业都面临着筹资难的问题，这个问题严重阻碍中小企业的发展。如何解决中小企业在筹资中存在的问题？（试寻找出适合中小企业筹资的方式和渠道）

2.【案例引入】中的案例：田大妈：“从来没有赖账，为啥就贷不到款？”

（1）分析任务所涉及的相关因素。

（2）分析田大妈从来没有赖账，为啥就贷不到款？

3. 运用相关知识进行演练。以组为单位，讨论有哪些筹资方式能够解决像田大妈这样的中小企业的筹资难问题。

任务二　权益筹资

任务介绍

无论何种形式的企业，在其建立时都必须具备一定的原始资本。其中，股份有限公司或有限责任公司的建立必须以权益资本的形式从公司投资者那里获得其所需要的原始资本。

基本知识

权益资金也称自有资金，是企业依法筹集并长期拥有的、可以自主调配运用的资金，包括吸收直接投资、发行股票、利用留存资金等，它在数量上反映了投资者投入的全部资本。权益资金主要通过吸收直接投资、发行普通股、发行优先股和企业留存收益等筹集方式形成。

一、吸收直接投资

吸收直接投资又称投入资本筹资，是非股份制企业以签订投资协议的形式吸收投资者以现金、实物、工业产权、土地使用权等出资方式直接投入资本的一种筹资方式。

（一）吸收直接投资的种类

1. 按其所形成资本金的构成分类

（1）吸收国家直接投资。国家直接投资是指有权代表国家投资的政府部门或者机构以国有资产投入企业，由此形成的资本称为国家资本。国家直接投资是国有企业筹集自有资金的主要方式。当前，除了原来国家以拨款形式投入企业所形成的各种资金外，用利润总额归还贷款后所形成的国家资金、财政和主要部门拨给企业的专用拨款以及减免税后形成的资金，也应视为国家投资。

（2）吸收法人直接投资。法人直接投资是指法人单位以其依法可以支配的资产投入企业，由此形成的资本称为法人资本。

（3）吸收个人直接投资。个人直接投资是指社会个人或本企业内部职工以个人合法财产投入企业，由此形成的资本称为个人资本。

（4）吸收外商直接投资。

2. 按吸收资金投资方式分类

（1）吸收现金投资。吸收现金投资是企业吸收直接投资所乐于采用的形式。企业有了现金，可用于购置资产、支付费用，使用灵活方便。因此，企业一般争取投资者以现金方式出资。对现金出资比例由有关法规作出规定，或由融资各方协商确定。

（2）吸收非现金投资。吸收非现金投资主要有两类形式：一是吸收实物资产投资，即投资者以房屋、建筑物、设备等固定资产和材料、燃料、产品等流动资产作价投资；二是吸收无形资产投资，即投资者以专利权、商标权、商誉、非专利技术、土地使用权等无形资产作价投资。

（二）吸收直接投资的条件

企业采用吸收直接投资方式筹措自有资本必须符合一定的条件，主要有以下三个方面：

（1）采用吸收直接投资方式筹措自有资本的企业，应当是非股份制企业，包括国有企业、集体企业、合资或合营企业等，股份制企业按规定应以发行股票的方式取得自有资本。

（2）企业通过吸收直接投资而取得的实物资产或无形资产，必须符合企业生产经营、科研开发的需要，在技术上能够消化应用。在吸收无形资产投资时，应符合法定比例要求。

（3）企业通过吸收直接投资而取得的非现金资产，必须进行客观、公正、合理的估价，并办理产权转移手续。

（三）吸收直接投资的筹资优缺点

1. 吸收直接投资的筹资优点

（1）能够尽快形成生产能力。

（2）容易进行信息沟通。

（3）手续相对比较简单，筹资费用较低。

（4）有利于提高企业信誉。

（5）有利于降低财务风险。

2. 吸收直接投资的筹资的缺点

（1）资本成本较高（相对于股票筹资）。

（2）容易分散企业控制权，不利于企业治理。如果某个投资者的投资额比例较大，则该投资者对企业的经营管理就会有相当大的控制权，容易损害其他投资者的利益。

（3）不利于产权交易。

二、企业资本金制度

企业资本金是指企业设立时必须向所有者筹集的，并在工商行政管理部门登记的注册资金。它是企业从事正常经营活动、承担经济责任的物质基础。资本金制度是指国家对有关资本金的筹集、管理以及企业所有者的责权利等方面所作的法律规范。建立资本金制度，有利于维护企业所有者权益，正确计算盈亏，健全企业的经营机制。

（一）资本金的本质特征

资本金，是指企业在工商行政管理部门登记的注册资金，是投资者用以进行企业生产经营、承担民事责任而投入的资金。资本金是企业权益资本的主要部分，是企业长期稳定拥有的基本资金。

资本金在不同类型的企业中表现形式有所不同。股份有限公司的资本金被称为“股本”。非股份有限公司的资本金被称为“实收资本”。

（二）资本金的筹集

1. 资本金的最低限额

我国公司法第二十六条规定：有限责任公司注册资本的最低限额为人民币3万元。法律、行政法规对有限责任公司注册资本的最低限额有较高规定的，从其规定。

全体投资者的货币出资金额不得低于公司注册资本的30%。

2. 资本金的出资方式

我国公司法第二十七条规定：股东可以用货币出资，也可以用实物、知识产权、土地使用权等可以用货币估价并可以依法转让的非货币财产作价出资；但是，法律、行政法规规定不得作为出资的财产除外。

3. 资本金缴纳的期限

资本金缴纳的期限，通常有三种办法：

（1）实收资本制（严格）：在企业成立时一次筹足资本金总额，企业成立时的实收资本等于注册资本。

（2）授权资本制（宽松）：只要筹集了第一期资本，企业即可成立。

（3）折衷资本制：在企业成立时不一定一次筹足资本金总额，但规定了首期出资的数额或比例及最后一期缴清资本的期限。

我国公司法第二十六条规定：公司全体股东的首次出资额不得低于注册资本的20%，也不得低于法定的注册资本最低限额，其余部分由股东自公司成立之日起两年内缴足；其中，投资公司可以在5年内缴足。

4. 资本金的评估

吸收实物、无形资产等非货币资产筹集资本金的，应当按照评估确认的金额或者按合同、协议约定的金额计价。

我国公司法第二十七条规定：对作为出资的非货币财产应当评估作价，核实财产，不得高估或者低估作价。法律、行政法规对评估作价有规定的，从其规定。

（三）资本金管理原则

企业资本金的管理，应当遵循资本保全这一基本原则。实现资本保全的具体要求，可分为资本确定、资本充实和资本维持三部分内容。

（1）资本确定原则，是指企业设立时资本金数额的确定。

（2）资本充实原则，是指资本金的筹集应当及时、足额。

（3）资本维持原则，是指资本一经注入不得随意抽逃。

（四）资本金的验证

资本金的验证是指对投资者所投入的资产进行法律上的确认，它包括对现金与非现金资产从价值确认和时间确认方面进行验证等内容。国际上通行的做法是聘请社会中介机构进行验资。我国企业在筹集资本金时，必须聘请中国注册会计师验资，出具验资报告之后，工商部门才会签发营业执照，企业据此向出资者发放出资证明。

（五）违约责任

资本金的筹集方式、筹集期限等事项均要在投资合同协议中约定，并在公司章程中作出规定，以确保资本金的及时、足额到位。如果某一所有者未按合同、协议和公司章程的约定及时、足额出资，即为违约，企业和其他投资者可依法追究违约方的责任，政府部门还应根据国家有关规律，对违约者进行处罚。

三、发行普通股筹资

股票是股份公司为筹集权益资本而发行的有价证券，是公司发行的证明股东所持股份的凭证，它代表了股东对股份公司的所有权。发行普通股是股份有限公司筹集权益资金最常见的方式。

普通股是股份公司为筹集股权资本而发行的有价证券，是公司签发的证明股东所持有股份的凭证，其代表股东对股份制公司的所有权。普通股股东作为出资者享有的权利包括：公司重大决策表决权、股份转让权、股利分配请求权、对公司账目和股东大会决议的审查权和对公司事务的质询权、分配公司剩余财产权利、优先认股权等。同时，普通股股东承担的责任以其所持股份为上限。

（一）股票的特征与分类

1. 股票的特征

股票具有永久性、流通性、风险性和参与性的特点。股票风险的表现形式有：股票价格的波动性、红利的不确定性、破产清算时股东处于剩余财产分配的最后顺序等。

股票的参与性由股东所享有的权利体现出来。股东最基本的权利是按投入公司的股份额，依法享有公司收益获取权、公司重大决策参与权和选择公司管理者的权利，并以其所持股份为限对公司承担责任，具体表现在：

（1）参与经营管理权。股东参与公司的经营管理权不是直接的，而是体现在股东在股东大会上行使的表决权，包括：

① 决定公司的经营方针和投资计划。

② 选举和更换董事、监事。

③ 审议董事会和监事会报告。

④ 审议和批准公司年度财务预算、决算方案，利润分配方案和弥补亏损方案。

⑤ 对公司增减注册资本和发行债券做出决议。

⑥ 对公司合并、分立、解散和清算等事项做出决议。

⑦ 修改公司的章程等。

（2）查阅权。查阅权是指股东对公司有关文件有查阅的权利，如公司章程、股东大会会议记录和财务报告。通过行使查阅权，对公司的经营提出建议或质询，这实际上是一种监督权。

（3）分享盈余权。这也是普通股股东的一项基本权利。盈余的分配方案由股东大会决定，每一个会计年度由董事会根据企业的盈利数额和财务状况来决定分发股利的多少并经股东大会批准通过。

（4）出让股份权。股东有权出售或转让股票，这也是普通股股东的一项基本权利。它表明普通股投资的流动性，是对投资的一种保护。

（5）优先认股权。当公司增发普通股票时，原有股东有权按持有公司股票的比例，优先认购新股票。这主要是为了使股东操持其在公司股份中原来所占的百分比，以保证他们的控制权。

（6）剩余财产的要求权。当公司解散、清算时，普通股股东对剩余财产有要求权。但是，在公司破产清算时，财产的变价收入，首先要用来清偿债务，然后支付优先股股东，最后才能分配给普通股股东。所以，在公司破产清算时，普通股股东实际上很少能分到剩余财产。

2. 股票的分类

按照不同标准，股票可以分成不同类别，详见表3－2。

表 3-2 股票分类表

<table>
<tr><th>分类标志</th><th>类型</th><th>说明</th></tr>
<tr><td rowspan="2">股东权利与义务</td><td>普通股</td><td>公司发行的代表着股东享有平等的权利、义务，不加特别限制的，股利不固定的股票
【提示】普通股是公司最基本的股票，股份有限公司通常情况下只发行普通股</td></tr>
<tr><td>优先股</td><td>公司发行的具有一定优先权的股票，其优先权利主要表现在股利分配优先权和分配剩余财产优先权上
【提示】优先股股东在股东大会上无表决权，在参与公司管理上受到一定的限制，仅对涉及优先股股利的问题有表决权</td></tr>
<tr><td rowspan="2">票面是否记名</td><td>记名股票</td><td>股票票面上记载有股东姓名或将名称记入公司股东名册的股票</td></tr>
<tr><td>无记名股票</td><td>不登记股东名称，公司只记载股票数量、编号及发行日期</td></tr>
<tr><td rowspan="5">发行对象和上市地点</td><td>A 股</td><td>境内发行、境内上市，以人民币表明面值，以人民币认购和交易</td></tr>
<tr><td>B 股</td><td>境内公司发行，境内上市交易，以人民币标明面值，以外币认购和交易</td></tr>
<tr><td>H 股</td><td>注册地在内地，在香港上市的股票</td></tr>
<tr><td>N 股</td><td>在纽约上市</td></tr>
<tr><td>S 股</td><td>在新加坡上市</td></tr>
</table>

（二）股票上市的目的

（1）便于筹措新资金。公司上市后，还可以通过增发、配股、发行可转换债券等方式进行再融资。

（2）促进股权流通和转让。

（3）促进股权分散化。

（4）便于确定公司价值。对于上市公司来说，股票价格既是股票交易行情，又是对公司价值的市场评价。

（三）上市公司的股票发行

上市的股份有限公司在证券市场上发行股票，包括公开发行和非公开发行两种。公开发行股票又分为首次上市公开发行股票和上市公开发行股票，非公开发行即向特定投资者发行，也叫定向发行。

1. 首次上市公开发行股票（IPO）

首次上市公开发行股票，是指股份有限公司对社会公开发行股票并上市流通和交易。

2. 上市公开发行股票

上市公开发行股票，是指股份有限公司已经上市后，通过证券交易所在证券市场上对社会公开发行股票。上市公司公开发行股票，包括增发和配股两种方式。其中，增发是指增资发行，即上市公司向社会公众发售股票的再融资方式，而配股是指上市公司向原有股东配售发行股票的再融资方式。

3. 非公开发行股票

上市公司非公开发行股票，是指上市公司采用非公开方式，向特定对象发行股票的行为，也叫定向募集增发。

（四）引入战略投资者

一般来说，作为战略投资者的基本要求是：

（1）要与公司的经营业务联系紧密。

（2）要出于长期投资目的而较长时期地持有股票。

（3）要具有相当的资金实力，且持股数量较多。

引入战略投资者的作用：

（1）提升公司形象，提高资本市场认同度。

（2）优化股权结构，健全公司法人治理。战略投资者带来的不仅是资金和技术，更重要的是能带来先进的管理水平和优秀的管理团队。

（3）提高公司资源整合能力，增强公司的核心竞争力。

（4）达到阶段性的融资目标，加快实现公司上市融资的进程。

（五）发行普通股筹资的优缺点

1. 普通股筹资的优点

（1）没有固定利息负担。普通股没有法定的支付股利的义务，公司有充裕的盈余，并认为适合分配股利，就可以分配给股东；公司盈余较少，或虽有盈余但资金短缺或有更有利的投资机会，就可少支付或不支付股利。

（2）没有固定到期日，不用偿还。利用普通股筹集的是永久性的资金，除非公司清算才需偿还。这对保证公司对资本的最低需要，促进公司长期持续稳定经营具有重要意义。

（3）筹资风险小。由于普通股没有固定到期日，不用支付固定的股利，不存在还本付息的风险，同时资本使用上无特别限制，筹资风险最小。

（4）能提高公司的信誉。普通股股本与留存收益构成公司所借入的一切债务的基础。有了较多的自有资金，就可为债权人提供全套的损失保障，因而，普通股筹资既可以提高公司的信用价值，同时也为使用更多的债务资金提供了强有力的支持。

2. 普通股筹资的缺点

（1）资本成本较高。其原因有三：一是普通股投资风险较大，按照风险、收益对等原则，相应的普通股所要求的收益率也就很高；二是普通股的股利在税后利润中支付，享受不到免税优惠；三是普通股的发行费用比举债要高出许多。

（2）容易分散公司控制权。出售新股会把控制权扩展到新股东，从而削弱原控制者的地位。

（3）增发新股可能会降低每股收益。新股东有分享公司净利润的权利，在公司盈利不变的情况下增发新股则会降低每股的获利能力以及每股权益，从而引起每股市价下跌。

四、发行优先股

优先股是相对普通股而言的，较普通股具有某些优先权利，同时也受到一定的限制，它既与普通股有许多相似之处，又具有债券的某些特征。但从法律的角度来看，优先股属于自有资金。

（一）优先股的权利

优先股的“优先”是相对普通股而言的，我国优先股权利主要表现在以下三个方面：

1. 优先分配股利权

优先分配股利的权利是优先股的最主要特征。优先股通常有固定股利，一般按面值的一定百分比来计算，受公司经营状况和盈利水平的影响较少，优先股的股利除数额固定外，还必须在支付普通股股利之前予以支付。对累积优先股来说，这种优先股就更为突出。

2. 优先分配剩余资产权

在企业破产清算时，出售资产所得的收入，优先股位于债权人的求偿权之后，但先于普通股。其金额只限于优先股的票面价值，加上累积未支付的股利。

3. 部分管理权

优先股股东的管理权限是有严格限制的。通常，在公司的股东大会上，优先股股东没有表决权，但是，当公司研究与优先股有关的问题时其有权参加表决。因此，发行优先股一般不会稀释普通股股东的控制权。

（二）优先股的性质

从公司章程规定的有关条款看，优先股是介于普通股和债券之前的资金来源，是一种混合性证券，其特征也介于普通股和债券之间。

优先股具有普通股的某种特征，优先股与普通股相同的地方，主要表现在以下四个方面：

（1）优先股所筹资本属于权益资本，多数情况下，没有到期日。

（2）优先股的股利在税后利润中支付。

（3）优先股没有筹资风险，当公司没有足够盈利支付股利时，可以不支付，而无破产之忧。

（4）优先股股东也是以其投资额对公司的债务承担有限责任。

优先股具有类似债券的特征，优先股与债券相似之处主要有以下四个方面：

（1）优先股的股利固定，一般不受公司经营状况和盈利水平的影响。

（2）优先股一般不享有参与公司经营管理权。

（3）当公司章程中规定有赎回条款时，优先股具有还本特征。

（4）当公司章程中规定有转换条款时，优先股可以像债券那样转换为普通股。

（三）优先股筹资的优缺点

1. 利用优先股筹资的优点

（1）没有固定到期日，不用偿还本金。优先股从根本上说属权益资本，没有固定到期日，是永久性资金来源，可以为公司举债提供保证，增强了公司的借款能力。

（2）股利支付既固定，又有一定弹性。一般而言，优先股都采用固定股利，但固定股利的支付并不构成公司的法定义务。如果财务状况不佳，则可暂时不支付优先股股利，那么，优先股股东也不能像债权人一样迫使公司破产。

（3）优先股的可赎回性和可转换性，使之具有调整资本结构的功能。

（4）优先股股利固定，具有财务杠杆作用。

2. 利用优先股筹资的缺点

（1）筹资成本高。优先股所支付的股利要从税后净利润中支付，不同于债务利息可在税前扣除。因此，优先股成本较高。

（2）筹资限制多。发行优先股，通常有许多限制条款，如对普通股盈利支付上的限制、对公司借债限制等。

(3) 财务负担重。优先股需要支付固定股利，但又不能在税前扣除。所以，当利润下降时，优先股的股利会成为一项较重的财务负担，有时不得不延期支付。

五、留存收益

留存收益包括资本公积、盈余公积和未分配利润。留存收益筹资的优点是：不用发生筹资费用，维持公司的控制权分布。留存收益筹资的缺点是筹资数额有限。

例题解析3-2

从发行公司的角度看，股票包销的优点有（D）。

A. 可获得部分溢价收入　　B. 降低发行费用

C. 可获得一定租金　　D. 不承担发行风险

例题解析3-3

从筹资的角度，下列筹资方式中筹资风险较小的是（D）。

A. 债券　　B. 长期借款

C. 融资租赁　　D. 普通股

练习与思考

1. 留存收益的所有权属于（　　）。

A. 股东　　B. 债权人　　C. 国家

D. 债务人　　E. 企业职工

2. 留存收益的资金成本（　　）。

A. 无成本

B. 有机会成本，但可以不考虑

C. 和普通股资金成本相同，但是无筹资费用

D. 和债务资金成本相同，但是无筹资费用

E. 成本不定

3. 发行优先股的动机是（　　）。

A. 保证公司的控制权　　B. 降低资本成本　　C. 降低财务风险

D. 调整公司的资本结构　　E. 增强公司的举债能力

4. 优先股筹资的优点不包括（　　）。

A. 不用还本　　B. 可以享受税前折扣　　C. 使用有弹性

D. 财务风险低　　E. 不会影响公司的控制权

任务实施

1. 你认为股票融资是一种最好的方式吗？为什么？
2. 你认为在什么情况下可以采用优先股融资？
3. 投资于股票的股东都会担任公司管理者的角色吗？为什么？

任务三 债务筹资

任务介绍

现实中，没有任何一家企业可以仅仅依赖自有资金就能满足其对资金的需求的，特别是企业在其快速发展期，资金短缺往往成为企业发展的瓶颈。负债是企业资金来源的重要途径，由于债务筹资能够产生杠杆效应，可以给企业带来额外的经济效益，但同时债务筹资的利息也形成了企业的固定负担。

基本知识

债务资本的出资人是企业的债权人，对企业拥有债权，有权要求企业按期还本付息。企业负债资本的筹集方式主要有银行借款筹资、债券筹资、租赁筹资、衍生工具筹资、商业信用等。

一、银行借款筹资

（一）银行借款的种类

1. 按借款的期限分为短期借款、中期借款和长期借款

（1）短期借款是指借款期限在1年以内（含1年）的借款。

（2）中期借款是指借款期限在1年以上5年以下（含5年）的借款。

（3）长期借款是指借款期限在5年以上的借款。

2. 按有无担保分为信用借款、担保借款和票据贴现

（1）信用借款。信用借款是指以借款人的信誉为依据而获得的借款，企业取得这种借款，无须以财产作抵押。

（2）担保借款。担保借款是指以一定的财产作抵押或以一定的保证人作担保为条件所取得的借款。

（3）票据贴现。票据贴现是指企业以持有的未到期的商业票据向银行贴付一定的利息而取得的借款。

3. 按提供贷款的机构分为政策性银行贷款和商业银行贷款

（1）政策性银行贷款。政策性银行贷款一般是指执行国家政策性贷款业务的银行向企业发放的贷款。例如，国家开发银行为满足企业承建国家重点建设项目的资金需要提供贷款；中国进出口银行为大型设备的进出口提供买方或卖方信贷。

（2）商业银行贷款。商业银行贷款是指由各商业银行向工商企业提供的贷款，这类贷款主要为满足企业生产经营的资金需要。此外，企业还可从信托投资公司取得实物或货币形式的信托投资贷款等。

（二）银行借款筹资的程序

企业向银行借款，通常要经过以下五个步骤：

1. 企业提出借款申请

企业向银行借入资金，应当填写借款申请书，向银行提出申请。借款申请书的内容包括借款金额、借款用途、偿还能力及还款方式等，并提供以下资料：

（1）借款人及保证人的基本情况。

（2）经会计师事务所审计的上年度财务报告。

（3）原有不合理占用贷款的纠正情况。

（4）抵押物清单及同意抵押的证明，保证人拟同意保证的有关证明文件。

（5）项目建议书和可行性报告。

（6）银行认为需要的其他资料。

2. 银行进行审批

银行针对企业的借款申请，按照有关规定和贷款条件，对借款企业进行审查，依据审批权限，核准企业申请的借款金额和用款计划。银行审查的内容包括：

（1）企业的财务状况。

（2）企业的信用情况。

（3）企业盈利的稳定性。

（4）企业的发展前景。

（5）借款投资项目的可行性等。

3. 签订借款合同

银行经审查批准借款合同后，与借款企业可进一步协商贷款的具体条件，签订正式的借款合同，明确规定贷款数额、利率、期限和一些限制性条款。

4. 企业取得借款

借款合同生效后，银行可在核定的贷款指标范围内，根据用款计划和实际需要，一次或分次将贷款转入企业的银行存款结算户，以便企业支用借款。

5. 企业偿还借款

企业应按借款合同的规定按期还本付息。企业偿还贷款的方式通常有三种：

（1）到期日一次偿还。在这种方式下，还款集中，借款企业需于贷款到期日前做好准备，以保证全部清偿到期贷款。

（2）定期偿还相等数额的本金，即在到期日之前定期（如每一年或两年）偿还相同的金额，至贷款到期日还清全部本金。

（3）分批偿还，每批金额不等，便于企业灵活安排。

如果企业不能按期归还借款，应在借款到期之前向银行申请贷款展期，但是否展期，由贷款银行根据具体情况决定。

（三）银行借款的信用条件

按照国际惯例，银行借款往往附加一些信用条件，主要有信用额度、周转信用协议和补偿性余额。

1. 信用额度

信用额度是企业与银行正式或非正式协议确定的借款最高限额。在信用额度内，企业根据需要可以随时获得借款，信用额度通常每年规定一次，但可定期修改。但在非正式协议下，银行并不承担借款最高限额保证的法律义务。

2. 周转信用协议

周转信用协议是一种经常为大公司使用的正式信用额度。与信用额度一样规定借款的最高限额，在协议的有效期内，只要企业借款总额未超过最高限额，银行必须满足企业任何时候提出的借款要求。企业享有周转信用协议，通常要对贷款限额的未使用部分付给银行一笔承诺费。例如某企业与银行商定的周转信用额为 1 000 万元，承诺费率为 0.5%，借款企业年度内使用了 600 万元，余额 400 万元。则借款企业应向银行支付承诺费的金额为：

$$承诺费 = 400 \times 0.5\% = 2（万元）$$

3. 补偿性余额

补偿性余额是银行要求借款企业将借款的 10% ~20% 的平均存款余额留存银行。银行通常都有这种要求，目的是降低银行贷款风险，提高贷款的有效利率，以便补偿银行的损失。但对借款企业来说，补偿性余额则提高了借款的实际利率，加重了企业的利息负担。例如，某企业按年利率 8% 向银行借款 100 万元，银行要求保留 20% 的补偿性余额，企业实际可动用的借款只有 80 万元，则该项借款的实际利率为：

$$补偿性余额贷款实际利率 = \frac{名义利率}{1-补偿性余额比例} \times 100\%$$

$$= \frac{8\%}{1-20\%} \times 100\% = 10\%$$

二、债券筹资

债券是债务人为筹集债券资本而发行的约定在一定期限内向债权人还本付息的一种有价债券。企业债券是由非公司企业发行的；公司债券（简称公司债）是由股份有限公司和有限责任公司发行的。债券的发行目的通常是为了建设大型项目而筹集大笔长期资金。

债券的基本要素包括：债券的面值、债券的期限、债券的利率、债券的价格。

（一）债券的种类

按照不同标准，债券可以分成不同类别，详见表 3-3。

表 3-3 债券分类表

分类标志	类型	含义
是否记名	记名债券	在公司债券存根簿载明债券持有人的姓名等其他信息
	无记名债券	在公司债券存根簿上不记载持有人的姓名
能否转换成公司股权	可转换债券	债券持有者可以在规定的时间内按照规定的价格转换为发债公司的股票
	不可转换债券	不能转换为发债公司股票的债券
有无特定财产担保	担保债券（抵押债券）	以抵押方式担保发行人按期还本付息的债券，主要是抵押债券。按抵押品不同，抵押债券分为不动产抵押债券、动产抵押债券和证券信托抵押债券
	信用债券	仅凭公司自身的信用发行的、没有抵押品作抵押担保的债券

（二）债券的偿还

按照不同标准，债券有不同的偿还方式，详见表 3-4。

表3-4　债券偿还方式表

方式	特点
提前偿还（提前赎回，或收回）	是指在债券尚未到期之前就予以偿还的方式。该类债券可使公司筹资具有较大的弹性。当公司资金结余时可以提前赎回债券。当预测利率下降时，也可以提前赎回债券，而后以降低的利率来发行新债券
分批偿还	如果一家公司在发行同一种债券的当时，就为不同编号或不同发行对象的债券规定了不同的到期日，这种债券就是分批偿还债券
一次偿还	到期一次偿还

（三）债券的发行价格

债券的发行价格是债券发行时使用的价格，即投资者购买债券时所支付的价格。发行价格通常有：平价、溢价和折价。

平价是指以债券的面值为发行价格（当票面利率等于市场利率时）；溢价是指以高出债券面值的价格发行（当票面利率高于市场利率时）；折价是指以低于债券面值的价格发行（当票面利率低于市场利率时）。

定期付息、到期一次还本且不考虑发行费用的情况下，债券发行价格的计算公式为：

$$\text{债券发行价格}=\frac{\text{票面金额}}{(1+\text{市场利率})^{n}}+\sum_{t=1}^{n}\frac{\text{票面金额}\times\text{票面利率}}{(1+\text{市场利率})^{t}}$$

例题解析3-4

金泰公司发行面值为100元，利率为10%，期限为10年，每年年末付息的债券。公司决定发行债券时认为10%的利率是合理的。但是，如果到债券发行时，市场上的利率发生变化就必须要调整债券的发行价格。试分别计算当市场利率为5%、10%、15%时债券的发行价格？

（1）当市场利率为5%时，即票面利率高于市场利率，则可以采用溢价发行。发行价格如下：

$$\text{债券发行价格}=\frac{100}{(1+5\%)^{n}}+\sum_{t=1}^{10}\frac{100\times10\%}{(1+5\%)^{t}}=138.61(\text{元})$$

（2）当市场利率为10%时，即票面利率等于市场利率，则可以采用平价发行。发行价格如下：

$$\text{债券发行价格}=\frac{100}{(1+10\%)^{n}}+\sum_{t=1}^{10}\frac{100\times10\%}{(1+10\%)^{t}}\approx100(\text{元})$$

（3）当市场利率为15%时，即票面利率低于市场利率，则可以采用折价发行。发行价格如下：

$$\text{债券发行价格}=\frac{100}{(1+15\%)^{n}}+\sum_{t=1}^{10}\frac{100\times10\%}{(1+15\%)^{t}}=74.91(\text{元})$$

（四）债券筹资的优缺点

1. 债券筹资的优点

（1）资金成本低。因为债券的发行费用较低，债券利息在税前支付，部分利息由政府负担了。

（2）保证控制权。债券持有人无权干涉企业的管理事务，如果现有股东担心控制权旁落，则可采用债券筹资。

（3）可以发挥财务杠杆作用。债券利息负担固定，在企业投资效益良好的情况下，更多的收益可用于分配给股东，增加其财富，或留归企业以扩大经营。

2. 债券筹资的缺点

（1）筹资风险高。债券有固定的到期日，并定期支付利息。利用债券筹资，要承担还本付息的义务。在企业经营不景气时，向债券持有人还本付息，会给企业带来更大的困难，甚至导致企业破产。

（2）限制条件多。发行债券的契约书中往往有一些限制条款。这种限制比短期贷款严格得多，可能会影响企业的正常发展和以后的筹资能力。

（3）筹资额有限。利用债券筹资有一定的限度，当公司的负债比率超过一定程度后，债券筹资的成本要迅速上升，有时甚至会发行不出去。

练习与思考

1. 祥胜公司计划发行10年期的债券，每张面值1 000元，票面利率为8%，分期付息到期还本。如发行时市场利率为8%，则该债券的发行价格为多少？若发行时市场利率为10%或6%，该债券的发行价格为多少？

2. 如果公司发行的债券是不计复利、到期一次还本付息，那么其发行价格的计算公式应该是怎样的？

三、租赁筹资

租赁是出租人以收取租金为条件，在契约或合同规定的期限内，将资产租借给承租人使用的一种经济行为。租赁按不同的性质，可分为经营租赁和融资租赁。

经营租赁又称营运租赁、服务租赁，是由出租人向承租企业提供租赁设备，并提供设备维修保养和人员培训等服务性业务。

融资租赁又称资本租赁、财务租赁，是由租赁公司按照承租企业的要求融资购买设备，并在契约或合同规定的较长期限内提供给承租企业使用的信用性业务。融资租赁集融资和融物于一体，具有借贷性质，是企业筹集长期借入资金的一种特殊方式。

（一）租赁的含义与特征

1. 租赁的含义

租赁是指通过签订资产出让合同的方式，使用资产的一方通过支付租金，向出让资产的一方取得资产使用权的一种交易行为。

2. 租赁的特征

（1）所有权与使用权相分离。

（2）融资与融物相结合。

（3）租金的分期归流。

（二）租赁的分类

按照不同标准，租赁可分成不同种类，详见表3－5。

表3－5 租赁分类表

分类	特点
经营租赁	1. 出租的设备由租赁公司选定； 2. 租赁期较短； 3. 租赁设备的维修、保养由租赁公司负责； 4. 租赁期满或合同中止以后，出租资产由租赁公司收回（城市自行车租赁）
融资租赁	1. 出租的设备由承租企业提出； 2. 租赁期较长； 3. 由承租企业负责设备的维修保养； 4. 租赁期满，按事先约定的办法处理设备。包括退还租赁公司，或继续租赁，或企业留购。通常采用企业留购办法，即以很少的“名义价格”（相对于设备残值）买下设备

（三）融资租赁租金的计算

融资租赁每期租金的多少，取决于以下三项因素：

（1）设备原价及预计残值，包括设备买价、运输费、安装调试费、保险费等以及该设备租赁期满后，出售可得的市价。

（2）利息，指租赁公司为承租企业购置设备垫付资金所应支付的利息。

（3）租赁手续费，指租赁公司承办租赁设备所发生的业务费用和必要的利润。

租金的支付有以下三种分类方式：

（1）按支付间隔期的长短，分为年付、半年付、季付和月付等方式。

（2）按在期初和期末支付，分为先付租金和后付租金两种。

（3）按每次支付额，分为等额支付和不等额支付两种。实务中，承租企业与租赁公司商定的租金支付方式，大多为后付等额年金。

练习与思考

租金的计算我国融资租赁实务中，租金的计算大多采用等额年金法。

某企业于2017年1月1日从租赁公司租入一套设备，价值50万元，租期6年，租赁期满时预计残值为8万元，归租赁公司。年利率10%. 租金每年年末支付一次，要求计算每次支付的租金额。

（四）融资租赁的筹资优缺点

1. 优点

（1）在资金缺乏的情况下能迅速获得所需资产。

（2）财务风险小，财务优势明显。租金可以通过项目本身产生的收益来支付，是一种基于未来的“借鸡生蛋、卖蛋还钱”的筹资方式。

（3）融资租赁筹资的限制条件较少。

（4）租赁能延长资金融通的期限（相对于贷款）。

（5）免遭设备陈旧过时的风险。

（6）具有抵税效果。

2. 缺点

资本成本高（通常比银行借款或发行债券所负担的利息高得多，租金总额通常要高于设备价值的30%)。

四、衍生工具筹资

衍生工具筹资主要包括兼具股权与债务特性的混合融资和其他衍生工具融资。我国上市公司目前最常见的主要有可转换债券、认股权证。

(一) 可转换债券

可转换债券是一种混合型证券，是公司普通债券和证券期权的组合体。

按照转股权是否与可转换债券分离，可转换债券可以分为两类：一类是一般可转换债券；一类是可分离交易的可转换债券。

1. 可转换债券的基本性质

(1) 证券期权性。由于可转换债券持有人具有在未来按一定的价格购买股票的权利，因此可转换债券实质上是一种未来的买入期权。

(2) 资本转换性。资本双重性的转换，取决于投资者是否行使权力。

(3) 赎回与回售。可转换债券一般都会有赎回条款。通常，公司股票价格在一段时间内连续高于转股价格达到某一幅度时，公司会按事先约定的价格买回未转换公司债券。同样，可转换债券一般也会有回售条款，公司股票价格在一段时期内连续低于转股价格达到某一幅度时，债券持有人可按事先约定的价格将所持债券回卖给发行公司。

2. 可转换债券的基本要素

(1) 标的股票。

(2) 票面利率（一般会低于普通债券的票面利率，有时甚至还低于同期银行存款利率）。

(3) 转换价格。转换价格是指可转换债券在转换期间内据以转换为普通股的折算价格，即将可转换债券转换为普通股的每股普通股的价格。

(4) 转换比率（转换比率 = 债券面值/转换价格）。转换比率是指每一份可转换债券在既定的转换价格下能转换为普通股股票的数量。

(5) 转换期。由于转换价格高于公司发债时股价，投资者一般不会在发行后立即行使转换权。

(6) 赎回条款（主动）。设置赎回条款最主要的功能是强制债券持有者积极行使转股权，因此又被称为加速条款。同时也能使发债公司避免在市场利率下降后，继续向债券持有人支付较高的债券利率所蒙受的损失。

(7) 回售条款（被动）。

(8) 强制性转换调整条款。强制性转换调整条款是指在某些条件具备之后，债券持有人必须将可转换债券转换为股票，无权要求偿还债权本金的规定。

赎回条款和强制性转换条款对发行公司有利，而回售条款对债券持有人有利。

3. 可转换债券筹资优缺点

(1) 优点：

① 筹资灵活性。

② 资本成本较低。可转换债券的利率低于同一条件下普通债券的利率，降低了公司的筹资成本；此外在可转换债券转换为普通股时，公司无须另外支付筹资费用，又节约了股票的筹资成本。

③ 筹资效率高。

（2）缺点：

① 存在不转换的财务压力。

② 存在回售的财务压力。

③ 存在股价大幅上扬风险。

（二）认股权证

认股权证全称为股票认购授权证，是一种由上市公司发行的证明文件，持有人有权在一定时间内以约定价格认购该公司发行的一定数量的股票。

1. 认股权证的基本性质

（1）证券期权性。认股权证本身是一种认购普通股的期权，它没有普通股的红利收入，也没有普通股相应的投票权。

（2）投资工具。投资者可以通过购买认股权证获得市场价与认购价之间的股票差价收益，因此它是一种具有内在价值的投资工具。

2. 认股权证的种类

（1）美式认股证与欧式认股证。美式认股证，指权证持有人在到期日期前，可以随时提出履约要求，买进约定数量的标的股票。欧式认股证，则是指权证持有人只能于到期日当天，才可以买进标的股票。

（2）长期认股权证与短期认股权证。短期认股权证的认股期限一般在90天以内。认股期限超过90天的，为长期认股权证。

3. 认股权证筹资特点

（1）是一种融资促进工具。

（2）有助于改善上市公司的治理结构。认股权证将有效约束上市公司的行为，并激励其更加努力地提升上市公司的市场价值。

（3）作为激励机制的认股权证有利于推进上市公司的股权激励机制。认股权证是常用的员工激励工具。

五、商业信用

商业信用是指商品交易中的延期付款或预收货款而形成的借贷关系，是企业之间的一种直接信用行为。它是企业短期资金的重要来源之一。商业信用是由商品交易中货款与商品在时间上的分离而产生的。在西方一些国家，90%的商品销售方式是商业信用。在我国随着商品经济的不断发展，商业信用也正迅猛发展，已经成为企业短期筹资的一种重要方式。

（一）商业信用的形式

1. 应付账款

应付账款是企业购买货物暂未付款而欠对方的账款，即卖方允许买方在购货后一定时期内支付货款的一种形式。卖方利用这种方式促销，而对买方来说延期付款则等于向卖方借用资金购进商品，可以满足短期的资金需要。

应付账款是最早出现、最典型的商业信用形式，后来才发展为商业票据等形式。

2. 应付票据

应付票据是企业以延期付款进行商品交易时开具的表明债权、债务关系的票据。卖方要求买方开出正式的商业汇票，卖方也可自己开出，但必须由买方承诺在未来一定日期偿还货款。双方依此票据作为债权、债务的法律依据。采用商业汇票，可以起到约定期限结算、防止拖欠的作用。

应付票据按承兑人的不同，可分为商业承兑汇票和银行承兑汇票两种。商业承兑汇票是指到期由购货单位承兑付款的汇票；银行承兑汇票是指由购货单位请求其开户银行对汇票承兑的汇票。应付票据的付款期限由交易双方商定，一般为1～6个月。因此，应付票据对于购货企业来说，是一种短期负债筹资方式。

应付票据可分为带息票据和不带息票据。带息票据在票据上标有利率及计息日期，一般在到期日兑付时一并支付利息；不带息票据是在到期日只按票面金额兑付而不另付利息的票据。即使是带息票据，其利率一般也比银行借款的利率低。但是应付票据到期必须归还，如若延期便要交罚金，因而风险较大。

3. 预收账款

预收账款是卖方企业在交付货物之前向买方先收取部分或全部货款的信用形式。对于卖方来说，预收账款相当于向买方借用资金后用货物抵偿。预收账款一般用于生产周期长、资金需要量大的货物销售。

（二）商业信用的条件

所谓信用条件是指销货人对付款时间和现金折扣所做的具体规定，如“2/10，*N*/30”，便属于一种信用条件。信用条件从总体来看，主要有以下三种形式：

1. 预付货款

这是买方在卖方发出货物之前支付货款。一般用于如下两种情况：

（1）卖方已知买方的信用欠佳。

（2）销售生产周期长、售价高的产品。在这种信用条件下销货单位可以得到暂时的资金来源，但购货单位不但不能获得资金来源，还要预先垫支一笔资金。

2. 延期付款，但不提供现金折扣

在这种信用条件下，卖方允许买方在交易发生后一定时期内按发票面额支付货款，如“N/45”，是指在45天内按发票金额付款。在这种情况下，买卖双方存在商业信用，买方可因延期付款而取得资金来源。

3. 延期付款，但早付款有现金折扣

在这种条件下，买方若提前付款，卖方可给予买方一定的现金折扣，如买方不享受现金折扣，则必须在一定时期内付清账款。如“2/10，N/30”便属于此种信用条件。西方国家企业在各种信用交易活动中广泛的应用现金折扣，这主要是为了加速账款的收回。现金折扣一般为发票面额的1%～5%。这种条件下，双方存在信用交易。买方若在折扣期内付款，则可获得短期的资金来源，并能得到现金折扣；若放弃现金折扣，则可在稍长时间内占用卖方的资金。

如果销货单位提供现金折扣，购买单位应尽量争取享受此项折扣，因为丧失现金折扣的机会成本很高。可按下式计算：

$$资本成本=\frac{CD}{1-CD}\times\frac{360}{N}$$

式中，CD——现金折扣的百分比；

N——失去现金折扣后延期付款天数。

如信用条件为“2/10，N/30”，丧失现金折扣的资本成本应为：

$$资本成本 = \frac{2\%}{1-2\%} \times \frac{360}{20} \approx 36.73\%$$

（三）商业信用筹资的优缺点

1. 商业信用筹资的优点

（1）筹资便利。因为商业信用与商品买卖同时进行，属于一种自然融资，无须正式办理筹资手续。

（2）筹资成本低。如果没有现金折扣，或企业放弃现金折扣，则利用商业信用筹资没有实际成本。

（3）限制条件少。如果企业利用银行借款筹资，银行往往对贷款的使用规定一些限制条件，而商业信用则限制较少。

（4）筹资弹性大。能够随着购买或销售规模的变化而自动地扩张或缩小。

2. 商业信用筹资的缺点

商业信用的期限一般较短，如果企业取得现金折扣，则时间会更短，如果放弃现金折扣，则要付出较高的资本成本。

任务四　资金需要量预测的方法

一、定性预测法

定性预测法是指利用直观的资料，依靠个人的经验和主观分析、判断能力，对未来资金需要量作出预测的方法。其预测过程是：

首先由熟悉财务情况和生产经营情况的专家，根据过去所积累的经验进行分析判断，提出预测的初步意见。

然后，通过召开座谈会或发出各种表格等形式，对上述预测的初步意见进行修正补充。这样经过一次或几次以后，得出预测的最终结果。

定性预测法虽然十分实用，但它不能揭示资金需要量与有关因素之间的数量关系。例如，预测资金需要量应和企业生产经营规模相联系。生产规模扩大，销售数量增加，会引起资金需求增加；反之，则会使资金需求量减少。

二、比率预测法

比率预测法是指依据财务比率与资金需要量之间的关系，预测未来资金需要量的方法。能用于资金预测的比率可能会很多但最常用的是因素分析法和销售百分比法。

（一）因素分析法

因素分析法又称分析调整法，是以有关项目基期年度的平均资金需要量为基础，根据预测年度的生产经营任务和资金周转加速的要求，进行分析调整，来预测资金需要量的一种方法。

资金需要量 =（基期资金平均占用额 - 不合理资金占用额）×（1 ± 预测期销售增减

率）×（1±预测期资金周转速度变动率），“预测期资金周转速度变动率”加速为“-”，减速为“+”。

（二）销售百分比法

销售百分比法，是根据销售增长与资产增长之间的关系，预测未来资金需要量的方法。

以简略的资产负债表为例，说明销售百分比法的计算，资料见表3-6。

表3-6　资产负债表（简略）

单位：万元

资产	金额	负债与所有者权益	金额
库存现金	5 000	短期借款	15 000
应收账款	15 000	应付账款	5 000
存货	30 000	预提费用	10 000
固定资产净值	20 000	公司债券	10 000
		实收资本	20 000
		留存收益	10 000
资产合计	70 000	负债与权益合计	70 000

假定甲公司2016年销售收入为100 000万元，销售净利率为10%，股利支付率为60%，公司现有生产能力尚未饱和，增加销售无须追加固定资产投资。预计2017年该公司销售收入将提高到130 000万元，企业销售净率和利润分配政策不变。

要求：预测2017年对外筹资量。

第一步：确定随销售额变动而变动的资产和负债项目及与销售额的比例。

随销售额变动的经营性资产项目包括库存现金、应收账款、存货等项目。

$$5\ 000+15\ 000+30\ 000=50\ 000\text{（万元）}$$

随销售变动的资产与销售额的比率：50 000/100 000=50%

随销售额变动的经营性负债项目包括应付票据、应付账款、预提费用等，不包括短期借款、短期融资券、长期负债等筹资性负债。

$$10\ 000+5\ 000=15\ 000\text{（万元）}$$

随销售变动的负债与销售额的比率：15 000/100 000=15%

第二步：确定需要增加的筹资数量。

先计算预计销售增长额：130 000-100 000=30 000（万元）

得出销售增长率：30 000/100 000=30%

需要增加的资金=新增变动资产+新增非流动资产-新增变动负债（用增加的销售额与各个相应的增长比例相乘）

=30 000×50%+0-30 000×15%=10 500（万元）

或者用变动资产增加额减变动负债增加额计算：=50 000×30%-15 000×30%

=10 500（万元）

第三步：确定对外筹资额。

对外筹资额=需要增加的资金-预计收益留存

=需要增加的资金-预计销售额×销售净利率×(1-股利支付率)

=10 500-[130 000×10%×(1-60%)]=5 300（万元）

三、资金习性预测法

资金习性预测法是指根据资金习性预测未来资金需要量的方法。这里所说的资金习性，是指资金的变动与产销量（或业务量）变动之间的依存关系。按照资金习性，可以把资金区分为不变资金、变动资金和半变动资金。

不变资金是指在一定的产销量范围内，不受产销量变动的影响而保持固定不变的那部分资金。也就是说，产销量在一定范围内变动，这部分资金保持不变。这部分资金包括：为维持营业而占用的最低数额的现金、原材料的保险储备、必要的成品储备以及厂房、机器设备等固定资产占用的资金。

变动资金是指随产销量的变动而同比例变动的那部分资金。它一般包括直接构成产品实体的原材料、外购件等占用的资金。另外，在最低储备以外的现金、存货、应收账款等也具有变动资金的性质。

半变动资金是指虽然受产销量变化的影响，但不成同比例变动的资金，如一些辅助材料所占用的资金。半变动资金可采用一定的方法划分为不变资金和变动资金两部分。

资金习性预测法有两种形式：一种是根据资金占用总额同产销量的关系来预测资金需要量；另一种是采用先分项后汇总的方式预测资金需要量。

设产销量为自变量 x，资金占用量为因变量 y，它们之间的关系可用下式表示：

$$y = a + bx$$

式中，a 为不变资金，b 为单位产销量所需变动资金，其数值可采用高低点法或回归直线法求得。

（一）高低点法

资金预测的高低点法是指根据企业一定期间资金占用的历史资料，按照资金习性原理和 $y = a + bx$ 直线方程式，选用最高收入期和最低收入期的资金占用量之差，同这两个收入期的销售额之差进行对比，先求 b 的值，然后再代入原直线方程，求出 a 的值，从而估计推测资金发展趋势。其计算公式为：

$$b = \frac{\text{最高收入期资金占用量} - \text{最低收入期资金占用量}}{\text{最高销售收入} - \text{最低销售收入}}$$

$$a = \text{最高收入期资金占用量} - b \times \text{最高销售收入}$$

或

$$= \text{最低收入期资金占用量} - b \times \text{最低销售收入}$$

例题解析3－5

某企业历史上现金占用量与销售收入之间的关系如表3－7所示。

表3－7　现金占用量与销售收入变化情况表

单位：元

年度	销售收入（x_i）	现金占用量（y_i）
2012	2 000 000	110 000
2013	2 400 000	130 000
2014	2 600 000	140 000
2015	2 800 000	150 000
2016	3 000 000	160 000

根据以上资料采用高低点法计算如下：

$$每元销售收入占用变动资金=\frac{160\ 000-110\ 000}{3\ 000\ 000-2\ 000\ 000}=0.05\ （元）$$

$$销售收入占用不变资金总额=160\ 000-0.05\times 3\ 000\ 000=10\ 000\ （元）$$

$$或\qquad =110\ 000-0.05\times 2\ 000\ 000=10\ 000\ （元）$$

存货、应收账款、流动负债、固定资产等也可根据历史资料作同样的划分，然后汇总列于表3－8中。

表3－8　资金需要量预测表（分项预测）

单位：元

项目	年度不变资金（a）	每元销售收入所需变动资金（b）
流动资产		
现金	10 000	0.05
应收账款	60 000	0.14
存货	100 000	0.22
小计	170 000	0.41
减：流动负债		
应付账款及应付费用	80 000	0.11
净资金占用	90 000	0.30
固定资产		
厂房、设备	510 000	0
所需资金合计	600 000	0.30

根据表3－8的资料得出预测模型为：

$$y=600\ 000+0.30x$$

如果2017年的预计销售收入为3 500 000元，则2017年的资金需要量：

$$600\ 000+0.30\times 3\ 500\ 000=1\ 650\ 000（元）$$

高低点法简便易行，在企业资金变动趋势比较稳定的情况下较为适用。

（二）回归直线法

回归直线法是根据若干期业务量和资金占用的历史资料，运用最小平方法原理计算不变资金和单位销售额变动资金的一种资金习性分析方法。其计算公式为：

$$a=\frac{\sum_{i=1}^{n}x_i^2\sum_{i=1}^{n}y_i-\sum_{i=1}^{n}x_i\sum_{i=1}^{n}x_iy_i}{n\sum_{i=1}^{n}x_i^2-(\sum_{i=1}^{n}x_i)^2}$$

$$b=\frac{n\sum_{i=1}^{n}x_iy_i-\sum_{i=1}^{n}x_i\sum_{i=1}^{n}y_i}{n\sum_{i=1}^{n}x_i^2-(\sum_{i=1}^{n}x_i)^2}\qquad b=\frac{\sum_{i=1}^{n}y_i-na}{\sum_{i=1}^{n}x_i}$$

式中，y_i 为第 i 期的资金占用量；x_i 为第 i 期的产销量。

例题解析3－6

某企业产销量和资金变化情况如表3－9所示。2017年预计销售量为150万件，试计算2017年的资金需要量。

表3－9　产销量与资金变化情况表

年度	产销量（x_i）/万件	资金占用量（y_i）/万元
2011	120	100
2012	110	95
2013	100	90
2014	120	100
2015	130	105
2016	140	110

（1）根据表3－9，整理数据如表3－10所示。

表3－10　资金需要量预测表（按总额预测）

年度	产销量（x_i）/万件	资金占用量（y_i）/万元	$x_i y_i$	x_i^2
2011	120	100	12 000	14 400
2012	110	95	10 450	12 100
2013	100	90	9 000	10 000
2014	120	100	12 000	14 400
2015	130	105	13 650	16 900
2016	140	110	15 400	19 600
合计 $n=6$	$\sum_{i=1}^{n} x_i = 720$	$\sum_{i=1}^{n} y_i = 600$	$\sum_{i=1}^{n} x_i y_i = 72\ 500$	$x_i^2 = 87\ 400$

（2）把表3－10的有关资料代入公式：

$$a = \frac{\sum_{i=1}^{n} x_i^2 \sum_{i=1}^{n} y_i - \sum_{i=1}^{n} x_i \sum_{i=1}^{n} x_i y_i}{n\sum_{i=1}^{n} x_i^2 - (\sum_{i=1}^{n} x_i)^2} = \frac{87\ 400 \times 600 - 720 \times 72\ 500}{6 \times 87\ 400 - 720^2} = 40(\text{万元})$$

$$b = \frac{n\sum_{i=1}^{n} x_i y_i - \sum_{i=1}^{n} x_i \sum_{i=1}^{n} y_i}{n\sum_{i=1}^{n} x_i^2 - (\sum_{i=1}^{n} x_i)^2} = \frac{6 \times 72\ 500 - 720 \times 600}{6 \times 87\ 400 - 720^2} = 0.5(\text{万元})$$

或

$$b = \frac{\sum_{i=1}^{n} y_i - na}{\sum_{i=1}^{n} x_i} = \frac{600 - 6 \times 40}{720} = 0.5(\text{万元})$$

（3）把 $a=40$，$b=0.5$ 代入 $y=a+bx$ 得：

$$y = 40 + 0.5x$$

（4）把2008年预计销售量150万件代入上式，得出2017年资金需要量为：

$$40 + 0.5 \times 150 = 115(\text{万元})$$

从理论上讲，回归直线法是一种计算结果最为精确的方法。

例题解析3-7

下列各项中不属于商业信用的是（B）。

A. 应付票据　　B. 应付工资

C. 应付账款　　D. 预收账款

例题解析3-8

实际中，不能作为短期借款抵押品的有（D）。

A. 应收账款　　B. 应收票据

C. 存货　　D. 无形资产

例题解析3-9

如果一个企业的负债比率很高，则下列哪种说法正确（C）。

A. 企业的经济效益差　　B. 企业的经营风险大

C. 企业的财务风险大　　D. 企业的融资渠道少

练习与思考

1. 顺风公司债券的票面利率为12%，市场利率为10%，这时债券应该（　　）。

A. 平价发行　　B. 中间价发行　　C. 溢价发行

D. 折价发行　　E. 不能确定

2. 下列筹资方式中，属于债务筹资的有（　　）。

A. 银行借款　　B. 发行债券　　C. 法人投资

D. 融资租赁　　E. 内部积累

3. 相对于发行债券而言，长期借款筹资的显著优点有（　　）。

A. 资本使用不受限制　　B. 资本成本较低　　C. 筹资速度较快

D. 借款弹性大　　E. 具有财务杠杆正效应

任务实施

假如你是一家具有高收益高风险的IT企业的CEO，目前有一些好的发展项目但是公司没有足够的资金来实施。公司的股价正在下跌，因此不能通过发行新股筹集资金，同时银行也不打算再向公司提供贷款，投资银行也声明信用债券是不可行的，那么作为CEO，你会通过什么融资渠道、使用什么融资方式筹集所需要的资金？

实操训练

一、单项选择题

1. 按筹资的属性不同，筹资可分为（　　）。

A. 短期筹资和长期筹资　　B. 所有者权益筹资和债务筹资

C. 内部筹资和外部筹资　　D. 直接筹资和间接筹资

2. 优钢公司为满足季节性需要，租用库房一间，租期三个月，该租赁行为属于(　　)。

A. 融资租赁　　B. 经营租赁

C. 售后回购　　D. 杠杆租赁

3. 下列筹资方式中，既属于外部筹资又属于所有者权益筹资的是（　　）。

A. 内部积累　　B. 向银行借款

C. 吸收直接投资　　D. 发行股票

4. 下列各项中，不属于债券筹资优点的是（　　）。

A. 资金成本较低　　B. 可采用财务杠杆

C. 财务风险较低　　D. 保障公司控制权

5. 普通股发行价格的决定因素不包括（　　）。

A. 票面利率　　B. 股票面值

C. 每股税后利润　　D. 股市行情

二、多项选择题

1. 普通股筹资的缺点是（　　）。

A. 资本成本高　　B. 风险高

C. 降低公司信誉　　D. 股价下跌

2. 普通股股东的权利主要是（　　）。

A. 公司重大决策与参与权　　B. 公司盈利与剩余资产的分配权

C. 选择管理者　　D. 了解公司经营状况和权力

3. 债券票面的基本要素是（　　）。

A. 票面价值　　B. 偿还期限

C. 票面利率　　D. 债券发行者名称

4. 下列筹资方式中，属于所有者权益筹资方式的是（　　）。

A. 发行债券　　B. 吸收直接投资

C. 内部积累　　D. 发行股票

5. 下列各项中，属于普通股筹资优点的是（　　）。

A. 能增强举债能力　　B. 能增强公司信誉

C. 资本成本较低　　D. 资本使用无限期

三、计算题

1. 某公司因生产经营需要，通过银行举债筹资600万元，银行要求贷款的20%作为补偿性余额，假设贷款年利率（名义利率）为10%，借款期限为1年。

要求：

（1）计算公司贷款的实际利率（分别按简单利率贷款和贴现利率贷款计算）。

（2）计算公司应贷款的数额。

2. 某公司拟采购一批电子耗材，全部价款为10 000元，信用期限为90天。为及时回笼现金，供应商报价如下：

（1）立即付款，价格为9 500元。

（2）30天内付款，价格为9 650元。

（3）31～60天内付款，价格为9 870元。

（4）61～90 天内付款，价格为 10 000 元。

假设银行短期贷款利率为 10%，每年按 360 天计算。

要求：计算放弃现金折扣的资金成本率（机会成本），并确定对该公司最有利的付款日期和价格。

四、案例分析题

长安公司开发了一种新产品，投放市场后反应极好，产品供不应求，为了满足市场需求，董事会决定增加一台生产设备以扩大公司的生产能力，该设备可以通过两种方式取得：

（1）向银行申请借款购入一台新设备，假定银行的贷款利率为 6%，贷款期限为 3 年，每年年末等额偿还。该设备的买价为 200 000 元，使用期限为 5 年，使用期满无残值，设备采用直线法计提折旧，另外，公司每年要支付 10 000 元对设备进行保养维修。

（2）可以向租赁公司租入一台设备，租赁费率为 4%，租赁期为 5 年，每年年初支付租赁费 44 926 元，维修保养费由租赁公司负担。假定公司的所得税税率为 40%。

要求：通过计算分析公司应购入还是租赁该设备。

资本成本和资本结构

知识目标

1. 理解资本成本的含义、意义并掌握其计算方法；
2. 明确经营杠杆、财务杠杆和复合杠杆的基本原理；
3. 熟悉资本结构的基本原理。

技能目标

1. 熟练计算各种筹资方式资本成本，并能进行合理的筹资决策；
2. 掌握经营杠杆、财务杠杆和复合杠杆的计量方法与决策；
3. 掌握最佳资本结构的确定方法。

案例导入

恒远公司相关资料如下：

资料一：公司适用的所得税税率为25%，计划投资一个新的项目，需要筹集资金100万元。有关筹资方案的资料如下：

方案1：采用普通股筹资。普通股目前的股价为20元/股，筹资费率为4%，股利固定增长率为2%，第一年预期股利为3元/股。

方案2：采用长期借款筹资。银行长期借款的手续费率为1%，年利率为5%，期限为5年，每年结息一次，到期一次还本。

方案3：采用发行债券方式筹资。债券面值90元、期限5年、票面利率为6%，每年付息一次，发行价格为100元，发行费率为5%。

资料二：公司生产和销售甲产品，其总成本习性模型为 $y=2\ 000+3x$（单位万元）。假定该公司2016年度甲产品销售量为1 000万件，每件售价为10元，单位变动成本为4元，按市场预测2017年甲产品的销售数量将增长10%。

资料三：假设公司2016年度的利息费用60万元，2016年发行在外普通股加权平均股数为200万股，不存在优先股。2017年公司需要增加资金300万元。有两种筹集方案：

方案1：通过增加借款取得，利息率为10%。

方案2：通过增发普通股股票取得，预计发行价格为10元/股。

思考题：

1. 依据资料一，怎样计算下列数据：

（1）方案 1 中普通股的资本成本。

（2）方案 2 中长期借款的资本成本。

（3）方案 3 中债券筹资的资本成本。

（4）试比较三种方案下的资本成本，并做出决策。

2. 依据资料二，如何计算下列指标：

（1）2016 年该企业的边际贡献总额。

（2）2016 年该企业的息税前利润。

（3）2017 年的经营杠杆系数。

（4）2017 年的息税前利润增长率。

（5）假定企业 2016 年发生负债利息 1 000 元，2017 年保持不变，计算 2017 年的总杠杆系数。

3. 依据资料三，计算每股收益无差别点时的息税前利润。

任务一　资本成本

任务介绍

资金是企业生存和发展的必要条件。企业的筹资管理，不仅要合理选择筹资方式，而且要科学安排资本结构。资本结构是企业筹资管理的基本目标，资本成本是衡量资本结构优化程度的标准，也是对投资获得经济效益的最低要求。因此，熟练掌握各种筹资方式下的个别资本成本、各种筹资组合方式下的加权平均资本成本的计算，并据以进行筹资决策是财务管理人员必备的基本技能。

基本知识

资本成本，是企业为筹措并使用资金而支付的费用，具体包括筹资费用与用资费用两部分。筹资费用是指企业在筹集资金过程中为获取资金而付出的代价，如发行股票及债券的发行费、向银行支付的借款手续费等。用资费用是指企业在资金使用过程中支付的费用，如股息、利息等。正常情况下，用资用费是企业在使用资金过程中按一定比例，一定方式不断支付给资金所有者的报酬，是筹资企业经常发生的。筹资费用通常在资金筹集时一次性发生，而在用资过程中不再发生。

资本成本有多种计量形式，既可以用绝对数表示，也可用相对数表示。用绝对数来表示的资本成本就是资本成本额，但为了便于不同筹资渠道和不同筹资方案的比较，资本成本通常用相对数——资本成本率来表示。资本成本率是指企业用资费用（一般以年为单位）与实际筹得资金的比率，即用资费用与筹资净额（筹资总额与筹资费用的差额）的比率。

$$资本成本率 = \frac{年用资费用}{筹资总额 - 筹资费用} \times 100\%$$

$$= \frac{年用资费用}{筹资总额 \times (1 - 筹资费率)} \times 100\%$$

资本成本是企业理财的一个重要概念，分析资本成本对筹资决策、投资决策乃至整个企业财务活动都具有重要意义。

1. 资本成本是选择筹资方式的重要依据

企业可以从多种渠道，采用多种方式来筹集资金，而通过不同渠道和方式筹集的资金，其个别资本成本是不一样的，同时企业筹集长期资金往往同时采用多种筹资方式，存在不同的筹资组合，多种筹资组合的成本和风险也各不相同。为了经济有效地筹集资金，企业必须分析各种筹资方式资本成本的高低，并进行合理的组合，以确定最佳的资本结构。

2. 资本成本是评价投资项目、比较投资方案和追加投资决策的主要经济标准

一个投资项目是否可行，是否值得投资，可有多种评价方法，但最基本的要求是，该项目的投资收益率应高于资本成本率，这样经济上才是合理的，否则，如果该项目的投资收益率低于其资本成本率，企业将无利可图。因此，国际上通常将资本成本视为投资项目的最低权益率或取舍率，并作为比较投资方案的主要标准。

3. 资本成本是衡量企业整个经营业绩的基准

对于资金使用者来说，使用资金所得到的权益是否大于所付出的代价，对企业的经营非常重要，尤其是负债资金，如果企业的业绩不佳，到期无法偿还债务的本息，将有可能导致企业亏损甚至破产。因此，评价企业经营业绩的好坏，可将企业的权益率指标，如资金利润率与资本成本率比较，如果前者高，说明企业经营业绩就好，否则说明企业经营业绩欠佳。

一、个别资本成本的计算

个别资本成本是指单一融资方式下的资本成本，包括银行借款资本成本、债券资本成本、普通股资本成本、优先股资本成本、留存收益资本成本等，其中前两种可统称为债务资本成本，后三种可统称为权益资本成本。个别资本成本是评价各种筹资方式优劣的主要依据。由于各种筹资方式下资本成本的计算各不相同，下面分别加以介绍。

（一）银行借款资本成本

银行借款的资本成本包括借款利息和借款手续费用，利息在税前支付，具有减税作用，减税额为“利息×所得税税率”。所以银行借款实际负担的利息为“利息×(1－所得税税率)”。

银行借款资本成本的计算公式为：

$$K_L = \frac{I_L(1 - T)}{L(1 - f_L)} \text{ 或 } K_L = \frac{I(1 - T)}{1 - f_L}$$

式中，K_L——银行借款成本；

I_L——银行借款利息；

T——所得税税率；

L——银行借款额（借款资本金）；

f_L——银行借款筹资费率。

例题解析 4－1

龙威公司取得5年期借款1 000万元，年利率10%，每年年末付息一次，到期一次还本。已知企业所得税税率为25%，筹资费率为0.5%，则该项银行借款的资本成本率为：

$$银行借款资本成本率 = \frac{10\% \times (1-25\%)}{1-0.5\%} \times 100\% = 7.54\%$$

（二）债券资本成本

发行债券的资本成本主要涉及债息和筹资费用，其性质与银行借款相似，债券资本成本中的利息，亦在税前列支，也具有减税作用。债券的筹资费用即债券的发行费用，包括申请发行债券的手续费、债券注册费、印刷费、上市费、承销费等。债券的发行价格有平价、溢价、折价三种。债券利息按面额（即本金）和票面利率确定，但债券的筹资额应按发行价格计算，以便正确计算债券资本成本。

债券资本成本的计算公式为：

$$K_b = \frac{I_b(1-T)}{B(1-f_b)}$$

式中，K_b——债券资本成本；

I_b——债券年利息；

T——所得税税率；

B——债券筹资额，按发行价格确定；

f_b——债券筹资费用率。

例题解析 4－2

龙威公司发行5年期的债券，票面面值为100万元，票面年利率为10%，每年付一次利息，到期还本。发行价为150万元，发行费用率为5%，所得税税率为25%，则该笔债券资本成本率为：

$$债券资本成本率 = \frac{100 \times 10\% \times (1-25\%)}{150 \times (1-5\%)} \times 100\% = 5.26\%$$

（三）普通股资本成本

股份制企业普通股股利的支付具有不确定性。企业是否支付股利以及支付多少股利应视企业的经营状况和股利政策而定。因此，普通股的资本成本视股利支付方式的不同，有多种计算方法，如固定股利增长率模型法、资本资产模型定价法等。

1. 固定股利增长率模型法

假设每年股利以固定的比率 g 增长，第一年股利为 D_c，则第二年为 $D_c\ (1+g)$，第三年为 $D_c\ (1+g)^2$，第 n 年为 $D_c\ (1+g)^{n-1}$，则：

$$P_c(1-f_c) = \frac{D_c}{1+K_c} + \frac{D_c(1+g)}{(1+K_c)^2} + \frac{D_c(1+g)^2}{(1+K_c)^3} + \cdots + \frac{D_c(1+g)^{n-1}}{(1+K_c)^n}$$

式中，D_c——预计第一年的普通股股利；

K_c——普通股资本成本；

P_c——普通股的发行价格；

f_c——普通股筹资费用率；

g——股利预计年增长率。

因股利年增长率为已知数，则普通股资本成本的计算公式经推导可简化如下：

$$K_c = \frac{D_c}{P_c(1 - f_c)} + g$$

例题解析 4－3

龙威公司准备发行普通股，面值发行，发行价格为5 000万元，预计第一年年末支付10%的股利，筹资费率为2%，预计未来股利增长率为4%，其资本成本率应为：

$$\text{普通股资本成本率} = \frac{5\ 000 \times 10\%}{5\ 000 \times (1 - 2\%)} \times 100\% + 4\% = 14.2\%$$

2. 资本资产模型定价法

在前面的内容中已经介绍了证券市场上的资本资产定价模型，懂得了一个基本的市场原则：一种证券资产的风险越大，投资者所要求的收益率应该越高。普通股股东所要求的收益率是无风险报酬率再加承受风险的风险溢酬，用公式表示为：

$$K = R_f + \beta \times (R_m - R_f)$$

式中，K 为普通股资本成本；R_f 表示无风险利率（政府债券的收益率）；R_m 表示股票市场的预期收益率（即市场平均报酬率）；β 系数表示个别股票收益变化与股票市场平均收益变化的关联程度，即相对于股票市场上投资组合的平均风险水平来说，某种股票所含系统风险的大小；$R_m - R_f$ 为风险溢价。

如果知道公司股票的 β 值、无风险报酬率 R_f 以及股票市场预期收益率 R_m，就能计算出普通股的资本成本 K。

（四）优先股资本成本

企业发行优先股，需要支付筹资发行费用，且优先股的股东从公司中所获取的现金股利相对来说是固定的，并且没有到期日，这样的现金流量相当于一种永续年金。将永续年金按某一收益率折现成现值，若能够使现值之和近似等于优先股市场价格（考虑筹资费用），所用的折现率就是优先股股东的预期收益率，也就是企业为优先股资本支付的使用成本。

优先股资本成本的计算公式为：

$$P_p(1 - f_p) = \frac{D_p}{1 + K_p} + \frac{D_p}{(1 + K_p)^2} + \frac{D_p}{(1 + K_p)^3} + \cdots + \frac{D_p}{(1 + K_p)^n}$$

式中，K_p——优先股资本成本；

D_p——优先股年股利；

P_p——优先股筹资额；

f_p——优先股筹资费用率。

假设 K_p 为未知，其他为已知，则优先股资本成本的计算公式经推导可简化如下：

$$K_p = \frac{D_p}{P_p(1 - f_p)}$$

例题解析 4－4

明星公司按面值发行优先股100万元，筹资费用率为4%，每年支付12%的股利，优先股的成本为：

$$K_p = \frac{100 \times 12\%}{100 \times (1 - 4\%)} = 12.5\%$$

（五）留存收益资本成本

留存收益又称保留盈余或留用利润，是公司尚未分配的累计利润，它由公司税后净利润形成，它的所有权归全体股东所有，但未以股利的方式发放给股东。留存收益属于企业内部权益资本，是企业资金的一种重要来源。从表面上看，公司使用留存收益似乎不花费什么成本。实际上，留存收益作为企业内部融资的资本再投资时，等于股东对企业追加投资。股东愿意将其留用于公司而不作为股利取出投资于别处，总是要求取得与普通股等价的报酬。如果企业将留存收益作为再投资所获得的收益低于股东自己进行另一项风险相似的投资收益，股东将不愿意将其留用于公司而希望作为股利派发。因此，留存收益也要计算成本，它是一种机会成本，它与普通股资本成本的计算基本相同，只是不考虑筹资费用。

假设每年股利以固定的比率 g 增长，企业留存收益资本成本的计算公式为：

$$K_r = \frac{D_c}{P_r} + g$$

式中，K_r——留存收益资本成本；

P_r——留存收益总额；

D_c——预计第一年的普通股股利；

g——股利年增长率。

例题解析 4－5

依4－3，龙威公司留存收益资金为850万元，普通股股利率10%。其留存收益资本成本率为：

$$留存收益资本成本率 = \frac{850 \times 10\%}{850} \times 100\% + 4\% = 14\%$$

练习与思考

1. 通过以上各类个别资本成本的计算，试比较哪种筹资方式的风险最大，并计算其资本成本最高值。

2. 已知某普通股的 β 值为1.2，无风险利率为6%，市场平均报酬率为10%，该普通股目前的市价为10元/股，预计第一期的股利为0.8元/股，不考虑筹资费用，假设根据资本资产定价模型和固定股利增长率模型计算得出的普通股资本成本相等，则该普通股股利的年增长率为（　　）。

A. 6%　　B. 2%　　C. 2.8%　　D. 3%

3. 甲企业发行普通股筹资，股票面值1 000万元，实际发行价格为1 500万元，筹资费用率为5%，预计第一年年末股利率为10%，预计股利每年增长3%。

要求：计算普通股的资本成本。

二、加权平均资本成本

由于受多种因素的制约，企业不可能只使用某种单一的筹资方式，往往需要通过多种方式筹集所需资金，为了正确做出筹资和投资决策，必须计算企业的综合资本成本。综合资本成本是指企业全部长期资金的总成本，通常以各种资金占全部资金的比重为权数，对个别资本成本进行加权平均确定，故也称加权平均资本成本。它由个别资本成本和权数两个因素决定。其计算公式为：

$$K_W = \sum_{j=1}^{n} K_j W_j$$

式中，K_W——加权平均资本成本；

K_j——第 j 种个别资金的个别资本成本；

W_j——第 j 种个别资本在全部资本中所占的比重。

例题解析 4-6

龙威公司采用多种筹资方式，共筹资7 000万元，有关资料见表4-1，计算其加权平均资本成本。

表4-1　加权平均资本成本计算表

筹资方式	筹资总额/万元	所占比重/%	资本成本率/%
银行借款	1 000	14.29	7.54
长期债券	150	2.14	5.26
普通股	5 000	71.43	14.20
留存收益	850	12.14	14
合计	7 000	100	

加权平均资本成本率 = 14.29% × 7.54% + 2.14% × 5.26% + 71.43% × 14.20% + 12.14% × 14% = 13.03%

练习与思考

宏达公司打算采取向银行借款、发行债券和发行股票三种方式筹集资金，其资本成本率已分别确定，有关资料见表4-2。

表4-2　筹资方案的有关资料

筹资方式	资金来源结构/%				资本成本率/%
	A方案	B方案	C方案	D方案	
银行借款	20	30	45	50	8
长期债券	30	40	25	20	8.5
普通股	50	30	30	30	10

根据上述资料分析，确定企业应从四个备选方案中选择哪种筹资方案。

三、边际资本成本

边际资本成本是指企业追加筹资时，资金每增加一个单位而增加的资本成本。例如，目前平均人工成本为每人 10 元；如果增加 10 个人，增加人工的成本可能是每人 15 元；如果增加 100 人，增加人工的成本可能是每人 20 元。这种现象可能是由于比较难找到愿意从事该项工作的工人所导致的。同样的观念用于筹集资本，企业想筹措更多的资金时，新追加的每 1 元资金的成本较之以前也会上升。边际资本成本就是每取得 1 元追加资本而相应增加的资本成本。

边际资本成本也是按加权平均法计算的，是追加筹资时所使用的加权平均成本。企业无法以某一固定资本成本来筹措无限的资金，当其筹集的资金超过一定限度时，原来的资金成本就会增加。在企业追加筹资时，需知道筹资额在什么数额上便会引起资金成本怎样的变化，这就要用到边际资本成本来决策。边际资本成本是企业追加筹资的决策依据。

因花费一定的资本成本只能筹集到一定限度的资金，超过这一限度，多筹集资金就要多花费资本成本，引起原资本成本的变化，于是就把在保持某资本成本的条件下可以筹集到的资金总限度称为现有资本结构下的筹资突破点。在筹资突破点范围内筹资，原来的资本成本不会改变；一旦筹资额超过筹资突破点，即便维持现有的资本结构，其资本成本也会增加。其计算公式为：

$$筹资突破点=\frac{可用某一待定成本筹集到的某种资金额}{该种资金在资金结构中所占的比重}$$

以下举例说明边际资本成本的计算和应用。

例题解析 4-7

光明公司拥有长期资金 400 万元，其中长期借款 60 万元，资本成本率 3%，长期债券 100 万元，资本成本率 10%；普通股 240 万元，资本成本率 13%。平均资本成本率为 10.75%。由于扩大经营规模的需要，拟筹集新资金。经分析，认为筹集新资金后仍应保持目前的资本结构，即长期借款占 15%，长期债券占 25%，普通股占 60%，并测算出了随筹资的增加各种资本成本的变化，见表 4-3。

表 4-3　随筹资的增加各种资本成本的变化

资金种类	目标资本结构/%	新筹资额/元	资本成本率/%
长期借款	15	45 000 以内	3
		45 000～90 000	5
		90 000 以上	7
长期债券	25	200 000 以内	10
		200 000～400 000	11
		400 000 以上	12
普通股	60	300 000 以内	13
		300 000～600 000	14
		600 000 以上	15

（1）计算筹资突破点。

在花费3%资本成本时，取得的长期借款筹资限额为45 000元，其筹资突破点便为：

$$\frac{45\ 000}{15\%}=300\ 000(元)$$

而在花费5%资本成本时，取得的长期借款筹资限额为90 000元，其筹资突破点便为：

$$\frac{90\ 000}{15\%}=600\ 000(元)$$

按此方法，表4－3中各种情况下的筹资突破点的计算结果见表4－4。

表4－4　各种情况下的筹资突破点

资金种类	资本结构/%	资本成本率/%	新筹资额/元	筹资突破点/元
长期借款	15	3 5 7	45 000以内 45 000～90 000 90 000以上	300 000 600 000
长期债券	25	10 11 12	200 000以内 200 000～400 000 400 000以上	800 000 1 600 000
普通股	60	13 14 15	300 000以内 300 000～600 000 600 000以上	500 000 1 000 000

（2）计算边际资本成本。

根据上一步计算出的筹资突破点，可以得到7组筹资总范围：30万元以内；30万～50万元；50万～60万元；60万～80万元；80万～100万元；100万～160万元；160万元以上。对以上7组筹资范围分别计算加权平均资本成本，即可得到各种筹资范围的加权平均资本成本，计算结果见表4－5。

表4－5　各种筹资范围的加权平均资本成本

筹资总额范围/元	资金种类	资本结构/%	资本成本率/%	加权平均资本成本
300 000以内	长期借款 长期债券 普通股	15 25 60	3 10 13	3%×15%=0.45% 10%×25%=2.5% 13%×60%=7.8% 10.75%
300 000～500 000	长期借款 长期债券 普通股	15 25 60	5 10 13	5%×15%=0.75% 10%×25%=2.5% 13%×60%=7.8% 11.05%
500 000～600 000	长期借款 长期债券 普通股	15 25 60	5 10 14	5%×15%=0.75% 10%×25%=2.5% 14%×60%=8.4% 11.65%

续表

筹资总额范围/元	资金种类	资本结构/%	资本成本率/%	加权平均资本成本
600 000 ~ 800 000	长期借款 长期债券 普通股	15 25 60	7 10 14	7% ×15% =1.05% 10% ×25% =2.5% 14% ×60% =8.4% 11.95%
800 000 ~ 1 000 000	长期借款 长期债券 普通股	15 25 60	7 11 14	7% ×15% =1.05% 11% ×25% =2.75% 14% ×60% =8.4% 12.2%
1 000 000 ~ 1 600 000	长期借款 长期债券 普通股	15 25 60	7 11 15	7% ×15% =1.05% 11% ×25% =2.75% 15% ×60% =9% 12.8%
1 600 000 以上	长期借款 长期债券 普通股	15 25 60	7 12 15	7% ×15% =1.05% 12% ×25% =3% 15% ×60% =9% 13.05%

从以上计算结果可以看出筹资总额增加时边际资本成本的变化，企业可依此做出追加筹资的规划。在不同的筹资总额范围内，资金的加权平均资本成本是不同的，并且随着筹资额的增加而不断上升。所以企业在增加投资时，应该将投资的内含报酬率和新增筹资的边际成本进行比较，如果前者大于后者，则该投资方案可行；否则，是不可行的。

任务实施

1. 明确资本成本的实质。
2. 掌握个别资本成本、加权平均资本成本的计算方法。
3. 计算资本成本的实际演练。
4. 根据计算得出的资本成本进行合理决策。

任务二　杠杆原理

任务介绍

财务管理中存在着类似于物理学原理中的杠杆效应，杠杆效应具有双面性，既有可能产生杠杆利益，也有可能带来杠杆风险。合理利用杠杆原理，有助于企业规避风险，提高资金营运效率。

基本知识

财务管理中的杠杆效应，表现为由于特定费用（如固定生产成本或固定财务费用）的存在，而导致当某一财务变量以较小幅度变动时，另一相关变量会以较大幅度变动。财务管理中的杠杆形式有三种：经营杠杆、财务杠杆和复合杠杆。

一、杠杆原理的相关概念

（一）成本习性

成本习性是指成本总额与业务量之间在数量上的依存关系。成本按习性可分成固定成本、变动成本和混合成本。

固定成本是指在相关范围内其总额不随业务量发生任何变化的那部分成本，但就单位固定成本而言其与业务量的增减成反比例变动。固定成本一般包括：租赁费、保险费、广告费、管理人员薪金、直线法计提的固定资产折旧费等。固定成本的特征主要呈现为其总额的不变性以及单位固定成本的反比例变动性。

变动成本是指在一定时间、一定范围内，总额随业务量成正比例变化的那部分成本，但就单位产品的变动成本而言，是固定不变的。变动成本包括直接材料、直接人工、按产量计提的固定资产折旧费等。变动成本呈现出的特征为总额的正比例变动性以及单位变动成本的不变性。

混合成本是指介于固定成本和变动成本之间，其总额既随业务量变动又不成正比例的那部分成本。它又可以分解成固定部分和变动部分。

因此，总成本习性模型可表示为：

$$y = a + bx$$

式中，y——总成本；

a——固定成本；

b——单位变动成本；

x——相关业务量。

研究成本与业务量的依存关系，进行成本习性分析，不仅有利于事前控制成本和挖掘降低成本的潜力，而且有助于进行科学的预测、决策、规划、控制和考核。目前成本习性的分析方法主要有直接分析法、技术测定法以及历史资料分析法等。下面主要介绍历史资料分析法。

历史资料分析法是根据企业若干期成本与业务量的相关历史资料，运用数学方法进行数据处理，以完成成本习性分析任务的一种定量分析方法，具体包括高低点法、散布图法和回归分析法。

1. 高低点法

高低点法的基本原理是：各期的总成本或混合成本都可以用成本习性模型 $y = a + bx$ 表示，从相关资料中找出高低点业务量及其相应的总成本或混合成本，运用解析几何中的两点法公式，即可求出单位变动成本 b 的值，然后求出固定成本 a 的值，并建立相应的 $y = a + bx$ 成本模型。高低点确定以自变量即业务量 x 为标准。

a、b 计算公式分别为：

$$b = \frac{\text{最高销售量点对应的成本} - \text{最低销售量点对应的成本}}{\text{最高销售量} - \text{最低销售量}}$$

$$a = \text{最高业务量点对应的成本} - b \times \text{最高业务量}$$

$$\text{或} = \text{最低业务量点对应的成本} - b \times \text{最低业务量}$$

例题解析 4-8

某公司根据历史资料统计的经营业务量与资金需求量的有关情况见表 4-6。

表 4-6　某公司经营业务量与资金需求量

经营业务量/万件	10	8	12	11	15	14
资金需求量/万元	20	21	22	23	30	28

要求用高低点法预测公司在经营业务量为 13 万件时的资金需求量。

解：依题意有

$$b = (30-21)/(15-8) = 1.29(\text{万元})$$
$$a = 30 - 1.29 \times 15 = 10.65(\text{万元})$$

所以，$y = 10.65 + 1.29x$

当经营业务量为 13 万元时，对外资金需求量为

$$y = 10.65 + 1.29 \times 13 = 27.42(\text{万元})$$

高低点法的优点在于简便易行，易于理解；缺点是由于只选择了历史资料中的两组数据作为计算依据，使得建立的成本习性模型不具有代表性，具有较大的计算误差。这种方法适用于成本变化趋势比较稳定的企业。

2. 散布图法

散布图法又称布点图法或目测画线法，是指将若干期业务量和成本的历史数据标注在坐标纸上，通过目测画一条可能接近所有坐标点的直线，并据此来推断固定成本 a 和单位变动成本 b 的一种成本习性分析方法。

3. 回归直线法

回归直线法也称最小二乘法或一元回归法，它是根据若干期业务量和成本的历史资料，运用最小平方法原理计算固定成本 a 和单位变动成本 b 的一种成本习性分析方法。

a、b 计算公式分别为：

$$a = \frac{\sum y - b\sum x}{n}$$

$$b = \frac{n\sum xy - \sum x \sum y}{n\sum x^2 - (\sum x)^2}$$

例题解析 4-9

某企业 2012—2016 年的产销量和资金需求数量的历史资料如表 4-7 所示，该企业 2017 年预计产销量为 95 000 件。

表 4-7　某企业产销量与资金需求量表

年度	产销量（x）/万件	资金占用量（y）/万元
2012	8.0	650
2013	7.5	640
2014	7.0	630
2015	8.5	680
2016	9.0	700

要求：运用回归分析法计算该企业2017年的资金需要量。

解：

（1）根据资料计算整理出下列计算表4－8中数据。

表4－8　某企业产销量与资金需求量数据表

年度	产销量（x）/万件	资金占用量（y）/万件	（xy）	x^2
2012	8.0	650	5 200	64
2013	7.5	640	4 800	56.25
2014	7.0	630	4 410	49
2015	8.5	680	5 780	72.25
2016	9.0	700	6 300	81
合计（n=5）	40.0	3 300	26 490	322.5

（2）将表中数据代入

$$a = \frac{\sum y - b\sum x}{n} \qquad b = \frac{n\sum xy - \sum x \sum y}{n\sum x^2 - (\sum x)^2}$$

得到：$b=(5\times 26\ 490-40\times 3\ 300)/(5\times 322.5-40\times 40)=36$（万元）

$a=(3\ 300-36\times 40)/5=372$（万元）

（3）预计2017年产量为95 000件的资金需要量为$372+36\times 9.5=714$（万元）

（二）边际贡献与息税前利润

边际贡献，是指销售收入减去变动成本以后的差额。其计算公式为：

边际贡献＝销售收入－变动成本

＝（销售单价－单位变动成本）×产销量

＝单位边际贡献×产销量

若以M表示边际贡献，p表示销售单价，b表示单位变动成本，x表示产销量，m表示单位边际贡献，则上式可表示为：

$$M = px - bx = (p-b)x = mx$$

息税前利润，是指企业支付利息和交纳所得税前的利润。其计算公式为：

息税前利润＝销售收入总额－变动成本总额－固定成本

＝（销售单价－单位变动成本）×产销量－固定成本

＝边际贡献总额－固定成本

若以$EBIT$表示息税前利润，a表示固定成本，则上式可表示为：

$$EBIT = px - bx - a = (p-b)x - a = M - a$$

上式的固定成本和变动成本中不应包括利息因素。

二、经营杠杆

（一）经营杠杆效应

企业在生产经营中会有这么一种现象：在销售价格、单位变动成本和固定成本总额均保持不变的情况下，企业产销量变动时，会使息税前利润的变动幅度大于产销量的变动幅度。

这就是经营杠杆效应。经营杠杆效应产生的原因是不变的固定成本。当产销量增加时，销售收入和变动成本总额将等比例增加。但由于固定成本总额保持不变，这就导致息税前利润比产销量增加得更快。反之亦反。

经营杠杆效应的大小可以用经营杠杆系数（DOL）来表示，它是企业息税前利润的变动率与产销量变动率的比率。计算公式如下：

公式一（定义公式，必须已知变动前后两期的资料）：

$$经营杠杆系数(DOL)=\frac{\Delta EBIT/EBIT}{\Delta(px)/px}=\frac{\Delta EBIT/EBIT}{\Delta x/x}$$

式中，$\Delta EBIT$——息税前利润的变动额；

Δx——产销量的变动数；

$EBIT$——基期息税前利润；

x——基期产销量。

公式二（简化公式）：

$$DOL=\frac{M}{EBIT}=\frac{M}{M-a}$$

式中，M——基期边际贡献总额；

$EBIT$——基期息税前利润；

a——基期固定成本。

例题解析 4－10

龙威公司 2016 年销售量为 10 000 件，单位售价为 50 元，单位变动成本为 35 元，固定成本为 100 000 元，息税前利润为 30 000 元，预计 2017 年度的销售量为 13 000 件，固定成本保持不变，具体见表 4－9。要求用两种方法分别计算经营杠杆系数。

表 4－9　经营杠杆系数计算分析表

单位：元

项目	基期（2016 年度）	报告期（2017 年度）
销售收入（px）	500 000	650 000
减：变动成本（bx）	350 000	455 000
边际贡献（M）	150 000	195 000
减：固定成本（a）	100 000	100 000
息税前利润（$EBIT$）	50 000	95 000

解：

方法一：根据定义公式可得：

$$息税前利润变动率=\frac{95\,000-50\,000}{50\,000}\times 100\%=90\%$$

$$销售收入（销售量）变动率=\frac{650\,000-500\,000}{500\,000}\times 100\%=30\%$$

$$经营杠杆系数\ DOL=\frac{90\%}{30\%}=3$$

方法二：根据简化公式可得：

$$DOL=\frac{M}{(M-a)}=\frac{150\ 000}{150\ 000-100\ 000}=3$$

从以上计算结果可知，销售收入每增长1%，其息税前利润将增长1% ×3 =3%。该企业2017年度销售收入增长30%，则其息税前利润将增长90%。

（二）经营杠杆与经营风险

经营杠杆又称营业杠杆，是指在某一固定成本比重的作用下，产销量变动对息税前利润产生的影响。影响经营杠杆的因素包括：企业成本结构中的固定成本比重；息税前利润水平。其中，息税前利润水平又受产品产销量、销售价格、成本水平（单位变动成本和固定成本总额）高低的影响。固定成本比重越高、成本水平越高、产品产销量和销售价格水平越低，经营杠杆效应越大，反之亦然。

经营风险是指企业由于生产经营上的原因而导致的息税前利润波动的风险。引起企业经营风险的主要原因是市场需求和生产成本等因素的不确定性，经营杠杆本身并不是息税前利润不确定的根源，只是息税前利润波动的表现。但是，经营杠杆放大了市场和生产等因素变化对息税前利润波动的影响。经营杠杆系数越高，表明息税前利润波动程度越大，经营风险也就越大。一般来说，在其他条件相同的情况下，经营性固定成本越大，经营杠杆系数就越高，息税前利润变动就越剧烈，经营风险就越高。如果经营性固定成本为零，则经营杠杆系数为1，产销量变动率将等于息税前利润变动率，企业就没有经营风险。现实中，因固定性经营成本总是存在，经营风险也就存在，因此经营杠杆系数总是大于1。

练习与思考

1. 影响经营杠杆系数的因素包括哪些？

2. 上例中若龙威公司的固定成本为120 000元，其他条件均不变，试分析经营杠杆系数*DOL*发生了怎样的变化。

三、财务杠杆

（一）财务杠杆效应

财务杠杆效应是指资本结构中债务的运用对普通股每股收益的影响能力，是由于固定财务费用的存在，而导致普通股权益变动大于息税前利润变动的杠杆效应。财务杠杆效应的大小可以用财务杠杆系数（*DFL*）来度量，它是普通股每股收益（简称*EPS*）的变动率与息税前利润（*EBIT*）变动率的比率。计算公式如下：

公式一（定义公式，必须已知变动前后两期的资料）：

$$财务杠杆系数(DFL)=\frac{\Delta EPS/EPS}{\Delta EBIT/EBIT}$$

式中，ΔEPS——普通股每股收益的变动额；

EPS——基期每股收益；

$\Delta EBIT$——息税前利润的变动额；

$EBIT$——基期息税前利润。

公式二（简化公式）：

$$DFL=\frac{EBIT}{EBIT-I}$$

式中，$EBIT$——基期息税前利润；

I——基期债务利息。

下面仍以龙威公司为例说明财务杠杆系数的计算方法。

例题解析 4－11

接案例 4－6，龙威公司计划年度预测需要资金 300 000 元．现有两种融资方案可供选择，方案甲：30 000 股普通股，每股面值 10 元；方案乙：30% 采用负债筹资，利率 8%，70% 采用权益筹资，每股面值为 10 元。若 2016 年度息税前利润为 50 000 元，所得税税率 25%，预计 2017 年度息税前利润同比增长 20%，具体分析数据见表 4－10。试计算财务杠杆系数（DFL）。

表 4－10　财务杠杆系数计算分析表

金额单位：元

时间	项　目	甲方案	乙方案
2016 年度	发行普通股股数/股	30 000	21 000
	普通股股本（每股面值 10 元）	300 000	210 000
	债务（利率 8%）	0	90 000
	资金总额	300 000	300 000
	息税前利润	50 000	50 000
	减：债务利息	0	7 200
	税前利润	50 000	42 800
	减：所得税	12 500	10 700
	税后净利	37 500	32 100
	每股收益	1. 25	1. 529
2017 年度	息税前利润增长率/%	20	20
	增长后的息税前利润	60 000	60 000
	减：债务利息	0	7 200
	税前利润	60 000	52 800
	减：所得税	15 000	13 200
	税后净利	45 000	39 600
	每股收益	1. 5	1. 886
	每股收益增长额	0. 25	0. 357
	普通股每股收益增长率/%	20	23. 35

解：

方法一：根据定义公式 $DFL=\dfrac{\Delta EPS/EPS}{\Delta EBIT/EBIT}$，可得：

甲方案：$DFL=\dfrac{20\%}{20\%}=1$

乙方案：$DFL=\dfrac{23.35\%}{20\%}\approx 1.17$

方法二：根据简化公式 $DFL=\frac{EBIT}{EBIT-I}$，可得：

甲方案：$DFL=\frac{50\ 000}{50\ 000-0}=1$

乙方案：$DFL=\frac{50\ 000}{50\ 000-7\ 200}\approx 1.17$

本案例显示了在两种筹资方式下财务杠杆效应对每股收益的影响。案例中两种方案的资金总额均相同，基期息税前利润相等，报告期息税前利润增长幅度也相同，只是各种来源的资金占资金总额的比重不同。甲方案采用权益性筹资方式，当息税前利润增长20%时，每股收益也增长20%，其财务杠杆系数等于1；乙方案采用部分权益性筹资和部分负债性筹资结合的方式，当息税前利润增长20%时，每股收益增长幅度为23.35%，超过了息税前利润增长的幅度。

（二）财务杠杆与财务风险

财务风险亦称筹资风险，是指企业由于负债筹资产生的固定财务费用而导致的普通股每股收益波动的风险。引起财务风险的主要原因是息税前利润的不利变化和由负债筹资负担的利息成本。由于财务杠杆的作用，当企业息税前利润下降时，企业仍需支付固定的财务利息费用，导致普通股每股收益以更快的速度下降。因此，在资金总额、息税前利润相同的情况下，负债比率越高，财务杠杆系数越大，普通股每股收益波动幅度越大，财务风险就越大；反之，负债比率越低，财务杠杆系数越小，普通股每股收益波动幅度越小，财务风险就越小；如果负债比率为零，则财务杠杆系数为1，息税前利润变动率将等于普通股每股收益变动率，企业就没有财务风险。

现实工作中，企业的财务决策者在确定企业负债的水平时，必须认识到负债可能带来的财务杠杆收益和相应的财务风险，从而在利益与风险之间做出合理的决策。

练习与思考

1. 影响财务杠杆系数的因素包括哪些？

2. 如果上例中还有丙方案，40%采用负债融资，其他条件均不变，试分析财务杠杆系数发生了怎样的变化。

四、复合杠杆

（一）复合杠杆效应

复合杠杆又称总杠杆，是由经营杠杆和财务杠杆共同作用而形成的。复合杠杆效应是由于固定成本和固定财务费用的共同存在而导致的每股收益变动率大于产销业务量变动率的杠杆效应。复合杠杆效益的大小用复合杠杆系数（DCL）来衡量，它是经营杠杆与财务杠杆的乘积，是每股收益变动率与产销业务量变动率的比率。其计算公式为：

公式一（定义公式，必须已知变动前后两期的资料）：

$$DCL=\frac{\Delta EPS/EPS}{\Delta(px)/px}=\frac{\Delta EPS/EPS}{\Delta x/x}$$

公式二（简化公式）：

$$DCL=\frac{M}{EBIT-I}$$

或
$$DCL=DOL\times DFL$$

式中，ΔEPS——普通股每股收益的变动额；

EPS——基期每股收益；

Δx——产销量的变动数；

x——基期产销量；

M——基期边际贡献；

$EBIT$——基期息税前利润；

I——基期利息费用。

例题解析 4－12

仍以龙威公司为例，假设其成本结构及成本行为不变，企业选择融资方案乙，即30%采用债务融资。根据表4－9及表4－10所示资料，得出分析数据如表4－11所示，试计算复合杠杆系数（DCL）。

表4－11 复合杠杆系数计算分析表

金额单位：元

项目	基期损益数据	预期损益数据	增减百分比/%
销售收入	500 000	650 000	30
减：变动成本	350 000	455 000	
边际贡献	150 000	195 000	
减：固定成本	100 000	100 000	
息税前利润	50 000	95 000	90
减：利息费用	7 200	7 200	
税前利润	42 800	87 800	
减：所得税	10 700	21 950	
税后净利	32 100	65 850	
普通股数量/股	21 000	21 000	
每股收益（EPS）	1.529	3.136	105

方法一：根据定义公式

$$DCL = \frac{105\%}{30\%} = 3.5$$

方法二：根据简化公式

$$DCL = \frac{150\ 000}{50\ 000 - 7\ 200} = 3.5$$

或
$$DCL = DOL \times DFL = 3 \times 1.17 = 3.5$$

（二）复合杠杆与复合风险

复合风险是指由于复合杠杆作用使每股收益大幅度波动而造成的风险。复合杠杆系数反映了经营杠杆和财务杠杆之间的关系，用以评价企业的总体风险，在复合杠杆系数一定的情况下，经营杠杆系数与财务杠杆系数此消彼长。企业复合杠杆系数越大，复合风险越大；复合杠杆系数越小，复合风险越小。

练习与思考

为什么说在一般情况下，企业要将复合杠杆系数控制在一定范围内，使得企业在经营杠杆系数较高时，只能在较低的程度上使用财务杠杆？而在经营杠杆系数较低时，只能在较高的程度上使用财务杠杆。

任务实施

1. 某公司目前年销售额10 000万元，变动成本率70%，全部固定成本和费用为2 000万元，普通股股数为2000万股，该公司目前总资产为5 000万元，资产负债率40%，目前的平均负债利息率为8%，假设所得税率为40%。该公司拟改变经营计划，追加投资4 000万元，预计每年固定成本增加500万元，同时可以使销售额增加20%，并使变动成本率下降至60%。

该公司以提高每股收益的同时降低总杠杆系数作为改进经营计划的标准。

要求：

（1）计算目前的每股收益、利息保障倍数（即息税前利润与利息的比率）、经营杠杆、财务杠杆和总杠杆系数。

（2）所需资金以追加股本取得，每股发行价2元，计算追加投资后的每股收益、利息保障倍数（含义同上）、经营杠杆、财务杠杆和总杠杆系数，判断应否改变经营计划。

（3）所需资金以10%的利率借入，计算追加投资后的每股收益、利息保障倍数（含义同上）、经营杠杆、财务杠杆和总杠杆系数，判断应否改变经营计划。

2. 从要求入手，分析每一个要求所涉及的相关因素，再根据已知条件去推导，从而计算出相关的指标。

3. 根据各种杠杆系数的计算结果、经济含义及决策原则，进行相关风险的评价，从而做出决策。

任务三 资本结构

任务介绍

资本结构及其管理是企业筹资管理的核心问题，资本结构是否合理会影响企业资金成本的高低、财务风险的大小以及投资者的利益。科学合理的资本结构有助于提升企业的价值。

基本知识

资本结构是指企业资本总额中各种筹资方式的资金构成及其比例关系，它是企业筹资决策中的关键问题。企业在进行筹资决策时，要综合考虑有关因素的影响，运用适当的方法确定最佳资本结构，并在以后追加筹资中继续保持该资本结构。如果企业现有资本结构不合理，应通过筹资活动优化调整，使其趋于合理化。

资本结构有广义和狭义之分。广义的资本结构是指全部债务与股东权益的构成比率；狭义的资本结构是指长期债务与股东权益的构成比率。本教材中的资本结构仅指狭义的资本结构。

企业的资本结构是因企业采用不同筹资方式的组合而形成的，各种筹资方式的不同组合决定企业的资本结构及其变化。企业的筹资方式主要分为债务筹资和权益筹资两大类，企业利用债务筹资具有双重作用，既可以发挥财务杠杆作用，也可能带来财务风险。因此企业必须权衡财务风险和资本成本的关系，确定最佳资本结构。所谓最佳资本结构，是指在一定条件下使企业加权平均资本成本率最低、企业价值最大的资本结构。

影响资本结构的因素主要有：企业的财务状况、企业资产结构、企业投资人和管理当局的态度、企业信用等级与债权人的态度、行业特征和企业发展周期、税务政策和货币政策等。

一、最佳资本结构的确定

最佳资本结构的确定，是企业权衡负债筹资的低资本成本和高财务风险的关系，从而确定能使企业价值最大化的最优资本结构。

（一）每股收益无差别点分析法

每股收益无差别点分析法，是利用每股收益无差别点来进行资本结构决策的方法。每股收益无差别点，是指不同筹资方式下普通股每股收益相等时的息税前利润点，该点是两种资本结构优劣的分界点。其计算公式如下：

$$\frac{(\overline{EBIT}-I_1)(1-T)}{N_1}=\frac{(\overline{EBIT}-I_2)(1-T)}{N_2}$$

式中，$\overline{EBIT}$——每股收益无差别点处的息税前利润；

I_1、I_2——两种筹资方式下的年利息；

N_1、N_2——两种筹资方式下流通在外的普通股股数；

T——所得税税率。

每股收益无差别点分析法决策依据：运用每股收益无差别点法进行分析时，当预计息税前利润大于每股收益无差别点息税前利润时，运用负债筹资可获得较高的每股收益；反之，运用权益筹资可获得较高的每股收益。

该方法只考虑了资本结构对每股收益的影响，并假定每股收益最大，股票价格也最高，而把资本结构对风险的影响置于视野之外，是不够全面的。该种方法的原理较易理解，测算过程较为简单。它以普通股每股收益最高为决策标准，可用于资本规模不大、资本结构不太复杂的股份有限公司。

例题解析 4－13

龙威公司目前资金总额 4 000 万元，因扩大生产规模需要追加筹集资金 1 000 万元。有两种筹资方案：甲方案采用发行股票的方式筹资，每股发行价为 25 元，每股溢价 15 元；乙方案采用发行债券方式筹资。根据财务人员分析，追加筹资后息税前利润可望达到 600 万元。公司原资本结构和新资本结构情况见表 4－12 和表 4－13。要求根据资本结构变化情况运用每股收益无差别点分析法确定最佳资本结构。

表 4－12　资本结构变化情况表

金额单位：万元

筹资方式	原资本结构	追加筹资后资本结构	
		发行普通股（甲）	发行债券（乙）
企业债券（利率 8%）	1 000	1 000	2 000
普通股（面值 10 元）	800	1 200	800
资本公积	1 200	1 800	1 200
留存收益	1 000	1 000	1 000
资金总额	4 000	5 000	5 000
普通股股数/万股	80	120	80

表 4－13　追加筹资后的每股收益

金额单位：万元

项目	发行普通股（甲）	发行债券（乙）
预计息税前利润	600	600
减：利息	80	160
税前利润	520	440
减：所得税（25%）	130	110
净利润	390	330
普通股股数/万股	120	80
每股收益/元	3.25	4.125

解：根据公司的上述数据，代入每股收益无差别点公式：

$$\frac{(\overline{EBIT}-80)\times(1-25\%)}{120}=\frac{(\overline{EBIT}-160)\times(1-25\%)}{80}$$

求得：$\overline{EBIT}=320$（万元）　　$\overline{EPS}=1.5$（元/股）

从计算结果得知，追加筹资后预计息税前利润600万元大于每股收益无差别点息税前利润320万元，因此，选择乙方案筹资有利，能获得每股收益4.125元。

上述每股收益无差别点分析可用图4－1表示。

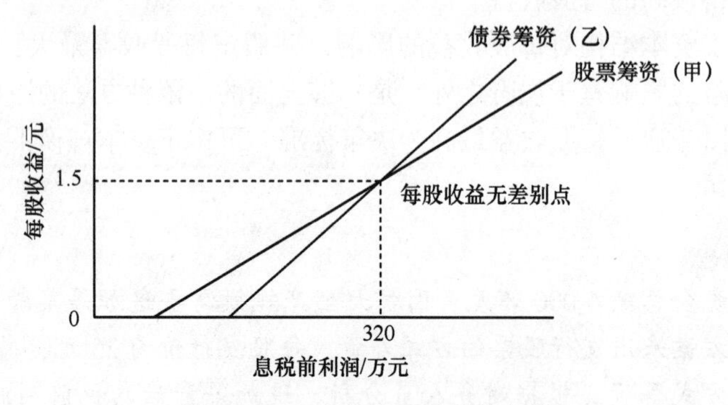

图4－1　每股收益无差别点分析

（二）比较资本成本法

比较资本成本法是计算不同筹资组合方案的加权平均资本成本，从中选择加权平均资本成本最低的方案。它侧重于从资本投入的角度对筹资方案和资本结构进行分析。

该种方法的基本思路是：决策前先拟订若干个备选方案，分别计算各方案的加权平均资本成本，并根据加权平均资本成本的高低来确定最佳资本结构。该种方法通俗易懂，是确定最佳资本结构的一种常用方法。该方法一般适用于资本规模较小，资本结构较为简单的非股份制企业。

例题解析 4－14

龙威公司需要筹资1 000万元，可采用以下两种方式筹集，其个别资本成本已分别确定，有甲、乙两个筹资方案可供选择，有关资料见表4－14。

表 4－14　资本成本与资本结构数据表

资本来源	甲方案		乙方案	
	筹资额/万元	资本成本率/%	筹资额/万元	资本成本率/%
长期借款	100	6	150	7
长期债券	300	9	200	8
普通股	600	15	650	17
合计	1 000		1 000	

要求分别测算两个筹资方案的加权平均资本成本率，并比较其高低，从而确定最佳筹资方案亦即最佳资本结构。

解：

甲方案：

$$\text{加权平均资本成本率} = 6\% \times \frac{100}{1\ 000} + 9\% \times \frac{300}{1\ 000} + 15\% \times \frac{600}{1\ 000} = 12.3\%$$

乙方案：

$$\text{加权平均资本成本率} = 7\% \times \frac{150}{1\ 000} + 8\% \times \frac{200}{1\ 000} + 17\% \times \frac{650}{1\ 000} = 13.7\%$$

从以上两个方案的计算结果比较，甲方案加权平均资本成本较低，在其他有关因素相同的条件下，应选择甲方案。

练习与思考

某公司原有的资本结构见表 4－15。

表 4－15　原有资本结构表

资金来源	资金额/万元	资本成本率/%
长期借款	400	6
公司债券	500	8
普通股	600	15
合计	1 500	

该公司扩大经营规模准备筹资 500 万元，有两种追加筹资方案可供选择：

甲方案：发行债券 200 万元，资本成本率 7%；发行普通股 300 万元，资本成本率 17%。乙方案：长期借款 300 万元，资本成本率 9%；发行普通股 200 万元，资本成本率 16%。

试分析评价甲、乙两个方案的优劣。

（三）公司价值分析法

公司价值分析法也称比较公司价值法，是通过计算和比较各种资金结构下公司的市场总价值来确定最佳资金结构的方法。从根本上讲，财务管理的目标在于追求公司价值的最大化和股价最大化。然而只有在风险不变的情况下，每股收益的增长才会直接导致股价的上升，实际上经常是随每股收益的增长，风险也加大。如果每股收益的增长不足以补偿风险增加所需要的报酬，尽管每股收益的增加，股价仍然会下降。所以公司最佳资本结构应当是可以使公司总的价值最高，而不一定是每股收益最大的资本结构。同时，在公司总价值最大的资本结构下，公司的资本成本也是最低的。

公司的市场总价值 = 股票的总价值 + 债券的价值

假设：公司的债务全部是平价的长期债务，分期付息，到期还本，不考虑筹资费用。

（1）如果公司的债务是平价债务，分期付息，那么，长期债务的账面价值就等于其面值。

（2）由于负债受外部市场波动的影响比较小，所以一般情况下，负债的市场价值就等于其账面价值。

（3）要想确定公司的市场总价值，关键是确定股东权益的市场总价值，即公司股票的价值。

公司股票的价值就是指公司在未来每年给股东派发的现金股利按照股东所要求的必要报酬率折合成的现值。假设公司在未来的持续经营过程中，每年的净利润相等，未来的留存收益率等于0，那么，股利支付率就为100%，公司每年的净利润就等于公司每年给股东派发的股利，既然假设公司每年的净利润是相等的，那么股利额就相等，那么公司的股票就是零增长股票，未来的现金股利折现就按照永续年金求现值，这个永续年金是股利额，也就是净利润。那么：

$$S = \frac{(EBIT - I)(1 - T)}{K_S}$$

式中，S——股票市场价值；

$EBIT$——息税前利润；

I——利息；

T——所得税税率；

K_S——普通股资金成本率。

其中，普通股资金成本率可用资本资产定价模型计算。平价债务、无筹资费的债务资金成本为 $i\ (1-T)$，然后根据市场价值权数即可计算加权平均资金成本。

下面举例说明公司价值分析法的应用。

例题解析 4－15

某企业预计息税前利润为400万元，资本全部由普通股筹集，股票面值1 000万元，所得税率为25%。假设企业总资本不变，准备通过发行债券来改变资本结构。有关资料见表4－16。

表4－16　某企业债券有关资料

债券面值/万元	利息率/%	股票 β 系数	无风险报酬率/%	股票必要报酬率/%
0		1.2	6	9
200	5	1.3	6	9
400	6	1.4	6	9
600	7	1.5	6	9

根据上述资料计算不同资本结构下的公司价值及资本成本。

(1) 当债券资本为零时：

债券价值等于零

股票资本的成本率 $= 6\% + 1.2 \times (9\% - 6\%) = 9.6\%$

股票的市场价值 $= 400 \times (1 - 40\%)/9.6\% = 2\,500$(万元)

此时股票的市场价值就是公司价值。

(2) 当债券资本为200万元时：

股票的资本成本率 $= 6\% + 1.3 \times (9\% - 6\%) = 9.9\%$

股票的市场价值 $= (400 - 200 \times 5\%) \times (1 - 40\%)/9.9\% = 2\,363.64$(万元)

公司价值 $= 200 + 2\,363.64 = 2\,563.64$(万元)

$$综合资本成本率 = 5\% \times (1 - 40\%) \times 200/2\,563.64 + 9.9\% \times 2\,363.64/2\,563.64 = 0.23\% + 9.13\% = 9.36\%$$

(3) 当债券资本为400万元时：

股票的资本成本率 $= 6\% + 1.4 \times (9\% - 6\%) = 10.2\%$

股票的市场价值 $= (400 - 400 \times 6\%) \times (1 - 40\%)/10.2\% = 2\,211.76$(万元)

公司价值 $= 400 + 2\,211.76 = 2\,611.76$(万元)

$$综合资本成本率 = 6\% \times (1 - 40\%) \times 400/2\,611.76 + 10.2\% \times 2\,211.76/2\,611.76 = 0.55\% + 8.64\% = 9.19\%$$

(4) 当债券资本为600万元时：

股票的资本成本率 $= 6\% + 1.5 \times (9\% - 6\%) = 10.5\%$

股票的市场价值 $= (400 - 600 \times 7\%) \times (1 - 40\%)/10.5\% = 2\,045.71$(万元)

公司价值 $= 600 + 2\,045.71 = 2\,645.71$(万元)

$$综合资本成本率 = 7\% \times (1 - 40\%) \times 600/2\,645.71 + 10.5\% \times 2\,045.71/2\,645.71 = 0.95\% + 8.12\% = 9.07\%$$

任务实施

1. 光华公司目前的资本结构为：总资本1 000万元，其中债务资本400万元（年利息40万元），普通股资本600万元（600万股，面值1元，市价5元）。企业由于扩大规模经营，需要追加筹资800万元，所得税率20%，不考虑筹资费用。有三个筹资方案：

甲方案：增发普通股200万股，每股发行价3元；同时向银行借款200万元，利率保持原来的10%。

乙方案：增发普通股100万股，每股发行价3元；同时发行面值为300万元、溢价为200万元的公司债券，票面利率15%。

丙方案：不增发普通股，发行面值为400万元、溢价为200万元的公司债券，票面利率15%；由于受到债券发行数额的限制，需要向银行补充借款200万元，利率为10%。

要求：根据以上资料，运用每股收益无差别点法对三个筹资方案进行选择。

2. 熟悉每股收益无差别点法的原理。

3. 分析任务所涉及的相关因素，运用每股收益无差别点法的原理进行指标的计算。

4. 根据计算结果进行筹资方案的选择。

实操训练

一、单项选择题

1. 下列关于综合资本成本的说法不正确的是（　　）。
   A. 包括加权平均资本成本和边际资本成本
   B. 边际资本成本采用加权平均法计算，其权数为账面价值权数
   C. 当企业拟筹资进行某项目投资时，应以边际资本成本作为评价该投资项目可行性的经济指标
   D. 边际资本成本，是指资金每增加一个单位而增加的成本
2. 最佳资本结构是指企业在一定时期最适宜其的有关条件下的（　　）。
   A. 企业利润最大的资本结构
   B. 加权平均资金成本最低，企业价值最大的资本结构
   C. 风险最低的目标资本结构
   D. 企业目标资本结构
3. 下列关于经营杠杆的说法不正确的是（　　）。
   A. 经营杠杆，是指由于固定成本的存在而导致税前利润变动率大于产销量变动率的杠杆效应
   B. 经营杠杆本身并不是利润不稳定的根源，但是经营杠杆扩大了市场和生产等不确定因素对利润变动的影响
   C. 在其他因素一定的情况下，固定成本越高，经营杠杆系数越大
   D. 按照简化公式计算经营杠杆系数时，本期边际贡献的大小并不影响本期的经营杠杆系数
4. 某公司本年的销售收入为2 000万元，变动成本率为40%，固定成本为200万元，那么如果明年变动成本率和固定成本不变，销售收入增长到2 200万元，息税前利润将会增长（　　）。
   A. 12%　　B. 20%
   C. 10%　　D. 25.5%
5. A公司的资产负债率为40%，据此可以看出A公司（　　）。
   A. 只存在财务风险　　B. 经营风险大于财务风险
   C. 只存在经营风险　　D. 同时存在经营风险和财务风险
6. 某企业的资本结构中，产权比率为2/3，债务税前资金成本为14%。目前市场上的无风险报酬率为8%，市场上所有股票的平均收益率为16%，公司股票的β系数为1.2，所得税税率为30%，则加权平均资本成本为（　　）。
   A. 14.48%　　B. 16%
   C. 18　　D. 12%

二、多项选择题

1. 下列关于成本习性的说法正确的有（　　）。
   A. 总成本按习性最终可分解为固定成本和变动成本两部分
   B. 固定成本总额固定不变

C. 成本习性，是指成本总额与业务量之间在数量上的依存关系

D. 混合成本按其与业务量的关系又可分为半变动成本和半固定成本

2. 下列各因素中，其不确定性影响经营风险的有（　　）。

A. 市场需求　　B. 负债

C. 销售价格　　D. 对价格的调整能力

3. 吸收一定比例的负债资金，可能产生的结果有（　　）。

A. 降低企业资金成本　　B. 加大企业复合风险

C. 加大企业财务风险　　D. 提高每股收益

4. 下列各项中，影响资本结构的有（　　）。

A. 企业财务状况　　B. 企业产品销售情况

C. 所得税税率的高低　　D. 利率水平的变动趋势

5. 如果甲企业经营杠杆系数为1.5，复合杠杆系数为3，则下列说法正确的有（　　）。

A. 如果销售量增加10%，息税前利润将增加15%

B. 如果息税前利润增加20%，每股收益将增加40%

C. 如果销售量增加10%，每股收益将增加30%

D. 如果每股收益增加30%，销售量需要增加5%

6. 下列关于财务风险的说法正确的有（　　）。

A. 亦称筹资风险

B. 是指企业在经营活动过程中与筹资有关的风险

C. 如果企业固定财务费用为零，则没有财务风险，财务杠杆系数为0

D. 在其他因素一定的情况下，固定财务费用越高，财务杠杆系数越大

三、计算题

1. 企业计划筹集资金100万元，所得税率为25%，有关资料如下：

（1）向银行借款10万元，借款年利率7%，手续费2%。

（2）按溢价发行债券，债券面值14万元，溢价为15万元，票面利率9%，期限为5年，每年支付一次利息，其筹资费率为3%。

（3）发行普通股40万元，每股10元，预计第一年每股股利1.2元，未来股利年增长率为8%，筹资费率为6%。

（4）其余所需资金通过留存收益取得。

要求：

（1）计算个别资本成本。

（2）计算该企业加权平均资本成本。

2. 胜达公司只生产和销售甲产品，其总成本习性模型为$y=1\ 000\ 000+4x$。假定该公司2016年度产品销售量为100万件，每件售价为6元，每股收益为1.2元；按市场预测2017年产品的销售数量将增长10%，固定成本和单位边际贡献不变，不增发新股，所得税税率不变。要求：

（1）计算2016年的边际贡献总额。

（2）计算2017年预计的边际贡献总额。

（3）计算2017年的经营杠杆系数。

（4）计算2017年息税前利润增长率。

（5）假定公司2016年利息费用20万元，预计2017年不变，且无融资租赁租金和优先股，计算2017年财务杠杆系数和复合杠杆系数以及每股收益。

3. 某公司目前拥有资金400万元，其中，普通股25万股，每股价格10元，每股股利2元；债券150万元，年利率8%；目前的税后利润为75万元，所得税税率25%。该公司准备新开发一投资项目，项目所需资金为500万元，预计项目投产后可使企业的年息税前利润增加50万元；投资所需资金有下列两种方案可供选择：

方案一：发行债券500万元，年利率10%。

方案二：发行普通股股票500万元，每股发行价格20元。

要求：

（1）计算两种筹资方案的每股收益无差别点。

（2）计算两种筹资方案的财务杠杆系数与每股收益；

（3）若不考虑风险因素，确定该公司的最佳筹资方案。

四、案例分析

明宇公司2016年度的有关信息如下：销售收入为1 000万元，利息费用61万元，实现净利润100万元，2016年发行在外普通股股数为200万股，不存在优先股。

2017年公司为了使销售收入达到1 500万元，需要增加资金300万元。现有有两种筹集方案可供选择：

方案一：通过增加借款取得，利息率为8%；

方案二：通过增发普通股股票取得，预计发行价格为10元/股。

假设固定生产经营成本可以维持在2016年114万元/年的水平，变动成本率也可以维持2016年的水平，该公司所得税率为20%，不考虑筹资费用。

要求：

（1）计算2016年的息税前利润。

（2）计算变动成本率（即变动成本/销售收入）。

（3）计算（方案二）中增发的股数。

（4）计算（方案一）中增加的利息。

（5）计算两种筹资方案每股收益无差别点的销售额和息税前利润。

（6）计算两个方案筹资后的复合杠杆系数，并说明两个方案筹资后的复合风险的大小。

（7）如果决策者是风险中立者，会选择哪个筹资方案？

（8）如果息税前利润在每股收益无差别点上增长15%，根据杠杆系数计算（方案一）的每股收益增长率。

项目五

项目投资管理

知识目标

1. 了解项目投资的含义、特点及现金流量的分析和估算方法；
2. 理解各种贴现指标和非贴现指标的计算及其评价标准；
3. 掌握项目投资决策方法的具体运用。

技能目标

1. 能够确定项目投资计算期与投资金额；
2. 能够对投资项目现金流量进行分析，准确计算现金净流量；
3. 能够熟练计算和分析各种贴现指标和非贴现指标；
4. 能够熟练应用各种贴现指标和非贴现指标进行项目投资决策。

案例导入

新建生产线投资决策

红邦美城家具厂是生产办公家具的中型企业，该厂生产的家具质量优良，价格合理，长期以来供不应求。为扩大生产能力，家具厂准备引进一条生产线。负责这项投资决策工作的总会计师经过调查研究后，得到如下资料：

（1）该生产线的原始投资为12.5万元，分两年投入。第一年初投入10万元，第二年初投入2.5万元。第二年年末项目完工可正式投产使用。投产后每年可生产办公桌1 000张，每张销售价格为300元，每年可获销售收入30万元，投资项目可使用五年，五年后残值为2.5万元，在投资项目经营期间要垫支流动资金2.5万元，这笔资金在项目结束时可全部收回。

（2）该项目生产的年总成本的构成如下：

材料费用每年13万元，人工费用每年3万元，制造费用（含折旧）每年4万元。所得税税率为25%。

（3）总会计师通过对各种资金来源进行分析，得出该厂加权平均的资金成本为10%。

思考题：

1. 企业进行项目投资决策，需要哪些部门参与？
2. 该家具厂对新建项目投资财务进行可行性分析时，主要分析了哪些因素？

任务一　熟悉项目投资的背景知识

任务介绍

项目投资决策是企业财务决策中非常重要的一项内容，投资决策决定着企业的前景。提出投资方案和评价方案的工作已经不是财务人员能单独完成的，需要所有相关人员的共同努力，但是熟悉项目投资的背景知识，掌握项目投资的基本含义、特点及流程是企业财务管理人员必备的能力。

基本知识

一、项目投资的含义与特点

（一）项目投资的含义

项目投资是指以特定建设项目为投资对象的一种长期投资行为。对工业企业来讲，主要有以新增生产能力为目的的新建项目投资和以恢复或改善原有生产能力为目的的更新改造项目投资两大类。

（二）项目投资的特点

相对营运资金投资而言，项目投资具有以下特点：

1. 投资规模较大，投资回收时间较长

项目投资，尤其是其中的新建项目投资的规模往往较大，因而投资的回收时间少则几年，多则几十年，所以是一种长期投资行为。

2. 投资风险较大

项目投资的风险较大。一方面由于项目投资的规模大、时间长；另一方面由于项目投资中的长期资产具有“专用性”，变现能力差，一旦市场发生意料之外的变化，往往会给企业带来较大的损失。

3. 项目投资的次数较少

营运资金的投资是经常性的，而项目投资由于具有以上特点，往往不宜过于频繁，企业必须量力而行。

4. 项目投资决策必须严格遵守相应的投资程序

对企业来说，项目投资是十分重要的，有时甚至关系到企业的生死存亡。所以必须十分慎重，严格遵守项目投资决策程序。

（三）项目投资决策的程序

项目投资决策的程序一般包括：提出方案—可行性分析—决策评价—实施与控制四个步骤。

1. 投资项目的提出

投资项目的提出是项目投资程序的起点，是在以企业的长远发展战略、中长期投资计划和投资环境的变化为基础，同时把握良好投资机会的前提下提出。一般而言，对于新增生产能力的投资项目由企业的高层管理者提出，而更新改造的投资项目可以由企业中层或基层管理者提出。

2. 投资项目的可行性分析

当投资项目提出以后，就必须从多个方面进行可行性分析，写出投资项目的可行性分析报告。投资项目的可行性分析一般应包括以下内容：

（1）国民经济可行性分析，即从整个国民经济现状及发展的角度，宏观地分析该项目是否可行，是否有发展前景，尤其应该考虑到是否满足环保的要求。投资项目的环境影响评价属于否决性指标，凡未开展或没通过环境影响评价的建设项目，不论其财务可行性和技术可行性如何，一律不得上马。

（2）技术可行性分析，即从技术的角度，分析本企业的技术水平能否达到该项目的要求。这是一项十分复杂的工作，通常由专业工程师完成。

（3）财务可行性分析，是指在已完成国民经济可行性分析、技术可行性分析的前提下，围绕已具备技术可行性的建设项目而开展的，有关该项目在财务方面是否具有投资可行性的一种专门分析评价。这是从经济效益的角度，分析该项目是否能够盈利。

3. 投资项目的决策评价

对投资项目作出可行性分析评价后，应按分权管理的决策权限由企业高层管理人员或相关部门经理作最后决策。投资金额小的战术性项目投资或维持性项目投资，一般由企业的经理层作出决策，特别重大的项目投资还需要报董事会或股东大会投票表决。不管由谁最后决策，其最后所作的结论一般可以分成以下三种：

（1）接受这个投资项目，可以进行投资。

（2）拒绝这个项目，不能进行投资。

（3）发还给项目提出的部门，重新论证后，再行处理。

4. 投资项目的实施与控制

在投资项目的实施过程中，必须加强对建设进度、建设质量、建设成本等方面的管理，确保投资项目保质保量完成。但是，在投资项目的实施过程中，如果发现国家政策、市场环境、企业内部环境等方面发生了某些重大变化，使原来可行的投资项目变得不可行，则必须尽早果断地停止投资项目的建设或采取其他补救措施，力求减少损失。

练习与思考

1. 项目投资与其他投资的区别是什么？
2. 简述项目投资决策的程序。

二、项目投资计算期

项目投资计算期是指投资项目从投资建设开始到最终清理结束整个过程所需要的时间。一般以年为计量单位。由于项目投资的规模往往较大，需要较长的建设时间，所以常常将投资项目的整个时间分为建设期和生产经营期。其中建设期（记作 S，$S \geqslant 0$）是指项目资金正式投入开始到项目建成投产为止所需要的时间。其第一年年初称为建设起点，建设期的最后一年年末称为投产日；生产经营期（记作 P，$P > 0$）是指从投产日到清理结束日（终结点）之间的时间间隔，通常包括试产期和达产期（完全达到设计生产能力）。显然，如果用 N 表示项目投资计算期，则有：$N = S + P$。项目投资计算期对评价结果将产生重大影响，所以必须力求准确。

练习与思考

1. 项目投资的建设起点与终结点之间的时间间隔称为（　　）。

A. 项目计算期　　B. 生产经营期　　C. 建设期　　D. 试产期

2. 项目投资决策中，完整的项目计算期是指（　　）。

A. 建设期　　B. 运营期

C. 建设期+达产期　　D. 建设期+运营期

3. 企业拟投资新建一个项目，在建设起点开始投资，历经2年后投产，试产期为1年，主要固定资产的预计使用寿命为10年。要求：

（1）计算该项目的建设期。

（2）计算该项目的运营期。

（3）计算该项目的达产期。

（4）计算该项目的项目计算期。

三、项目投资金额及其投入方式

（一）项目投资金额

1. 原始总投资

原始总投资是反映项目所需现实资金的价值指标。从项目投资的角度看，原始总投资等于企业为使投资项目完全达到设计生产能力、开展正常经营而投入的全部现实资金，包括建设投资和流动资金投资两项内容。通常除个别情况外，假设他们都是在建设期内投入的。

（1）建设投资：建设期内按一定生产经营规模和建设内容进行的投资，包括固定资产投资、无形资产投资和其他资产投资三项内容。

① 固定资产投资是项目用于购置或安装固定资产应当发生的投资。计提折旧的固定资产原值与固定资产投资之间可能存在差异，原因在于固定资产原值可能包括应构成固定资产成本的建设期内资本化了的借款利息。两者的关系是：

固定资产原值=固定资产投资+建设期资本化借款利息

② 无形资产投资是指项目用于取得无形资产而发生的投资。

③ 其他资产投资是指为组织项目投资的企业在其筹建期内发生的，不能计入固定资产和无形资产价值的那部分投资，包括生产准备和开办费投资。

（2）流动资金投资：试制项目投产前后分次或一次投放于流动资产项目的投资增加额，又称为垫支流动资金或营运资金投资。

2. 投资总额

投资总额是反映项目投资总体规模的价值指标，它等于原始总投资与建设期资本化利息之和。其中，建设期资本化利息是指在建设期发生的与购建项目所需的固定资产、无形资产等长期资产有关的借款利息。

注：分析投资项目现金流量时所使用的应该是原始总投资。

（二）项目投资金额的投入方式

项目的资金投入分为一次投入和分次投入两种方式。一次投入方式是指投资行为集中一次发生或资金集中在某一个时点上投入。如果投资行为涉及两个或两个以上的时点，则属于分次投入方式。当建设期为零时，一般为一次投资方式。

例题解析 5－1

请判断：如果投资行为只涉及一个年度，属于一次投入；若投资行为涉及两个或两个以上年度，则属于分次投入。

（错）若投资行为只涉及一个年度，但分别在年初和年末各投资一次，则该项投资行为从时间特征上看也属于分次投入方式。

练习与思考

1. 原始总投资与投资总额的区别是什么？
2. 项目的资金一定在开始时一次投入吗？有没有其他情况？

任务实施

项目投资属于投资的一种类型，请同学们课后完成下列任务：

（1）搜集与投资有关的资料，掌握投资的含义及类型。

（2）分析项目投资与其他投资的区别，从而掌握项目投资的特点。

任务二　分析项目投资的现金流量

任务介绍

准确预测项目投资的现金流量，是企业项目投资财务可行性分析中非常重要的一项内容，需要技术、财务等部门的相关人员的共同努力，掌握项目投资现金流量分析与计算技能是企业财务管理人员必须具备的要求。

基本知识

进行项目投资财务决策评价的基本前提和主要依据是投资项目产生的现金流量。

一、现金流量的分析

（一）现金流量的概念

在项目投资决策中，现金流量是指投资项目在其计算期内各项现金流入量与现金流出量的统称，它是评价投资方案是否可行时必须事先计算的一个基础性数据，也是计算项目投资决策评价指标的重要信息之一。这时的“现金”是广义的现金，它不仅包括各种货币资金，而且还包括项目需要投入的企业现有的非货币资源的变现价值。例如，一个项目需要使用原有的厂房、设备和材料等，则相关的现金流量是指它们的变现价值，而不是其账面价值。

（二）现金流量的构成

投资项目中的现金流量包括现金流出量、现金流入量和现金净流量。但是在进行投资决策分析投资项目现金流量时通常使用另一划分标准，即按照时间特征进行划分，主要包括三个组成部分（见图 5－1）。

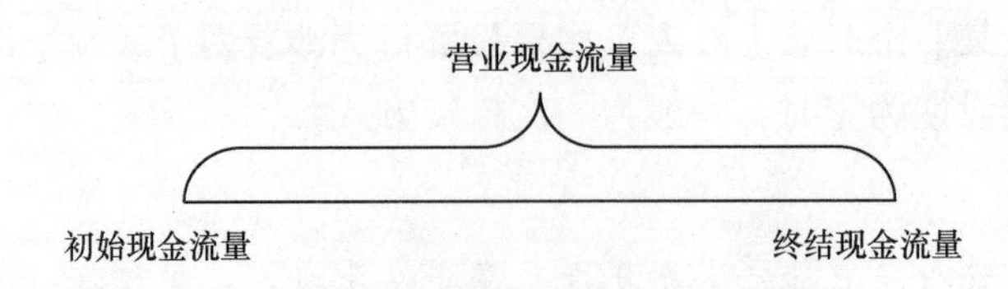

图5－1 按照时间特征划分现金流量

1. 初始现金流量

初始现金流量，是指开始投资时发生的现金流量，一般包括固定资产投资、无形资产投资、开办费投资、流动资金投资和原有固定资产的变价收入等。

2. 营业现金流量

营业现金流量，是指投资项目投入使用后，在其寿命周期内由于生产经营所带来的现金流入和流出的数量。

3. 终结现金流量

终结现金流量，是指投资项目完成时所发生的现金流量，主要包括固定资产的残值收入或变价收入、收回垫支的流动资金和停止使用的土地变价收入等。

练习与思考

1. 一项投资项目的现金流出量和现金流入量通常包括哪些？
2. 营业现金流量一定等于利润吗？
3. 下列项目中，属于现金流入量项目的有（　　）。

A. 营业收入　　B. 补贴收入
C. 回收流动资金　　D. 经营成本节约额

二、现金流量的估算

（一）估算现金流量的假设

1. 投资项目的类型假设

假设投资项目只包括固定资产投资项目、完整工业投资项目和更新改造投资项目三种类型。

2. 财务可行性分析假设

该项目已经具备国民经济可行性和技术可行性。

3. 全投资假设

假设在确定项目的现金流量时，只考虑全部投资的运动情况，而不具体区分自有资金和借入资金等具体形式的现金流量，即实际存在借入资金也将其作为自有资金对待。

4. 建设期投入全部资金假设

假设在建设期一次投入或分次投入全部资金，在经营期不再投入资金。

5. 时点指标假设

为便于利用时间价值的形式，不论现金流量具体内容所涉及的价值指标实际上是时点指标还是时期指标，均假设按照年初或年末时点的指标处理。通常情况下，若没有特别指明，建设期的资金投入假设在建设期内有关年度的年初或年末发生，流动资金投资则在经营期期初发生，经营期内各年的收入、成本、折旧、摊销、利润、税金等项目的确定均在年末发生，项目最终报废或清理均在终结点发生（更新改造项目除外）。

6. 确定性假设

假设与项目现金流量有关的加工、产销量、成本水平、企业所得税税率等因素均为已知常数。

（二）估算现金流量时应注意的问题

1. 应考虑增量现金流量

在确定投资方案的相关现金流量时，应遵循的最基本原则是：只有增量现金流量才是与项目相关的现金流量。所谓增量现金流量是指直接接受或拒绝某个方案后，企业总现金流量因此发生的变动。只有那些由于采纳某个项目引起的现金支出增加额，才是该项目的现金流出；只有那些由于采纳某个项目引起的现金流入增加额，才是该项目的现金流入。

2. 区分相关成本与非相关成本

相关成本是指与特定决策有关的、在分析评价时必须加以考虑的成本。例如，差额成本、未来成本、重置成本、机会成本等都属于相关成本。与此相反，与特定决策无关的、在分析评价时不必加以考虑的成本是非相关成本。例如，沉没成本、过去成本、账面成本等往往是非相关成本。

例题解析 5－2

某公司在 2015 年曾经打算新建一个车间，并请一家会计公司做过可行性分析，支付咨询费 5 万元。后来由于公司有了更好的投资机会，该项目被搁置下来，该笔咨询费作为费用已经入账了。2017 年，旧事重提，在进行投资分析时，这笔咨询费是否仍是相关成本呢？答案应该是否定的。这笔支出已经发生，不管本公司是否采纳新建一个车间的方案，它都已经无法收回，与公司未来的总现金流量无关。

3. 不要忽视机会成本

在投资方案的选择中，如果选择了一个投资方案，则必须放弃投资于其他项目的机会。其他投资机会可能取得的收益是实行本方案的一种代价，被称为这项投资方案的机会成本。

例题解析 5－3

上述公司新建车间的投资方案，需要使用公司拥有的一块土地。在进行投资分析时，因为公司不必动用资金去购置土地，可否不将此土地的成本考虑在内呢？答案应该是否定的。因为该公司若不利用这块土地来兴建车间，则可将这块土地移作他用，并取得一定的收入。只是由于在这块土地上兴建车间才放弃了这笔收入，而这笔收入代表兴建车间使用土地的机会成本。假设这块土地出售可净得 15 万元，它就是兴建车间项目的机会成本。值得注意的是，不管该公司当初是以 5 万元还是 20 万元购进的这块土地，都应以现行市价作为这块土地的机会成本。

机会成本不是通常意义上的“成本”，它不是一种支出或费用，而是失去的收益。这种收益不是实际发生的，而是潜在的。机会成本总是针对具体方案的，离开被放弃的方案就无从计量确定。机会成本在决策中的意义在于它有助于全面考虑可能采取的各种方案，以便为既定资源寻求更为有利的使用途径。

4. 要考虑投资方案对公司其他部门的影响

当采用一个新的项目后，该项目可能对公司的其他部门造成有利或不利的影响，在分析投资项目现金流量时要考虑这种影响。

例题解析5-4

若上述新建车间生产的产品上市后，原有其他产品的销量可能减少，而且整个公司的销售额也许不增加甚至减少。因此，公司在进行投资分析时，不应将新车间的销售收入作为增量收入来处理，而应扣除其他部门因此减少的销售收入。当然，也可能发生相反的情况，新产品上市后将促进其他部门的销售增长。这要看新项目和原有部门是竞争关系还是互补关系。

练习与思考

1. 1991年美国通用食品公司推出了Dino Pebbles软糖新品种，其目的是为了抢占Kellogg公司的果汁软糖市场，但不可避免地也抢占了本公司相同类型的Gruity Pebbles软糖的市场。在计算Dino Pebbles项目的现金流量时，是否应扣除其使得Gruity Pebbles现金流量的减少量？

2. 某公司正在开会讨论是否投产一种新产品，对以下收支发生争论。你认为不应列入该项目评价的企业实体现金流量有（　　）。

A. 新产品投产需要占用营运资金80万元，它们可在公司现有周转资金中解决，不需要另外筹集

B. 该项目利用现有未充分利用的设备，如将该设备出租可获收益200万元，但公司规定不得将生产设备出租，以防止对本公司产品形成竞争

C. 新产品销售会使本公司同类产品减少收益100万元，如果本公司不经营此产品，竞争对手也会推出此新产品

D. 拟采用借债方式为本项目筹资，新债务的利息支出每年50万元

E. 动用为其他产品储存的原料约200万元

3. 在项目投资假设条件下，下列各项中不属于项目投资现金流出量的是（　　）。

A. 借款利息　　B. 垫支流动资金

C. 经营成本　　D. 归还借款的本金

（三）现金流量的估算

1. 初始投资额的估算

初始投资额也就是建设期的现金流量，即企业在建设期所发生的现金流入量和现金流出量。一般包括：

（1）土地使用费用支出。它主要指因投资项目占用土地而支出的土地使用费。

（2）固定资产方面的投资。它包括固定资产的购入或建造成本、运输成本和安装成本等。

（3）流动资产方面的垫支。它包括投入的现金、材料等。这部分流动资金属于垫支的性质，当投资项目结束时，一般会如数收回。

（4）其他方面的投资。它包括与固定资产投资有关的职工培训费、注册费等。

（5）原有固定资产的变价收入。原有固定资产的变价收入主要在更新改造投资项目时考虑。建设期现金流量除原有固定资产的变价收入为现金流入量外，其他部分均为现金流出量。

用公式可表示为：初始投资额 = -（货币性资本性支出 + 营运资本投资）

注：如果涉及项目利用企业现有的“非货币性资源”，则需要考虑非货币性资源的机会成本。比如，“继续使用旧设备”或使用企业现有的土地等。

2. 营业期现金流量

营业期现金流量，即项目投产后，企业在生产经营期间所发生的现金流入量和现金流出量。营业期现金流量一般按年度进行计算。营业期现金流入量主要是由因生产经营而使企业增加的营业收入和该年流动资金回收额构成。营业期现金流出量则主要是由付现成本和所得税构成。所谓付现成本是指每年需要实际支付现金的销货成本。销货成本中不需要每年实际支付现金的某些成本，如折旧费用、待摊费用等属于非付现成本。

营业期现金净流量（NCF）的计算公式：

营业现金净流量 = 营业收入 - 付现成本 - 所得税
= 营业收入 -（总成本 - 非付现成本 - 利息费用）- 所得税
= 营业利润 - 所得税 + 非付现成本 + 利息费用
= 净利润 + 非付现成本 + 利息费用

式中，付现成本指的是付现的经营成本，不包括支付的利息费用；非付现成本主要包括折旧额和摊销额；总成本包括付现的经营成本、非付现成本和利息。

3. 终结点现金流量

终结点现金净流量主要包括：

（1）营运资本投资收回。

（2）处置长期资产产生的现金流量（提示：需要考虑所得税问题）。

练习与思考

1. 如果非货币性资源的用途是唯一的，比如项目需要使用企业现有的旧厂房，但旧厂房如果该项目不使用，将闲置。则需将该厂房的价值作为项目的相关现金流量吗？

2. 终结现金流量包括（　　）。

A. 固定资产投资额　　　　B. 固定资产变价净收入

C. 机会成本　　　　D. 收回的垫支营运资金

（四）所得税与折旧对现金流量的影响

由于所得税是企业的一种现金流出，它的大小取决于利润总额大小和税率的高低，而利润大小受折旧方法的影响，因此，讨论所得税问题必然会涉及折旧问题。折旧对投资决策产生影响，实际是所得税存在引起的。

1. 税后成本与税后收入

企业的有些支出是在税前支付的，凡是可以减少所得税的项目，实际支付额并不是真实的成本，而应将减少的所得税考虑进去。扣除了所得税影响后的费用净额，称为税后成本。

与税后成本相对应的概念是税后收入。由于所得税的作用，企业营业收入的一部分会流出企业，实际得到的现金流入是税后收入。

税后成本 = 支出金额 ×（1 - 所得税税率）

税后收入 = 收入金额 ×（1 - 所得税税率）

2. 折旧的抵税作用

众所周知，加大成本会减少利润，从而使所得税减少。如果不计提折旧，企业的所得税会增加很多，折旧可以起到减少税负的作用，这种作用称为折旧抵税。

折旧税负减少额 = 折旧 × 所得税税率

3. 税后现金净流量

在加入所得税因素之后，营业现金净流量的计算有三种方法：

（1）根据现金净流量的定义计算（直接法）。

营业现金净流量 = 营业收入 - 付现成本 - 所得税　　（5-1）

（2）根据年末营业结果计算（间接法）。

营业现金净流量 = 净利润 + 非付现成本 + 利息　　（5-2）

（3）根据所得税对收入和折旧（非付现成本）的影响计算。

根据全投资假设，无论项目所需资金是自有的还是借入的，均视为自有资金，因此无需考虑利息。

营业现金净流量 = 净利润 + 非付现成本
= (营业收入 - 付现成本 - 非付现成本) × (1 - 所得税税率) + 非付现成本
= 营业收入 × (1 - 所得税税率) - 付现成本 × (1 - 所得税税率) + 非付现成本 × 所得税税率
= 税后收入 - 税后付现成本 + 非付现成本抵税　　（5-3）

在分析投资项目现金流量时，经常使用式（5-3）。因为企业的所得税是根据企业总利润计算的。在决定某个项目是否投资时，往往使用差额分析法确定现金流量，并不知道整个企业的利润及与此有关的所得税，这就妨碍了式（5-1）和式（5-2）的使用。式（5-3）并不需要知道企业的利润是多少，使用起来比较方便。尤其是有关固定资产更新的决策，没有办法计量某项资产给企业带来的收入和利润，以至于无法使用前两个公式。

4. 会计与税法规定不一致情况下，所得税对现金流量的影响

（1）会计与税法规定的固定资产使用年限及折旧方法不同。

① 按照税法的规定计算年折旧额以及账面价值，即账面价值 = 固定资产原值 - 按照税法规定实际计提的累计折旧。

② 现金流量涉及年数的确定，按照会计的规定。

（2）会计与税法规定的固定资产的预计残值率不同。

① 按照会计的规定确定残值回收额。

② 进行固定资产更新决策时，要考虑固定资产清理损益对所得税的影响。

例题解析 5-5

某项目终结时，长期资产的账面价值为 800 万元，变现价值为 1 000 万元，企业所得税率为 25%，则由此产生的现金流入为：

1 000 - (1 000 - 800) × 25% = 950(万元)

其中，(1 000 - 800) × 25% = 50（万元）为固定资产清理收益纳税额，因此，应该作为变现收入的抵减项。

例题解析 5-6

阳光公司准备购入一套设备以扩充生产能力，需投资 10 000 元，使用寿命为 5 年，采用直线法计提折旧，5 年后设备无残值。5 年中每年销售收入为 6 000 元，每年的付现成本为 2 000 元，假设公司的所得税税率为 25%，计算该方案营业期各年的现金流量（要求运用公式 5－1）。

第 1 年的年折旧额和营业期现金净流量计算如下。

$$年折旧额 = \frac{10\ 000}{5} = 2\ 000(元)$$

$$NCF_1 = 6\ 000 - 2\ 000 - (6\ 000 - 2\ 000 - 2\ 000) \times 25\% = 3\ 500(元)$$

第 2 年至第 5 年的计算同上。

例题解析 5－7

阳光公司的某固定资产 B 项目需要一次投入价款 1 000 万元，资金来源为银行借款，年利息率 10%，建设期为 1 年。该固定资产可使用 10 年，按直线法折旧，期满净残值 100 万元。投入使用后可使经营期第 1 年至第 7 年每年产品销售收入增加 800 万元，第 8 年至第 10 年每年产品销售收入增加 690 万元，同时每年的付现经营成本增加 370 万元。该企业的所得税率 25%，经营期内每年年末支付借款利息 110 万元。连续归还 7 年。请分析与项目相关的现金流量（计算营业期各年现金流量时请用公式 5－2）。

首先确定以下指标：

$$项目计算期 = 1 + 10 = 11(年)$$

$$建设期资本化利息 = 1\ 000 \times 10\% = 100(万元)$$

$$固定资产原值 = 1\ 000 + 100 = 1100(万元)$$

$$年折旧额 = (1\ 100 - 100)/10 = 100(万元)$$

$$经营期第 1 年至第 7 年每年总成本增加额 = 370 + 110 + 100 = 580(万元)$$

$$经营期第 8 年至第 10 年每年总成本增加额 = 370 + 100 = 470(万元)$$

$$经营期第 1 年至第 7 年每年营业利润增加额 = 800 - 580 = 220(万元)$$

$$经营期第 8 年至第 10 年每年营业利润增加额 = 690 - 470 = 220(万元)$$

$$每年净利润增加额 = 220 \times (1 - 25\%) = 165(万元)$$

其次，计算与项目有关的现金流量：

（1）建设期净现金流量计算如下：

$$NCF_0 = -1\ 000(万元)$$

$$NCF_1 = 0$$

（2）经营期净现金流量计算如下：

$$NCF_{2\sim8} = 165 + 100 + 110 = 375(万元)$$

$$NCF_{9\sim10} = 165 + 100 = 265(万元)$$

（3）终结期净现金流量计算如下：

$$NCF_{11} = 165 + 100 + 100 = 365(万元)$$

练习与思考

1. 案例 5－5 中，如果变现收入为 700 万元，则项目终结时产生的现金流入为多少？

2. 请运用公式 5－1 来计算案例 5－7 中各营业期的现金净流量，并和上述计算结果进行比较。

3. 在计算各营业期的现金净流量时为什么不包括各期支付的利息？

任务实施

1. 给出任务。

宏达公司准备购入一设备以投资新产品，设备需投资30 000元，另须垫支营运资本3 000元。该设备使用寿命5年，采用直线法计提折旧，5年后设备无残值，5年中每年销售收入为15 000元，每年付现成本为5 000元。假设所得税率为25%。请分析该投资方案的相关现金净流量。

2. 按照投资项目的时间特征分析现金净流量。

（1）计算年折旧额。

（2）按照投资项目的时间特征分析现金流量。

① 分析初始投资额，即NCF_0。

② 运用式（5-1）或式（5-2）分析各营业期现金净流量，即$NCF_{1\sim4}$。

③ 分析终结点现金净流量，即NCF_5。

> **特别提示：**
>
> 分析终结点现金净流量时，要注意当初垫支的营运资金在此时收回。

任务三　项目投资评价的基本方法

任务介绍

评价投资项目是否可行的价值指标分为两类：一类是考虑时间价值的指标，即贴现的价值指标；另一类是没有考虑时间价值的指标，即非贴现的价值指标。作为财务管理人员，能够计算这些指标，并运用投资评价的基本原理对项目投资进行评价，是必须具备的基本技能之一。

基本知识

用来评价投资项目的指标有：考虑时间价值的净现值、现值指数、内含报酬率等贴现指标和不考虑时间价值的回收期、会计收益率等非贴现指标。

一、项目投资评价的基本原理

项目投资评价的基本原理是：项目投资的收益率超过资本成本时，企业的价值将增加；项目投资的收益率小于资本成本时，企业的价值将减少。

这里的资本成本指的是投资的必要报酬率，是投资人的机会成本（也是企业的加权平均资本成本），即投资人将资金投资于其他同等风险资产可以赚取的收益，企业项目投资的收益率必须达到这一要求，否则的话，项目投资的收益不足以满足投资人的要求，会降低企业的价值。

二、贴现的分析评价指标

（一）净现值

1. 含义

所谓净现值（Net Present Value，NPV），是指在特定方案中，未来现金流入量的现值与未来现金流出量的现值之间的差额。

按照这种方法，所有的未来现金流入和流出量都要按照预定的贴现率（企业的加权平均资本成本）折算为它们的现值，然后再计算它们的差额。

2. 计算公式

$$NPV = \sum_{k=0}^{n} \frac{I_k}{(1+i)^k} - \sum_{k=0}^{n} \frac{O_k}{(1+i)^k}$$

式中，n——表示投资涉及的年份；

I_k——第 k 年的现金流入量；

O_k——第 k 年的现金流出量；

i——预定的贴现率（资本成本或者投资人要求的必要报酬率）。

3. 决策原则

如果净现值为正数，则贴现后的现金流入大于贴现后的现金流出，表示该项目的投资报酬率大于预定的贴现率，投资该项目能够增加企业的价值，该项目可行；如果净现值为零，表示贴现后的现金流入等于贴现后的现金流出，表示该项目的投资报酬率相当于预定的贴现率，投资该项目企业的价值没有变化；如果净现值为负数，则贴现后的现金流入小于贴现后的现金流出，表示该项目的投资报酬率小于预定的贴现率，投资该项目会降低企业的价值，该项目不可行。

注意：①单项决策时，若 $NPV \geq 0$，则项目可行；若 $NPV < 0$，则项目不可行。②多项互斥投资决策时，在净现值大于零的投资项目中，选择净现值较大的投资项目。

4. 应用

例题解析 5－8

阳光公司计划进行某项目投资活动，有关资料为：原始投资为150万元，其中固定资产投资100万元，流动资金投资50万元，全部资金于建设起点一次投入，另需垫支营运资金50万元，该项目经营期5年，到期残值收入为5万元，预计投产后年营业收入为90万元，年总成本为60万元。该企业按直线法折旧，全部营运资金于终结点一次回收，所得税税率为25%，折现率为10%。计算该方案的净现值。

（1）计算年折旧额。

$$年折旧额 = (100-5)/5 = 19(万元)$$

（2）分析现金流量。

$$NCF_0 = -150(万元)$$

$$NCF_{1\sim4} = (90-60) \times (1-25\%) + 19 = 41.5(万元)$$

$$NCF_5 = 41.5 + 5 + 50 = 96.5(万元)$$

（3）画出现金净流量图，见图5－2。

（4）计算净现值。

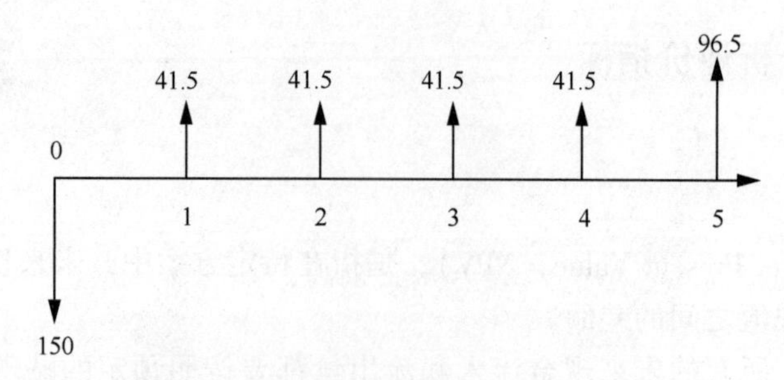

图5－2　现金流量

$$
\begin{aligned}
NPV &= 41.5 \times (P/A, 10\%, 4) + 96.5 \times (P/F, 10\%, 5) - 150 \\
&= 41.5 \times 3.1699 + 96.5 \times 0.6209 - 150 \\
&= 41.4677(\text{万元})
\end{aligned}
$$

在该方案中，其净现值为正数，说明这个方案的报酬率大于10%。这个方案是有利的，是可以接受的。

5. 净现值法的优缺点

净现值法的优点是：考虑了资金的时间价值，能够反映各种投资方案的净收益，因而它具有广泛的适用性，在理论上也比其他方法更加完善。净现值法是投资决策评价中的最基本方法。

但是，净现值法也有一定的缺点。首先，它不能揭示各个投资方案本身实际可达到的报酬率是多少。其次，当几个投资项目或几个方案的初始投资额不一致时，简单地比较它们之间净现值的大小显然是不合适的。

练习与思考

1. 金星公司需投资150万元引进一条生产线。该生产线有效期为5年，采用直线法折旧，期满无残值。该生产线当年投产，预计每年可获净利润10万元。如果该项目的行业基准贴现率为8%，试计算其净现值并评价该项目的可行性。

2. 下列关于净现值的表述正确的是（　　）。

A. 净现值是项目计算期内各年现金净流量现值的代数和

B. 净现值的计算可以考虑投资的风险性

C. 净现值反映投资的效率

D. 净现值大于0，投资项目的报酬率大于预定的折现率

3. A公司是一个钢铁企业，现找到一个投资机会，预计该项目需固定资产投资750万元，当年可以投产，预计可以持续5年，会计部门估计每年固定成本为（不含折旧）40万元，变动成本是每件180元。固定资产折旧采用直线法，估计净残值为50万元。营销部门估计各年销售量均为4万件，售价为250元/件，生产部门估计需要250万元的流动资金投资，预计项目终结点收回。设投资人要求的最低报酬率为10%，企业所得税税率为25%。

要求：

（1）计算项目各年的净现金流量。

（2）计算项目的净现值。A公司是否应进行该项投资？

（二）净现值率

1. 含义

净现值率是指投资项目的净现值占原始投资现值总和的百分比（Net Present Value Rate，NPVR）。

2. 计算公式

$$NPVR = \frac{NPV}{\sum_{k=0}^{n} \frac{O_k}{(1+i)^k}} = \frac{\sum_{k=0}^{n} \frac{I_k}{(1+i)^k} - \sum_{k=0}^{n} \frac{O_k}{(1+i)^k}}{\sum_{k=0}^{n} \frac{O_k}{(1+i)^k}}$$

3. 决策原则

净现值率是一个贴现的相对量评价指标。采用这种方法进行投资项目评价的标准是：当 $NPVR \geqslant 0$，则项目可行；当 $NPVR < 0$ 则项目不可行。

4. 应用

例题解析 5－9

承案例 5－8，请计算该方案的净现值率。

$$NPVR = 41.467\ 7/150 = 27.65\%$$

由于该项目的净现值率大于 0，故可以投资。

5. 净现值率法的优缺点

净现值率法的优点是：考虑了资金时间价值，并且可以动态反映项目投资的资金投入与产出之间的关系。

净现值率法的缺点是：不能直接反映投资项目的实际收益率；在资本决策过程中可能导致片面追求较高的净现值率，在企业资本充足的情况下，有降低企业投资利润总额的可能。

（三）现值指数

1. 含义

现值指数法亦称获利指数法（Profitability Index，PI），是指投产后按行业基准收益率或企业设定贴现率折算的各年营业期现金净流量的现值合计（报酬总现值）与原始投资的现值合计（投资总现值）之比。即项目未来现金流入量的现值合计与未来现金流出量的现值合计的比率。

2. 计算公式

$$PI = \frac{\sum_{k=0}^{n} \frac{I_k}{(1+i)^k}}{\sum_{k=0}^{n} \frac{O_k}{(1+i)^k}}$$

从净现值率和现值指数的定义可知这两个指标存在以下关系：

$$现值指数(PI) = 1 + 净现值率(NPVR)$$

3. 决策原则

与净现值率一样，现值指数也是一个贴现的相对量评价指标，采用这种方法的判断标准是：如果 $PI \geqslant 1$，则该投资项目可行：如果 $PI < 1$，则该投资项目不可行。如果几个投资项目的现值指数都大于1，那么现值指数越大，投资项目越好。但在进行互斥性投资决策时，正确的选择原则不是选择现值指数最大的项目，而是在保证现值指数大于1的情况下，使追加投资收益最大化。

4. 应用

例题解析 5－10

承案例 5－8，请计算该方案的现值指数。

$$PI = \frac{41.5 \times (P/A, 10\%, 4) + 96.5 \times (P/F, 10\%, 5)}{150}$$

$$= 191.467\ 7/150$$

$$= 1.28$$

由于该项目的现值指数大于1，根据判断标准，该项目可行。

5. 优缺点

现值指数法的优缺点与净现值法的优缺点基本相同，但有一个重要区别是：现值指数法可以从动态的角度反映投资项目的资金投入与总产出之间的关系，可以弥补净现值法在投资额不同的项目之间不便比较的缺陷，使各种不同投资额项目之间可直接用现值指数进行对比。其缺点是除了无法直接反映投资项目的实际收益率外，其计算过程比净现值法的计算过程复杂，计算口径也不一致。

（四）内含报酬率法

1. 含义

内含报酬率（Internal Rate of Return，IRR），又称为内部报酬率，它是指能够使未来现金流入量现值等于未来现金流出量现值的贴现率，或者说是使投资方案净现值为零时的贴现率。

2. 计算公式

显然，根据其含义，内含报酬率满足下列等式：

$$NPV = \sum_{k=0}^{n} \frac{I_k}{(1 + IRR)^k} - \sum_{k=0}^{n} \frac{O_k}{(1 + IRR)^k} = 0$$

内含报酬率的计算是解一个 n 次方程，通常采用试误法来求出 IRR 的值。

（1）内含报酬率指标计算的特殊方法。当项目投产后的每年净现金流量表现为普通年金的形式，可以直接利用年金现值系数计算内含报酬率的方法，又称为简便算法。该法所要求的条件是：项目的全部投资均于建设起点一次投入，建设期为零，建设起点第0年净现金流量等于原始投资的负值；投产后每年净现金流量相等，第1至第 n 期每期净现金流量取得了普通年金的形式。

（2）内含报酬率指标计算的一般方法。该法是指通过计算项目不同设定折现率的净现值，然后根据内含报酬率的定义所揭示的净现值与设定折现率的关系，采用一定技巧，最终设法找到能使净现值等于零的折现率——内含报酬率 IRR 的方法，又称为逐次测试逼近法

(简称逐次测试法)。如项目不符合直接应用简便算法的条件，必须按此法计算内含报酬率。

一般方法的具体应用步骤如下：

(1) 先自行设定一个折现率 r_1，代入计算净现值的公式，求出按 r_1 为折现率的净现值 NPV_1，并进行下面的判断。

(2) 如果净现值 $NPV_1=0$，则内含报酬率 $IRR=r_1$，计算结束；若净现值 $NPV_1>0$，则内含报酬率 $IRR>r_1$，应重新设定 $r_2>r_1$，再将 r_2 代入有关计算净现值的公式，求出 r_2 为折现率的净现值 NPV_2，继续进行下一轮的判断；若净现值 $NPV_2<0$，则内含报酬率 $IRR<r_2$，应重新设定 $r_2<r_1$，再将 r_2 代入有关计算净现值的公式，求出 r_2 为折现率的净现值 NPV_2，继续进行下一轮的判断。

(3) 经过逐次测试判断，有可能找到内含报酬率 IRR。每一轮判断的原则相同。若设 r_j 为第 j 次测试的折现率，NPV_j 为按 r_j 计算的净现值，则有：

当 $NPV_j>0$ 时，$IRR>r_j$，继续测试；当 $NPV_j<0$ 时，$IRR<r_j$，继续测试；当 $NPV_j=0$ 时，$IRR=r_j$，测试完成。

(4) 若经过有限次测试，已无法继续利用有关货币时间价值系数表，仍未求得内含报酬率 IRR，则可利用最为接近零的两个净现值正负临界值及其相应的折现率四个数据，应用内插法计算近似的内含报酬率。

即如果以下关系成立：

$$NPV_m>0$$
$$NPV_{m+1}<0$$
$$r_m<r_{m+1}$$
$$r_m<r_{m+1}\leqslant d(2\%\leqslant d<5\%)$$

就可以按下列具体公式计算内含报酬率 IRR：

$$IRR=r_m+\frac{NPV_m-0}{NPV_m-NPV_{m+1}}\times(r_{m+1}-r_m)$$

3. 决策原则

计算出各方案的内含报酬率以后，可以根据企业的资本成本或要求的最低投资报酬率对方案进行取舍。当内含报酬率超过企业的资本成本时，方案是可行的，否则，方案不可行。

4. 应用

例题解析 5－11

某投资项目的现金流量如表 5－1 所示。

表 5－1　投资项目现金净流量表　　金额单位：万元

年份	0	1	2	3	4	5
NCF_k	－200	80	80	80	80	80

若该项目的资本成本为 10%，试用内含报酬率法判断该项目投资的可行性。

通过分析该项目的现金流量特点，可断定，计算内含报酬率时可用简便算法，即利用年金现值系数计算内含报酬率。

$$80\times(P/A,IRR,5)=200$$
$$(P/A,IRR,5)=200/80=2.5$$

查年金现值系数表，找5年期各利率下与2.5最接近的系数，分别是利率为28%时的2.532和利率为32%时的2.345 2利用内插法计算：

折现率	系数
28%	2.532
IRR	2.5
32%	2.345 2

$$\frac{IRR-28\%}{32\%-28\%}=\frac{2.5-2.532}{2.345\ 2-2.532}$$

$$IRR=r_m+\frac{NPV_m-0}{NPV_m-NPV_{m+1}}\times(r_{m+1}-r_m)$$

$$IRR=28.69\%$$

由于该项目的内含报酬率为28.69%，大于该项目的资本成本10%，因此，该项目是可行的。

例题解析5-12

某投资项目的现金流量如表5-2所示。

表5-2 投资项目现金净流量表

金额单位：元

年份	0	1	2
NCF_k	20 000	11 800	13 240

该项目内含报酬率的计算应该采用“试误法”，进行逐步测试。

“试误法”的计算步骤：首先通过逐步测试找到使净现值一个大于0，一个小于0的，并且最接近的两个贴现率，然后通过内插法求出内含报酬率。

该项目内含报酬率的计算如表5-3所示。

表5-3 项目内含报酬率的测试

年份	现金净流量/元	贴现率=18%		贴现率=16%	
		贴现系数	现值/元	贴现系数	现值/元
0	-20 000	1	-20 000	1	-20 000
1	11 800	0.847	9 995	0.862	10 172
2	13 240	0.718	9 506	0.743	9 837
净现值			-499		9

$$内含报酬率=16\%+\frac{9}{9+499}\times2\%=16.04\%$$

5. 优缺点

内含报酬率方法的优点在于考虑了资金的时间价值，同时也反映了投资的真实报酬率，但是，这种方法的计算过程比较复杂，特别是对于每年的净现金流量不相等的投资项目，一般要经过多次测算才能得到最终的结果。当然，在内含报酬率的计算过程中，可以借助于计算机，通过事先编制好的程序，直接计算得出特定现金流量条件下的内含报酬率。

练习与思考

1. 内含报酬率与其他贴现指标的相同点与不同点。

2. 红星工厂建造一项生产设备。预计建设期为1年，所需原始投资200万元，均为自有资金，于建设起点一次投入。该设备预计使用寿命为5年，使用期满报废清理时无残值。采用直线法折旧。该设备投产后企业每年增加净利润60万元。

要求：

(1) 试计算该项目的内含报酬率。

(2) 若企业资本成本为10%，评价该项目是否可行。

3. 已知某投资项目按14%折现率计算的净现值大于零，按16%折现率计算的净现值小于零，则该项目的内含报酬率肯定（　　）。

A. 大于14%，小于16%　　B. 小于14%

C. 等于15%　　D. 大于16%

（五）贴现评价指标之间的关系

作为项目评价的贴现指标——净现值（*NPV*）、净现值率（*NPVR*）、现值指数（*PI*）及内含报酬率（*IRR*）之间存在下列数量关系：

当 $NPV>0$ 时，$NPVR>0$，$PI>1$，$IRR>i$；

当 $NPV=0$ 时，$NPVR=0$，$PI=1$，$IRR=i$；

当 $NPV<0$ 时，$NPVR<0$，$PI<1$，$IRR<i$。

在这四个指标中，净现值（*NPV*）是绝对数，净现值率（*NPVR*）、现值指数（*PI*）是相对数，它们都必须在贴现率已知的条件下才能进行项目的评价，而内含报酬率（*IRR*）的计算与贴现率无关，它只用来与预期的贴现率相比较，只有满足条件 $IRR>i$ 或者 $IRR=i$ 时，项目才可行。

三、非贴现的分析评价指标

（一）投资回收期法

1. 含义

投资回收期（Payback Period，PP）是指投资引起的现金流入累计与投资额相等所需要的时间，它一般以年为单位，表示收回投资所需要的年限。回收期越短、方案越有利。投资回收期法是一种使用很早、很广的投资决策方法。

2. 计算公式

(1) 原始投资在建设起点一次支出，且建设期为0，当每年现金流入量相等时，则：

$$投资回收期=\frac{原始投资额}{每年现金净流量}$$

(2) 如果现金流入量每年不等，或原始投资是分几年投入的，其计算公式为（设 M 是收回原始投资的前一年）：

$$投资回收期=M+\frac{第 M 年的尚未回收额}{第(M+1)年的现金净流量}$$

3. 优缺点

(1) 优点：投资回收期法计算简便，并且容易被决策人所正确理解。

（2）缺点：未充分考虑到资金的时间价值，并且没有考虑回收期满后的项目收益。主要用来测定方案的流动性而非营利性。事实上，有战略意义的长期投资往往是早期的收益较低，而中后期的收益较高。因此，仅仅利用投资回收期法进行决策往往会导致企业优先考虑急功近利的项目，而放弃较为长期的成功项目。过去，投资回收期法是一种投资方案评价的最常用方法，而现在，这种方法只能作为一种辅助方法来使用。

例题解析5－13

承接案例5－6，计算该项目的投资回收期。

$$10\ 000/3\ 500=2.86(年)$$

例题解析5－14

图5－3所示为某投资项目的现金流量，请计算该项目的投资回收期。

$$投资回收期=2+\frac{100-(40+45)}{52}=2.29(年)$$

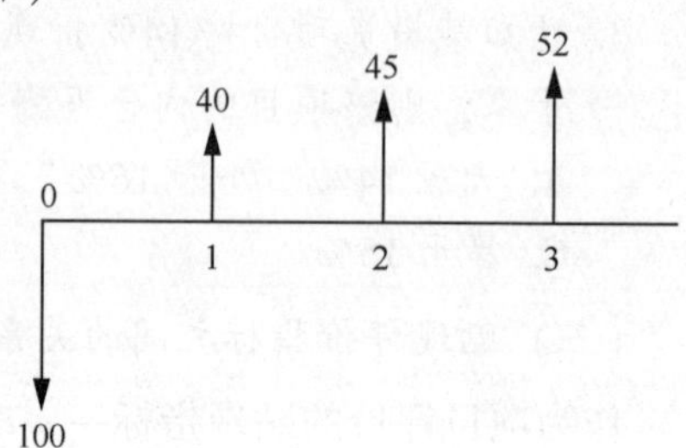

图5－3 某投资项目的现金流量

（二）投资利润率法

1. 含义

投资利润率（记作*ROI*）是指年平均利润占项目投资总额的比率。

2. 计算公式

$$投资利润率=年平均利润/项目投资总额$$

例题解析5－15

承接案例5－7，该项目的投资利润率＝220/1 000＝22%

3. 决策原则

投资项目的投资利润率越高越好，低于无风险投资利润率的方案为不可行方案。

4. 优缺点

（1）优点：投资利润率指标计算简单明了、易于掌握，且该指标不受建设期长短、投资方式、回收额的有无以及现金净流量大小等条件的影响，能够说明各投资方案的收益水平。

（2）缺点：

第一，没有考虑资金时间价值因素，不能正确反映建设期长短及投资方式不同对项目的影响。

第二，该指标的分子、分母及其时间特征不一致，因而在计算口径上可比性较差。

第三，该指标的计算无法直接利用现金净流量信息。

练习与思考

1. 下列各项中，不属于投资回收期优点的是（　　）。

A. 计算简便　　B. 便于理解

C. 直观反映返本期限　　D. 正确反映项目总回报

2. 下列有关投资利润率指标的表述正确的是（　　）。

A. 没有考虑时间价值　　B. 分子、分母口径不一致

C. 没有利用净现金流量　　D. 计算较简单，易于理解

任务实施

1. 给出任务。

阳光公司计划进行某项投资活动，有关资料：原始投资 210 万元，其中，固定资产投资 120 万元（固定资产投资为借入款，年利率为 10%），无形资产投资 25 万元，流动资产投资 65 万元，全部资产于建设起点一次投入。该项目建设期 2 年，经营期 5 年，到期残值收入为 8 万元，无形资产自投产年份起按直线法分 5 年摊销完毕。该项目投产后，预计年营业收入为 170 万元，年付现经营成本为 80 万元，在经营期结束时偿还借款本金。该企业按直线法折旧，全部流动资金于终结点一次回收，所得税税率为 25%，资本成本为 10%。计算该方案的净现值、净现值率、现值指数和内含报酬率。

2. 确定项目计算期。

3. 计算基础指标。

（1）固定资产原始价值。

（2）年折旧额。

4. 分析各期现金流量。

（1）项目原始总投资。

（2）各营业期现金净流量。

（3）终结点现金净流量。

5. 计算项目的净现值、净现值率、现值指数和内含报酬率。

6. 分别用净现值、净现值率、现值指数和内含报酬率来评价方案是否可行。

任务四 项目投资评价方法的应用

任务介绍

企业在生产经营中经常会有特定项目投资的发生，比如固定资产更新决策、大型投资项目决策等，作为企业的财务管理人员，在熟练掌握投资评价基本方法的基础上，更要熟悉特定项目投资可行性的评价。

基本知识

一、单一项目投资的财务可行性分析

在只有一个项目投资可供选择的情况下，需要利用评价指标考查该独立项目是否具有财务可行性，从而作出接受或拒绝该项目的决策。当有关正指标大于或等于某些特定数值或反指标小于特定数值时，则该项目具有财务可行性；反之，则不具有财务可行性。

（一）单一项目投资具备财务可行性的条件

如果某一项目投资的评价指标同时满足以下条件，则可以断定该项目投资无论从哪个方面看都具备财务可行性，应当接受此投资方案。这些条件是：

（1）净现值 $NPV \geq 0$。

（2）净现值率 $NPVR \geq 0$。

（3）现值指数 $PI \geqslant 1$。

（4）内含报酬率 $IRR \geqslant i$（i 为资金成本或行业基准投资利润率）。

（5）投资回收期低于标准投资回收期，即 $P < P_0$（其中 P_0 为标准投资回收期）。

（6）投资利润率 $ROI \geqslant i$。

如果某一投资项目的评价指标同时不满足上述条件，即同时发生以下情况：$NPV < 0$，$NPVR < 0$，$PI < 1$，$IRR < i$，$P > P_0$，$ROI < i$ 就可以断定该投资项目无论从哪个方面看都不具备财务可行性。毫无疑问，此时应当放弃该投资项目。

（二）辅助指标与主要指标评价结论发生矛盾时的处理办法

当静态投资回收期（次要指标）或投资利润率（辅助指标）的评价结论与净现值等主要指标的评价结论发生矛盾时，应当以主要指标的结论为准。

如果在评价过程中发现某项目的主要指标 $NPV \geqslant 0$，$NPVR \geqslant 0$，$PI \geqslant 1$，$IRR \geqslant i$，但次要或辅助指标 $P > P_0$ 或 $ROI < i$，则可断定该项目基本上具有财务可行性；相反，如果出现 $NPV < 0$，$NPVR < 0$，$PI < 1$，$IRR < i$ 的情况，即使 $P < P_0$ 或 $ROI \geqslant i$，也可基本断定该项目不具有财务可行性。

例题解析 5－16

已知某固定资产投资项目的原始投资为 100 万元，项目计算期为 11 年（其中生产经营期为 10 年），行业基准投资利润率为 9.5%，行业标准投资回收期为 3 年。有关投资决策评价指标分别为：$ROI = 10\%$，$P = 5$ 年，$NPV = 16.2648$ 万元，$NPVR = 17.04\%$，$PI = 1.1704$，$IRR = 12.73\%$。

依题意：

$$ROI = 10\% > 9.5\%, P = 5 \text{ 年} > 3 \text{ 年}$$

$$NPV = 16.2648 \text{ 万元} > 0, NPVR = 17.04\% > 0$$

$$PI = 1.1704 > 1, IRR = 12.73\% > 10\%$$

计算表明该方案各项主要评价指标均达到或超过相应标准，所以它具有财务可行性，只是投资回收期较长，超过了行业标准投资回收期，有一定风险。如果条件允许，可实施投资。

练习与思考

1. 判断题：在评价项目投资的财务可行性时，如果静态投资回收期或投资收益率的评价结论与净现值指标的评价结论发生矛盾，应当以净现值指标的结论为准。（　　）

2. 在单一方案决策过程中，与净现值评价结论可能发生矛盾的评价指标是（　　）。

A. 净现值率　　B. 投资利润率

C. 投资回收期　　D. 内含报酬率

3. 在一般投资项目中，当一项投资方案的净现值等于零时，即表明（　　）。

A. 该方案的获利指数等于 1

B. 该方案不具备财务可行性

C. 该方案的净现值率大于零

D. 该方案的内部收益率等于设定折现率或行业基准收益率

二、多个互斥项目的比较与优选

企业在进行项目投资决策时，常常会碰到多个可供选择的投资项目，企业必须从中选择一个项目的情况，这就是互斥项目的投资决策问题。投资决策中的互斥项目决策是指在决策时涉及多个相互排斥、不能同时并存的投资方案。互斥方案决策过程就是在每一个入选方案已具备财务可行性的前提下，利用具体决策方法比较各个方案的优劣，利用评价指标从各个备选方案中最终选出一个最优方案的过程。

互斥方案决策的方法主要有净现值法、净现值率法、差额投资内含报酬率法和年等额净回收额法等。

（一）净现值法和净现值率法

净现值法主要适用于那些原始投资额相同且项目计算期相等的多方案比较决策，即可以选择净现值大的方案作为最优方案。

净现值率法主要适用于那些原始投资额不相同，而项目计算期相等的多方案比较决策，即可以选择净现值率大的方案作为最优方案。

由于这些方法的应用在前面已经介绍过了，所以在此不再赘述。

（二）差额投资内含报酬率法和年等额净回收额法

这两种方法主要适用于原始投资不相同的多项目比较，后者尤其适用于项目计算期不同的多项目比较决策。

1. 差额投资内含报酬率法

所谓差额投资内含报酬率法，是指在计算出两个原始投资额不相等的投资项目的差量现金净流量的基础上，计算出差额内含报酬率，并据以判断这两个投资项目孰优孰劣的方法。采用此法时，当差额内含报酬率指标大于或等于基准收益率或设定贴现率时，原始投资额大的项目较优；反之，则投资少的项目为优。

差额内含报酬率与内含报酬率的计算过程一样，只是所依据的是差量现金净流量。该方法还经常被用于更新改造项目的投资决策中。当该项目的差额内含报酬率指标大于或等于基准收益率或设定贴现率时，应当进行更新改造；反之，就不应当进行更新改造。

例题解析 5－17

某企业有两个可供选择的投资项目的差量净现金流量，如表 5－4 所示。

表 5－4　投资项目差量净现金流量表

单位：万元

项目	0	1	2	3	4	5
甲项目的现金净流量	－200	128.23	128.23	128.23	128.23	128.23
乙项目的现金净流量	－100	101.53	101.53	101.53	101.53	101.53
差量净现金流量 ΔNCF_t	－100	26.70	26.70	26.70	26.70	26.70

要求就以下两种不相关情况选择投资项目：

（1）该企业的行业基准贴现率 i 为 8%。

（2）该企业的行业基准贴现率 i 为 12%。

根据所给资料可知，差量现金净流量（甲项目的现金净流量－乙项目的现金净流量）

如下：

$$\Delta NCF_0 = -100(\text{万元}) \quad \Delta NCF_{1\sim5} = 26.70(\text{万元})$$

$$26.70 \times (P/A,\Delta IRR,5) = 100$$

$$(P/A,\Delta IRR,5) = \frac{100}{26.70} = 3.745$$

用试误法可求得，甲、乙两方案的差量内含报酬率 $\Delta IRR = 10.49\%$。

在第（1）种情况下，由于差量内含报酬率大于8%，所以应该选择甲项目。

在第（2）种情况下，由于差量内含报酬率小于12%，所以应该选择乙项目。

2. 年等额净回收额法

所谓年等额净回收额法是指根据所有投资项目的年等额净回收额指标的大小来选择最优项目的一种投资决策方法。某一方案年等额净回收额等于该方案净现值与相关年金现值系数的比值。若某方案净现值为 NPV，设定折现率或基准收益率为 i，项目计算期为 n，则年等额净回收额可按下式计算：

$$A = \frac{NPV}{(P/A,i,n)}$$

式中，A——该项目的年等额净回收额；（P/A，i，n）为 n 年、折现率为 i 的年金现值系数。

采用年等额净回收额的方法是在所有投资项目中，以年等额净回收额最大的项目为优。

例题解析 5－18

红光公司拟投资新建一条生产线。现有三个方案可供选择：甲方案的原始投资为200万元，项目计算期为5年，净现值为120万元；乙方案的原始投资为150万元，项目计算期为6年，净现值为110万元；丙方案的原始投资为300万元，项目计算期为8年，净现值为－1.25万元。行业基准折现率为10%。按年等额净回收额法进行决策分析如下：

因为甲方案和乙方案的净现值均大于零，所以这两个方案具有财务可行性。丙方案的净现值小于零，所以该方案不具有财务可行性，只需对甲、乙两方案进行评价即可。

$$\text{甲方案的年等额净回收额} = \frac{120}{(P/A,10\%,5)} = 31.65(\text{万元})$$

$$\text{乙方案的年等额净回收额} = \frac{110}{(P/A,10\%,6)} = 25.26(\text{万元})$$

因为31.65＞25.26，显然甲方案优于乙方案。

三、固定资产更新决策

固定资产更新是对技术上或经济上不宜继续使用的旧资产，用新的资产更换，或用先进的技术对原有设备进行局部改造。固定资产更新决策主要研究两个问题：一个是决定是否更新，即继续使用旧资产还是更换新资产；另一个是决定选择什么样的资产来更新。实际上这两个问题是结合在一起考虑的，如果市场上没有比现有设备更合适使用的设备，那么就继续使用旧设备。

（一）固定资产更新决策的现金流量分析

更新决策不同于一般的决策。一般说来，设备更换并不改变企业的生产能力，不增加企业的现金流入。更新决策的现金流量主要是现金流出，即使有少量的残值变价收入，也属于支出抵减，而非实质上的流入增加。由于只有现金流出，而没有现金流入，就给采用贴现现金流量分析带来了困难。

例题解析 5-19

红星公司有一旧设备，工程技术人员提出更新要求，有关数据如表 5-5 所示。

表 5-5　更新决策相关数据

金额单位：元

项目	旧设备	新设备
原值	2 200	2 400
预计使用年限/年	10	10
已使用年限/年	4	0
最终残值	200	300
变现价值	600	2 400
年运行成本	700	400

假设该企业要求的最低投资报酬率为 15%，继续使用与更新的现金流量见图 5-4。

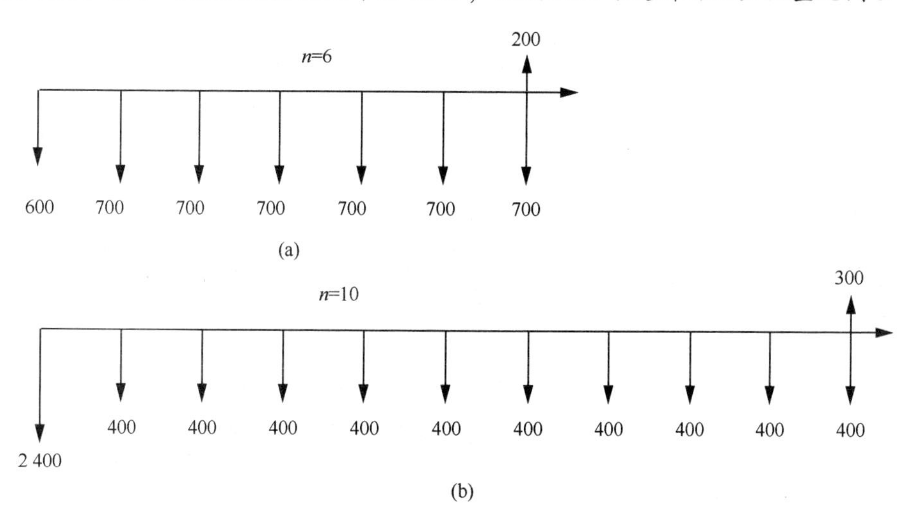

图 5-4　继续使用与购买新设备的现金流量

（a）继续使用旧设备；（b）购买新设备

我们可以将固定资产更新项目决策视为两个方案：继续使用旧设备方案和购买新设备的方案。图 5-4 表示了两个方案的现金流量。由于没有适当的现金流入，无论哪个方案都不能计算其净现值和内含报酬率。

（二）固定资产的平均年成本

固定资产的平均年成本是指该资产引起的现金流出的年平均值。若不考虑时间价值，它是未来使用年限内现金流出总额与使用年限的比值。若考虑时间价值，它是未来使用年限内现金流出总现值与年金现值系数的比值，即平均每年的现金流出。

平均年成本法把继续使用旧设备和购置新设备看成是两个互斥方案，并且假定将来设备再更换时可以按原来的平均年成本找到可代替的设备。

1. 不考虑时间价值

例题解析 5－20

承接案例 5－19，不考虑时间价值时：

$$\text{旧设备平均年成本}=\frac{600+700\times 6-200}{6}=\frac{4\ 600}{6}=767(\text{元})$$

$$\text{新设备平均年成本}=\frac{2\ 400+400\times 10-300}{10}=\frac{6\ 100}{10}=610(\text{元})$$

2. 考虑时间价值（暂不考虑所得税的影响）

如果考虑时间价值，有两种计算方法：

（1）计算现金流出总现值，然后分摊给每一年。

$$\text{旧设备平均年成本}=\frac{600+700\times(P/A,15\%,6)-200\times(P/S,15\%,6)}{(P/A,15\%,6)}$$
$$=836(\text{元})$$

$$\text{新设备平均年成本}=\frac{2\ 400+400\times(P/A,15\%,10)-300\times(P/S,15\%,10)}{(P/A,15\%,10)}$$
$$=863(\text{元})$$

（2）由于各年已经有相等的运行成本，只要将原始投资额和残值摊销到每年，然后求和，亦可得到每年平均的现金流出量。

$$\text{旧设备平均年成本}=\frac{600}{(P/A,15\%,6)}+700-\frac{200}{(S/A,15\%,6)}=\frac{600}{3.784}+700-\frac{200}{8.753}$$
$$=836(\text{元})$$

$$\text{新设备平均年成本}=\frac{2\ 400}{(P/A,15\%,10)}+400-\frac{300}{(S/A,15\%,10)}$$
$$=\frac{2\ 400}{5.019}+400-\frac{300}{20.303}$$
$$=863(\text{元})$$

若两个方案未来使用年限相同，则比较两个方案现金流出的总现值，则不必计算平均年成本，这种方法也可称为“总成本法”。若两个方案未来使用年限不同，则比较两个方案的平均年成本。

（三）固定资产更新决策的应用

例题解析 5－21

红光公司有一台设备购于 3 年前，现在考虑是否需要更新。该公司所得税税率为 25%，其他有关资料见表 5－6。

表 5－6　公司有关资料

金额单位：元

项目	旧设备	新设备
原价	60 000	50 000
税法规定残值（10%）	6 000	5 000
税法规定使用年限/年	7	4
已用年限/年	3	0

续表

项目	旧设备	新设备
尚可使用年限/年	4	4
每年操作成本	8 600	5 000
两年年末大修支出	28 000	
最终报废残值	7 000	10 000
目前变现价值	10 000	
每年折旧额：	（直线法）	（年数总和法）
第一年	9 000	18 000
第二年	9 000	13 500
第三年	9 000	9 000
第四年	0	4 500

假设两台设备的生产能力相同，并且未来可使用年限相同，因此，可通过比较其现金流出总现值判断方案的优劣。计算过程如表5-7所示。

表5-7 计算过程（带括号的数表示现金流出）

项目	现金流量/元	时间/年次	系数（10%）	现值/元
继续用旧设备：				
旧设备变现价值	（10 000）	0	1	（10 000）
旧设备变现损失减税	（10 000-33 000）×0.25=（5 750）	0	1	（5 750）
每年付现操作成本	8 600×（1-0.25）=（6 450）	1~4	3.17	（20 446.5）
每年折旧抵税	9 000×0.25=2 250	1~3	2.487	5 595.75
两年年末大修成本	28 000×（1-0.25）=（21 000）	2	0.826	（17 346）
残值变现收入	7 000	4	0.683	4 781
残值变现净收入纳税	（7 000-6 000）×0.25=（250）	4	0.683	（170.75）
合计				（43 336.5）
更换新设备：				
设备投资	（50 000）	0	1	（50 000）
每年付现操作成本	5 000×（1-0.25）=（3 750）	1~4	3.17	（11 887.5）
每年折旧抵税：				
第一年	18 000×0.25=4 500	1	0.909	4 090.5
第二年	13 500×0.25=3 375	2	0.826	2 787.75
第三年	9 000×0.25=2 250	3	0.751	1 689.75
第四年	4 500×0.25=1 125	4	0.683	768.375
残值收入	10 000	4	0.683	6 830
残值净收入纳税	（10 000-5 000）×0.25=（1 250）	4	0.683	（853.75）
合计				（46 574.875）

从表5－7可知更换新设备的现金流出总现值比继续用旧设备的现金流出总现值要多出3 238.38元，因此继续用旧设备好。

在本例中旧设备使用过程中出现大修支出，对于该支出的处理有两种情况，企业应根据税法实际规定选择处理：

（1）费用化支出。按照税后付现成本处理，将税后支出的金额列作现金流出。本例中假定按照费用化支出处理的。

（2）资本化支出。在发生时点，全额列作现金流出，各年摊销或计提折旧时，将折旧摊销抵税（即折旧摊销额乘以税率）列作现金流入。本例中如果按照资本化支出处理，则在两年年末发生修理时全额列作现金支出，在以后两年中每年摊销修理费14 000元时，要将这14 000元的非付现成本抵税（14 000×0.25）作为现金流入考虑。

在分析固定资产更新决策相关现金流量时，应遵循以下步骤：

1. 继续使用旧设备方案

（1）初始现金流量（机会成本）

＝－［设备变现价值－（设备变现价值－账面价值）×所得税税率］

（2）各期营业现金流量，通常运用式（5－3）来计算。

（3）终结点现金流量

＝会计规定的残值－（会计规定的残值－账面价值）×所得税税率

其中，会计规定的残值即为最终报废时的变现价值，账面价值即为税法规定的残值。

2. 更换新设备方案

（1）初始现金流量

＝货币性资本支出＋非货币资源的变现价值＋垫支的营运资本

（2）各期营业现金流量，通常运用式（5－3）来计算。

（3）终结点现金流量

＝会计规定的残值－（会计规定的残值－账面价值）×所得税税率＋收回垫支的营运资本

练习与思考

1. 案例5－21中的新旧设备如果未来使用年限不相同，则应如何评价？

2. 某项目需要利用企业的旧设备，已知旧设备的账面价值为1 000万元，变现价值800万元，所得税税率为25%。则由此产生的现金流出为多少万元？

任务实施

1. 给出任务。

A公司正面临设备的选择决策。它可以购买8台甲型设备，每台价格8 000元。甲型设备将于第4年年末更换，预计无残值收入。另一个选择是购买10台乙型设备来完成同样的工作，每台价格5 000元。乙型设备需于3年后更换，在第3年年末预计有500元/台的残值变现收入。

该公司此项投资的机会成本率为10%，所得税税率为25%（假设该公司将一直盈利），税法规定的该类设备折旧年限为3年，残值率为10%；预计选定设备型号后，公司将长期使用该种设备，更新时不会随意改变设备型号，以便与其他作业环节协调。

要求：分别计算采用甲、乙设备的平均年成本，并据此判断应购买哪一种设备。

2. 分析任务所涉及的相关因素。

(1) 准备基础数据（年折旧额）。

(2) 分析甲、乙两设备的相关现金流量。

① 初始投资。

② 各期营业现金流量。

③ 终结点现金流量。

(3) 选择合适的现值系数。

(4) 计算两个方案的平均年成本。

3. 根据计算结果进行决策

实操训练

一、单项选择题

1. 下列不属于项目投资相关成本的是（　　）。

A. 机会成本　　B. 未来成本

C. 账面成本　　D. 差额成本

2. 当贴现率为10%时，某项目的净现值为500元，则说明该项目的内含报酬率(　　)。

A. 高于10%　　B. 等于10%

C. 低于10%　　D. 无法确定

3. 在进行是继续使用旧设备还是购置新设备决策时，如果这两个方案的未来使用年限不同，且只有现金流出，没有适当的现金流入。则最合适的评价方法是（　　）。

A. 比较两个方案总成本的高低　　B. 比较两个方案净现值的大小

C. 比较两个方案内含报酬率的大小　　D. 比较两个方案平均年成本的高低

4. 某一投资项目，当贴现率为16%时，其净现值为30万元；当贴现率为18%时，其净现值为 -20万元。该方案的内含报酬率为（　　）。

A. 17.2%　　B. 14.8%

C. 17.88%　　D. 18.14%

5. 某投资项目年营业收入为180万元，年付现成本为60万元，年折旧额为40万元，所得税税率为25%，则该项目年经营净现金流量为（　　）万元。

A. 81.8　　B. 100

C. 82.4　　D. 76.4

二、多项选择题

1. 下列说法正确的是（　　）。

A. 贴现指标指的是考虑时间价值因素的指标

B. 净现值等于未来现金流入现值减去未来现金流出现值的差额

C. 如果按照预定的折现率计算的净现值为负数，则说明该项目的内含报酬率高于预定的折现率

D. 如果净现值大于零，则现值指数一定大于1

2. 计算企业现金流量时，每年现金净流量可按下列公式来计算（　　）。

A. NCF = 净利 + 非付现成本 + 所得税

B. NCF = 净利 + 非付现成本 - 所得税

C. NCF = 营业收入 − 付现成本 − 所得税

D. NCF = 净利 + 非付现成本

3. 下列有关项目投资决策评价方法的表述正确的是（　　）。

A. 现值指数法可以进行独立投资机会获利能力的比较

B. 现值指数反映的是投资的效率，净现值反映的是投资的效益

C. 内含报酬率一般按照逐步测试法计算，与设定的折现率有关

D. 内含报酬率是方案本身的投资报酬率

4. 采用固定资产平均年成本法进行设备更新决策时主要原因是（　　）。

A. 使用新旧设备给企业带来的年收入不同

B. 使用新旧设备给企业带来的年成本不同

C. 新旧设备使用年限不同

D. 使用新旧设备给企业带来的年收入相同

5. 已知甲乙两个互斥方案的原始投资额和计算期均相同，如果决策结论是无论从什么角度看，甲方案均优于乙方案，则必然存在的关系是（　　）。

A. 甲方案的净现值大于乙方案

B. 甲方案的现值指数大于乙方案

C. 甲方案的静态投资回收期大于乙方案

D. 差额投资内含报酬率大于设定的贴现率

三、计算题

1. 新兴公司对一投资项目的分析与评价资料如下：该投资项目适用的所得税率为25%，年税后营业收入为750万元，税后付现成本为375万元，税后净利润为225万元。那么，该项目年营业现金流量为多少？

2. 某公司拟用新设备取代已使用3年的旧设备。旧设备原价10 000元，税法规定该类设备应采用直线法计提折旧，折旧年限6年，残值为原值的10%，当前估计尚可使用5年，每年操作成本2 500元，预计最终残值1 800元，目前变现价值为8 000元；购置新设备需花费13 750元，预计可使用6年，每年操作成本850元，预计最终残值为2 500元，税法规定新设备应采用直线法法计提折旧，折旧年限6年，残值为原价的10%。该公司预期报酬率为12%，所得税率为25%。

要求：进行是否应该更换设备的分析决策。

四、案例分析

新华公司是一个历史悠久的钢铁生产企业，生产规模较大，产品产销两旺，公司发展前景非常乐观。2017年元旦过后的第一个工作日，公司经理召开第一次会议，动员全体职工及积极行动起来，充分挖掘内部潜力，大搞技术革命，并号召大家献计献策，为完成全年生产任务努力工作。

在会上，经理介绍了当年的销售形势，认为形势大好，对公司非常有利。根据市场调查资料测算，市场需求的趋势使公司每年的销售量有所增加，预计当年钢铁销售量可达480 000吨，比上年增加20%；如果公司能在较短时间增加固定资产投入，尽快形成生产能力，能为公司创造可观的经济效益。

同时，经理根据市场需求量，结合自身实际，又做了进一步分析。他说，虽然市场对我

们有利，但也必须清楚自身的实际生产能力，量力而行。如果确实可行，就应该马上行动。公司现在的具体情况如下。

① 现有生产设备 10 台，其中冷轧机 4 台，热轧机 6 台。每台设备的台班产量均为 40 吨，每天开工三班，全年计划设备检修 15 天。

② 如果按市场订单组织生产，计划年度冷轧机应生产钢材 280 000 吨，热轧机应生产钢材 200 000 吨。

③ 公司通过内部挖潜，充分利用原有旧设备，还可修复一台冷轧机，大约需要修理费用 58 000 元。

④ 现有市场价格是每台热轧机 230 850 元，每台冷轧机 180 500 元。

⑤ 公司劳动力充足。

⑥ 如果公司需要新增生产能力，其投资所需资金，公司能够通过合理的渠道加以解决。

最后，经理说，情况就是这样，大家商量商量，如果以销定产的计划可行，就请有关部门制订计划，测算一下新增设备的投资额。

根据上述资料，请分析讨论以下问题：

（1）根据新华公司的 2017 年计划生产任务和现有生产设备，分析、计算生产能力是否充足。

（2）根据生产设备余缺情况，测算新增投资设备额。

（3）根据案情资料，综合测算新华公司新增生产能力投资额。

项目六

证券投资管理

知识目标

1. 了解债券价值与到期收益率；
2. 理解股票价值与股票预期收益率。

技能目标

1. 能够掌握债券投资的收益评价和风险分析的基本技能；
2. 掌握股票估价的基本技能；
3. 掌握证券投资组合的收益与风险的确定方法；
4. 熟练应用证券投资组合策略与方法进行证券组合和选择。

案例导入

天宝集团证券投资案例

天宝集团有限公司是一家经济实力非常雄厚的大型家电生产企业。多年来，其产品始终比较畅销，在国内外市场上有较高的市场占有率，因此公司效益逐年上升。但面对激烈的市场竞争，公司领导居安思危，已不仅仅满足于从企业内部生产经营上获得收益，而把眼光放到了企业外部，即把对外投资作为企业获得收益的另一条重要渠道。

2017 年年初，经研究，公司决定用上年未分配利润中的 3 000 万元进行对外投资，要求财务部门正确选择投资对象，同时注意投资风险，力争取得较好的投资收益。

接到任务后，财务部开展了广泛的市场调查、分析，形成了可供公司选择的投资对象的有关资料。

（1）国家发行 5 年期记账式国债，年利率为 2.83%，每年付息一次。

（2）通达汽车集团发行 5 年期重点企业债券，票面利率为 5%，每年付息一次。

（3）一本钢铁集团有限公司发行 7 年期重点企业债券，票面利率为 6%，每半年付息一次。

（4）X 股票，该中期预测每股收益 0.42 元，股票市价 14.60 元/股。总股本 30 650 万股，流通股 22 880 万股。该公司主营：家用空调器，电风扇等。公司经营业绩较好且稳定。2014 年至 2016 年每股收益分别为 1.20 元、0.68 元和 0.78 元，净资产收益率分别为 22.5%、21.8%和 21.2%。

（5）Y股票，中期预测每股收益0.40元，股票市价10.5元/股。总股本18 280万股，流通股9 200万股，该公司主营：水泥及其制品，公司财务状况十分稳健，业绩良好。2014年至2016年每股收益分别为0.65元、0.68元和0.75元，净资产收益率分别为17.8%、18.5%和20.6%。

思考题：

1. 天宝公司进行的投资对象，与项目五的投资对象有何区别？

2. 如果你是公司财务经理或财务顾问，你将如何为公司进行投资决策。

任务一　熟悉证券投资的背景知识

任务介绍

证券投资是当今社会投资理财的主要方式之一，企业为了获取收益或者为了获得相关企业的控制权，都会发生证券投资行为。因此，作为企业的财务管理人员，掌握必要的证券投资基本知识，是必须具备的技能。

基本知识

一、什么是证券投资

（一）证券的概念

证券是各类财产所有权或债权凭证的通称，是指具有一定票面金额并能给其持有者带来一定收益的财产所有权凭证或债权凭证，如股票、债券、基金证券、票据、提单、保险单、存款单等。凡根据一国政府有关法规发行的证券都具有法律效力。证券主要具备两个基本特征：一是法律特征，即它反映的法律行为和它所包含的特定内容具有法律效力；二是书面特征，即必须采取书面形式或与书面形式有同等效力的形式，并且必须按照特定的格式进行书写或制作，载明有关法规规定的全部必要事项。

（二）证券的种类

根据不同的标准，证券可以进行以下四种分类：

1. 按证券的经济性质，可分为股票、债券和其他证券三种

① 股票是指股份有限公司依照公司法的规定，为筹集公司资本而签发的证明股东所持股份的凭证。

② 债券是发行人依照法定程序发行的约定在一定期限还本付息的有价证券。

③ 其他证券是指基金证券以及在股票、债券等基础上衍生出来的金融工具，如股票期货、股票期权、债券期货和债券期权等等。

2. 按证券发行主体的不同，可分为公司证券、金融证券和政府证券三种

① 公司证券是指公司、企业等经济法人为筹集投资资金或与筹集投资资金直接相关的行为而发行的证券，主要包括公司股票、公司债券、优先认股权证和认股证书等。

② 金融证券是指银行、保险公司、信用社、投资公司等金融机构为筹集经营资金而发

行的证券，主要包括金融机构股票、金融债券、定期存款单、可转让大额存款单和其他储蓄证券等。

③ 政府证券是指政府财政部门或其他代理机构为筹集资金，以政府名义发行的证券。从形式上分，政府证券主要包括国库券和公债券两大类。国库券一般由财政部门发行。公债是指为筹集建设资金而发行的一种债券。

政府证券的风险小但收益低，而公司证券收益高同时承担的风险也大。

3. 按证券是否在证券交易所挂牌上市交易，可分为上市证券和非上市证券两种

① 上市证券又称挂牌证券，是指经证券主管机关核准，并在证券交易所注册登记，获得在交易所内公开买卖资格的证券。为了保护投资者的利益，证券交易所对申请上市的证券都有一定的要求。当上市公司发行的股票或债券不能满足证券交易所关于证券上市的条件时，交易所有权取消该公司证券挂牌上市的资格。

② 非上市证券也称非挂牌证券，是指未申请上市或不符合证券交易所挂牌交易条件的证券。非上市证券不允许在证券交易所内交易，但可以在其他证券交易市场交易。一般来说，非上市证券的种类比上市证券的种类要多。在非上市证券中，有些是规模大且信誉好的商业银行和保险公司，它们为了免去每年向证券交易所付费及呈送财务报表等，即使符合证券交易所规定的条件，也不愿意在交易所注册上市。

4. 按证券收益是否固定，可分为固定收益证券和变动收益证券两种

① 固定收益证券是指持券人可以在特定的时间内取得固定的收益并预先知道取得收益的数量和时间，固定利率债券和优先股股票即属此类证券。

② 变动收益证券是指因客观条件的变化其收益也随之变化的证券。

固定收益证券风险小，但报酬不高；变动收益证券风险大，但报酬较高。

另外，依据证券上是否记载面值，可分为有面值证券和无面值证券两种；依持券人的姓名是否记载在证券上，可分为记名证券和不记名证券两种；依发行人发行证券时是否向证券购买者提供担保，可分为担保证券和无担保证券两种等等。

（三）证券投资的概念

证券投资又称间接投资，是指投资者将资金投资于股票、债券、基金及衍生证券等资产，从而获得收益的一种投资行为。

（四）证券投资的种类

证券投资按照其投资对象的不同，主要可以分为以下四种：

1. 债券投资

债券投资是指企业将资金投入各种债券，如国债、公司债和短期融资券等。相对于股票投资来说，债券投资一般风险较小，能获得稳定收益，但要注意投资对象的信用等级。

2. 股票投资

股票投资是指企业以购买其他企业发行的股票作为投资，如普通股、优先股股票。股票投资风险较大，收益也相对较高。

3. 基金投资

基金就是许多投资者将资金汇集，然后由基金公司的专业人员负责管理，用来投资于多家公司的股票或者债券。基金投资由于由专家经营管理，风险相对较小，越来越受广大投资者的青睐。

4. 证券组合投资

证券组合投资是指企业将资金同时投放于债券、股票等多种证券，这样可分散证券的投资风险。组合投资是企业证券投资的常用投资方式，这是因为可以通过分散投资降低风险。

练习与思考

1. 按照证券的经济性质可将证券分为（　　）。

A. 凭证证券和有价证券　　B. 所有权证券和债权证券

C. 原生证券和衍生证券　　D. 固定收益证券和变动收益证券

2. 请比较债券投资、股票投资、基金投资的风险和收益。

二、证券投资的目的

企业进行证券投资的目的主要有以下五个方面：

（1）暂时存放闲置资金。证券投资在多数情况下都是出于预防动机，以替代较大量的非盈利的现金余额。

（2）与筹集长期资金相配合。处于成长期或扩张期的公司一般每隔一段时间就会发行长期证券，所获得的资金往往不会一次用完，企业可将暂时闲置的资金投资于有价证券，以获得一定的收益。

（3）满足未来的财务需求。企业根据未来对资金的需求，可以将现金投资于期限和流动性较为恰当的证券，在满足未来需求的同时获得证券带来的收益。

（4）满足季节性经营对现金的需求。从事季节性经营的公司，在资金有剩余的季节可以投资证券，而在资金短缺的季节将证券变现。

（5）获得相关企业的控制权。通过购入相关企业的股票可实现对该企业的控制。

练习与思考

间接投资与直接投资的对象及目的有何不同？

三、证券投资的风险和收益

（一）证券投资的风险

证券投资风险按风险性质分为系统风险和非系统风险。

1. 系统风险

系统风险也称为不可分散风险或市场风险，是由于外部经济环境因素变化引起整个金融市场不确定性加强，从而对市场上所有证券都产生影响的共同性风险。如宏观经济状况的变化、国家税法的变化、国家财政政策和货币的变化、世界能源状况的改变等都会使股票收益发生变动。系统风险主要包括以下三种：

（1）利息率风险。由于利息率的变动而引起金融资产价格波动，投资人遭受损失的风险，叫做利息率风险。证券的价格，将随利息率的变动而变动，一般而言，银行利率下降，则证券价格上升；银行利率上升，则证券价格下降。不同期限的证券，利息率风险不一样，期限越长，风险也越大。

（2）再投资风险。再投资风险是指由于市场利率下降而造成的无法再投资而实现预期收益的风险。根据流动性偏好理论，长期投资的收益率应当高于短期利率。为了避免市场利率变动的利息率风险，投资者可能会投资短期证券，但短期证券又会面临市场利率下降的再投资风险，即无法按预期收益率进行再投资而实现所要求的预期收益。

（3）购买力风险。由于通货膨胀而使证券到期或出售时所获得的货币的购买力降低的风险，称为购买力风险。在通货膨胀时期，购买力风险对投资者有重大影响。一般而言，随着通货膨胀的发生，变动收益的证券比固定收益的证券更好。因此，普通股票被认为比公司债券和其他有固定收入的证券能更好地避免购买力风险。

2. 非系统风险

非系统风险也称为可分散风险，是由于特定经营环境或特定事件变化引起的不确定性，从而对个别证券产生影响的特定性风险，如某公司工人发生罢工、新产品研发失败等。非系流风险主要包括以下三种：

（1）违约风险。证券发行人无法按期支付利息或偿还本金的风险，称为违约风险。一般而言，政府发行的证券违约风险小，金融机构发行的证券次之，工商企业发行的证券风险最大。

（2）流动性风险。在投资人想出售持有的证券获取现金时，证券不能立即出售的风险，叫做流动性风险。一种能在较短期内按市价大量出售的资产是流动性较高的资产，这种资产的流动性风险较低；反之，如果一种资产不能在短时间内按市价大量出售，则属于流动性较低的资产，这种资产的流动性风险较大。通常认为国库券的流动性风险小。

（3）破产风险。破产风险是在证券发行者破产清算时，投资者无法收回应得权益的风险。当证券发行者由于经营管理不善而持续亏损，现金周转不畅而无力清偿债务或因其他原因导致难以持续经营时，可能会申请破产保护。破产保护会导致债务清偿的豁免，使得投资者无法取得应得的投资收益，甚至无法收回投资的本金。

（二）证券投资的收益

从投资人的角度看，投资者的收益是让渡一定资产使用权获得的报酬。证券投资收益包括证券交易现价与原价的价差以及定期的股利或利息收益。收益的高低是影响证券投资的主要因素。证券投资的收益有绝对数和相对数两种表示方法，在财务管理中通常用相对数，即收益率来表示。

例题解析6－1

一家公司的新产品研发失败及公司失去重要的合同等事件所造成的风险是系统风险还是非系统风险？

这是一种非系统风险。是由于公司特定经营环境或特定事件变化引起的不确定性，只对特定公司证券产生影响，而不是对市场上所有证券都产生影响的共同风险。

练习与思考

1. 在战争、经济衰退、销售决策失误和原材料价格发生变化等因素中，哪些因素可能造成系统风险？

2. 请判断对错：非系统风险与资本市场无关，市场不会对它给予任何价格补偿，就像

商品市场只承认社会必要劳动时间，而不承认个别劳动时间一样。（　）

3. 证券投资的系统风险包括（　）。

A. 流动性风险　　B. 利息率风险

C. 再投资风险　　D. 购买力风险

任务实施

1. 将同学分组。
2. 以组为单位请同学们课下搜集“股神”巴菲特进行股票投资方面的资料。
3. 将搜集的资料进行整理，总结“股神”巴菲特投资获利的诀窍。
4. 下次上课时，请每组同学选派代表，谈一谈巴菲特的投资秘诀给你带来的启示。

任务二　债券投资

任务介绍

作为企业财务管理人员，必须具备债券投资的基本技能，即债券投资的收益评价和风险分析技能。

基本知识

债券是发行者为筹集资金，向债权人发行的，在约定时间支付一定比例的利息，并在到期时偿还本金的一种有价证券。

一、债券估价涉及的相关概念

（一）债券面值

债券面值，是指设定的票面金额，它代表发行人借入并且承诺于未来某一特定日期偿付给债券持有人的金额。债券发行可能有折价发行或者溢价发行，但不管哪种发行方式，到期日均需按照面值偿付给持有人这一金额。因此，面值构成持有人未来的现金流入。

（二）票面利率

票面利率，是指债券发行者预计一年内向投资者支付的利息占票面金额的比率。

一年复利多次的票面利率称为名义利率，一年复利一次的票面利率称为实际利率。因此，债券的票面利率有名义利率和实际利率之分。

（三）必要报酬率（又称等风险投资的必要报酬率，市场利率或折现率）

必要报酬率是指同等风险程度下，投资人要求的最低投资报酬率。

如果等风险投资的必要报酬率为10%，则只有在达到10%的情况下，投资者才会购买该债券。

应当注意，折现率也有实际利率和名义利率之分。凡是利率，都可以分为名义的和实际的。当一年内要复利几次时，给出的年利率是名义利率，名义利率除以年内复利次数得出实际的周期利率。

（四）票面利率与必要报酬率一致性惯例

在计算债券价值时，除非特别指明，票面利率与必要报酬率采用同样的计息规则，包括计息方式（单利或复利）、计息期和利息率性质（名义利率或实际利率）。

例题解析 6－2

甲债券票面利率10%，复利计息，每年支付一次利息；乙债券票面利率10%，复利计息，每半年支付一次。如何理解两种债券的票面利率？

这里，两个债券的票面利率10%，为名义年利率，但甲债券的票面利率为实际年利率，因为甲债券每年支付一次利息，其名义年利率和实际年利率相等；而乙债券的票面利率10%却不是实际年利率，因为乙债券年内计息两次，其实际年利率要大于名义年利率。

$$\text{乙债券实际年利率} = \left(1 + \frac{10\%}{2}\right)^2 - 1 = 10.25\%$$

二、债券的估价

投资者无论投资于公司债还是国债，必须明确债券的内在价值是多少，即应对债券进行估价。

（一）债券的价值

1. 债券价值的含义

债券的价值又称债券的内在价值，是指债券未来现金流入的现值。现金流出是其购买价格，现金流入是利息和归还的本金，或者出售时得到的现金。

2. 债券投资的现金流量

债券作为一种投资，债券投资的现金流出是其购买债券的价格，现金流入主要包括利息收入和到期归还的本金或中途出售时获得的现金。债券未来现金流入的现值，是债券的价值或内在价值。债券价值是债券投资决策时使用的主要指标之一。

3. 债券价值计算的基本模型

典型的债券是固定利率、每年计算并支付利息、到期归还本金。按照这种模式，债券价值计算的基本模型是：

$$V = \sum_{t=1}^{n} \frac{I_t}{(1+i)^t} + \frac{M}{(1+i)^n}$$

式中，V——债券的价值；

I_t——第 t 年的债券利息；

n——现在至债券到期的年限；

i——折现率，一般采用当时的市场利率或投资人要求的最低报酬率；

M——债券的面值。

在进行债券投资时，要比较债券的内在价值和债券的购买价格，当前者大于后者时，才值得购买。

例题解析 6－3

甲公司于 2016 年 5 月 1 日以 1 050 元的价格购买了乙公司于同日发行的面值为 1 000 元、票面利率为 8% 的 5 年期债券。该债券每年的 4 月 30 日计算并支付一次利息，当时的市场利率为 6%。请评价甲公司购买债券的投资行为是否恰当。

$$V = 1\,000 \times 8\% \times (P/A, 6\%, 5) + 1\,000 \times (P/F, 6\%, 5)$$
$$= 80 \times 4.212 + 1\,000 \times 0.747$$
$$= 1\,083.96(\text{元})$$

可见，该债券的价值大于其价格，甲公司购买债券的投资行为可行。

4. 其他模型债券价值的计算

（1）平息债券。平息债券是指利息在到期时间内平均支付的债券。支付的频率可能是一年一次、半年一次或每季度一次等。

平息债券价值的计算公式如下：

平息债券价值 = 未来各期利息的现值 + 面值(或售价) 的现值

如果平息债券一年复利多次，计算价值时，通常的方法是按照周期利率折现，即将年数调整为期数，将年利率调整为周期利率。

例题解析 6－4

有一债券面值为 1 000 元，票面利率为 8%，每半年支付一次利息，5 年到期。假设折现率为 10%。计算该债券的价值。

按惯例，给出的票面利率为按年计算的名义利率，每半年计息时按年利率的 1/2 计算，即按 4% 计息，每次支付 40 元。折现率按同样方法处理，每半年期的折现率按 5% 确定。该债券的价值为：

$$V = 80/2 \times (P/A, 5\%, 10) + 1\,000 \times (P/F, 5\%, 10) = 922.77(\text{元})$$

若该债券的购买价格小于 922.77 元，则可以购买该债券，否则不宜投资。

（2）纯贴现债券。纯贴现债券是指承诺在未来某一确定日期作某一单笔支付的债券。这种债券在到期日前购买人不能得到任何现金支付，因此也称作“零息债券”。

纯贴现债券的价值：

$$V = \frac{F}{(1+i)^n}$$

注：纯贴现债券（零息债券）没有标明利息计算规则的，通常采用（复利、按年计息）的计算规则。

特殊情况：到期一次还本付息债券

在到期日一次还本付息债券，实际上也是一种纯贴现债券，只不过到期日不是按票面额支付而是按本利和作单笔支付。

（3）永久债券。永久债券是指没有到期日，永不停止定期支付利息的债券。优先股实际上也是一种永久债券，如果公司的股利支付没有问题，将会持续地支付固定的优先股息。

永久债券的价值计算公式如下：

$$V = \text{利息额} / \text{必要报酬率}$$

（4）流通债券。流通债券，是指已经发行并在二级市场上流通的债券。

流通债券的特点是：

① 到期时间小于债券发行在外的时间。

② 估价的时点不在计息期期初，可以是任何时点，会产生“非整数计息期”问题。

流通债券的估价方法有两种：

① 以现在为折算时间点，历年现金流量按非整数计息期折现。

② 以最近一次付息时间（或最后一次付息时间）为折算时间点，计算历次现金流量现值，然后将其折算到现在时点。无论哪种方法，都需要用计算器计算非整数期的折现系数。

例题解析6－5

有一面值为1 000元的债券，票面利率为8%，每年支付一次利息，2004年5月1日发行，2019年4月30日到期。现在是2017年4月1日，假设投资的必要报酬率为10%，问该债券的价值是多少？

$$2017\text{年}5\text{月}1\text{日价值} = 80 + 80 \times (P/A,10\%,2) + 1\,000 \times (P/F,10\%,2) = 1\,045.24(\text{元})$$

$$2017\text{年}4\text{月}1\text{日价值} = 1\,045.24 \times (1 + 10\%)^{-1/12} = 1\,037(\text{元})$$

练习与思考

1. 在案例6－3中，若上述债券为到期时一次还本付息，单利计息，其他条件不变，请你分析一下，甲公司应否购入该债券。

2. 某公司准备发行面值为500元的企业债券，年利率为8%，期限为5年。就下列条件分别计算债券的发行价。

（1）每年计息一次，请分别计算市场利率在6%、8%、10%条件下的企业债券发行价。

（2）到期一次还本付息（单利），分别计算市场利率在6%、8%、10%条件下的企业债券发行价。

（二）债券的到期收益率

1. 债券到期收益率的含义

债券的收益水平通常用到期收益率来衡量。到期收益率是指以特定价格购买债券并持有至到期日所能获得的收益率，它是使未来现金流量的现值等于债券购买价格的折现率。

2. 债券到期收益率的计算

计算到期收益率的方法是求解含有折现率的方程。若债券是固定利率、每年计算并支付利息，到期归还本金，则其到期收益率的计算可求解含有未知数 i 的如下方程（与内含报酬率的计算方法相同）：

债券的购买价格 ＝ 每年利息 × 年金现值系数 ＋ 债券面值 × 复利现值系数

$$V = I(P/A,i,n) + M(P/F,i,n)$$

式中，V——债券的购买价格；

I——每年的债券利息；

n——到期的年数；

i——折现率；

M——债券的面值。

求解上述类型债券的到期收益率通常采用“试误法”。

3. 决策原则

当债券的到期收益率≥必要报酬率时，应购买债券；反之，应出售债券。

例题解析6-6

阳光公司于2017年1月1日以1 010元价格购买了A公司于2014年1月1日发行的面值1 000元、票面年利率为10%的5年期债券。该债券于每年年底计算并支付一次利息。请计算该债券的到期收益率。

$$1\ 010 = 1\ 000 \times 10\% \times (P/A,i,2) + 1\ 000 \times (P/F,i,2)$$

求解该方程采用试误法，计算过程如下：

用 $i=8\%$ 去试算：

$$1\ 000 \times 10\% \times (P/A,8\%,2) + 1\ 000 \times (P/F,8\%,2) = 1\ 035.63(\text{元})$$

折现结果大于1 010元，可判断到期收益率大于8%，故应提高折现率。

用 $i=10\%$ 去试算：

$$1\ 000 \times 10\% \times (P/A,10\%,2) + 1\ 000 \times (P/F,10\%,2) = 1\ 000(\text{元})$$

再用插值法：

$$\frac{8\% - i}{8\% - 10\%} = \frac{1\ 035.63 - 1\ 010}{1\ 035.63 - 1\ 000}$$

$$i = 9.44\%$$

如果买价和面值不等，则收益率和票面利率不同。

练习与思考

1. 若上述债券的购买价格为956元，其他条件不变，请计算该债券的到期收益率，并分析溢价购入债券和折价购入债券时，到期收益率与票面利率之间的关系。

2. 胜利公司在2017年1月1日发行5年期债券，面值1 000元，票面利率10%，于每年12月31日付息，到期时一次还本。

要求：

(1) 假定2017年1月1日金融市场无风险利率是9%，该债券的发行价应定为多少？

(2) 假定1年后该债券的市场价格为1 049.06元，该债券于2018年1月1日的到期收益率是多少？

(3) 假设该债券发行4年后该公司被揭露出会计账目有欺诈嫌疑，这一不利消息使得该债券价格在2021年1月1日由开盘的1 018.52元跌至收盘的900元。跌价后该债券的到期收益率是多少（假设能够全部按时收回本息）？

任务实施

1. 给出任务。

昌盛公司现有大量现金，为了避免资金闲置，决定进行证券投资，假设市场利率为12%。昌盛公司面临一项投资机会：购买A债券。A债券面值为1 000元，票面利率为8%，5年期，每期期末支付利息，市价为900元。

已知：$(P/F, 8\%, 5)=0.680\ 6$；$(P/A, 8\%, 5)=3.992\ 7$；$(P/F, 12\%, 5)=0.567\ 4$；$(P/A, 12\%, 5)=3.604\ 8$

要求：计算A债券的价值，并判断是否应当购买该债券。

2. 分析A债券未来现金流量的内容。

① 每期期末支付的利息，普通年金形式。

② 到期一次性支付的本金，复利的形式。

3. 画出线段式现金流量图。

A债券未来现金流量图，如图6-1所示。

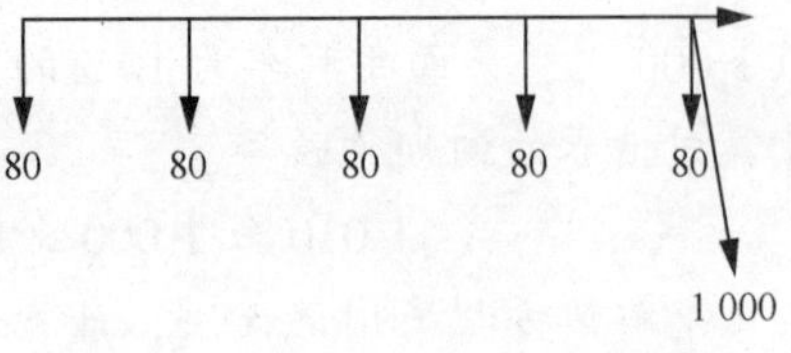

图6-1　A债券未来现金流量图

4. 运用相关指标计算公式进行计算同时进行决策。

A债券价值的计算：

① 根据现金流量选择合适的系数，计算债券的价值。

② 进行决策。

任务三　股票投资

任务介绍

作为企业财务管理人员，必须具备股票投资的基本技能，即股票投资的收益评价和风险分析技能。

基本知识

股票是股份有限公司发行的用以证明投资者的股东身份和权益，并据以获取股息和红利的凭证。股票作为一种所有权凭证，有一定的格式。我国公司法规定，股票采用纸面形式或国务院证券管理部门规定的其他形式。股票应载明的事项主要有：公司名称、公司登记成立的日期、股票种类、票面金额及代表的股份数、股票的编号。股票持有者即为公司的股东，对该公司拥有剩余控制权。

股市上的价格分为开盘价、收盘价、最高价和最低价等，投资者在进行股票估价时主要使用收盘价。股票价格会随着经济形势、公司的经营状况及投资者心理等复杂因素的影响而涨跌。

与债券投资一样，企业进行股票投资，也必须知道股票价值的计算方法。

（一）股票的价值

1. 股票价值的含义

股票的价值又称股票的内在价值，是指股票未来现金流入的现值。

2. 股票投资的现金流量

企业投资于股票所能获取的现金流量包括每期的预期股利和出售股票而得的现金收入，因此，股票的价值也就是未来所得现金收入折为现值的总额。

3. 股票价值计算的基本模型

如果股东购入股票后永久持有，不在市场上出售，那么他只能获得股利，是一个永续的现金流入，这个现金流入的现值就是股票的价值，可表示为：

$$V_0 = \frac{D_1}{(1+R_s)^1} + \frac{D_2}{(1+R_s)^2} + \cdots + \frac{D_n}{(1+R_s)^n} = \sum_{i=1}^{\infty} \frac{D_t}{(1+R_s)^t}$$

式中，V_0——股票的价值；

D_t——第 t 期得到的股利；

R_s——股东要求的报酬率（或必要收益率）。

如果股票持有者并不想永久持有股票，且可预知持有一段时间后的售价时，其股票的估价模型为：

$$V = \sum_{t=1}^{\infty} \frac{D_t}{(1+R_s)^t} + \frac{P_n}{(1+R_s)^n}$$

式中，P_n 为预计股票的售价。

例题解析 6－7

小张购入一批股票，预计 3 年后出售可得 50 000 元，这批股票 3 年中每年获得的股利收入为 8 000 元，假设股票投资的报酬率为 18%，则其价值为：

$$\begin{aligned} V &= 8\,000 \times (P/A, 18\%, 3) + 50\,000 \times (P/F, 18\%, 3) \\ &= 8\,000 \times 2.174 + 50\,000 \times 0.609 \\ &= 47\,842 (\text{元}) \end{aligned}$$

练习与思考

某人进行股票投资，一年后出售预计可得 60 000 元，该股票带来的股利收入预计为 12 000元，假设股票投资的报酬率为 20%，则该股票的价值是多少？

4. 零成长股票的价值

零成长股票就是公司每年发放给股东的每股股利相等，即预期的股利增长率为零。则股利支付过程是一个永续年金（图 6－2）。

0	1	2	3	… …	∞
	D	D	D		D

图 6－2 零成长股票

由于永续年金的现值是由永续年金除以折现率来决定的，因此该种股票的估价模型为：

$$V = \frac{D}{R_s}$$

例题解析 6－8

金星公司购入一种股票，预计每年获得的股利为 4 元，购入这种股票预期的报酬率（市场利率）为 16%，则该股票的价值为：

$$V = \frac{D}{R_s} = \frac{4}{16\%} = 25 (\text{元})$$

5. 固定成长股票的价值

由于企业是在不断发展的，股利也应当是变化的。在稳定增长的股利政策下，企业的股利可能会按一个稳定的比例上升（见图 6－3），并假设每年股利增长率均为 g，则股票的基本估价模型可以简化为下列公式：

$$V=\frac{D_0\times(1+g)}{R_s-g}=\frac{D_1}{R_s-g}$$

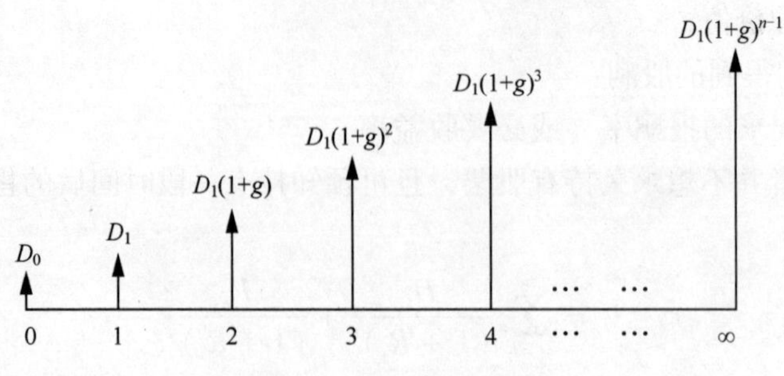

图 6-3 固定成长股票

公式中，V——股票的价值；

D_0——最近发放的股利；

D_1——预期第一年的股利；

R_s——股东要求的报酬率；

g——股利增长率。

上述公式成立的前提条件是：

① 永久持有股票，即 $t\to\infty$ 。

② g 为已知常数。

③ R_s 大于 g。

例题解析 6-9

金星公司持有 A 公司发行的股票，A 公司最近实际发放的股利为每股 2 元，预计股利增长率为 12%，金星公司要求的报酬率为 16%，则该股票的内在价值为：

$$V=\frac{2\times(1+12\%)}{16\%-12\%}=\frac{2.24}{4\%}=56(\text{元})$$

6. 非固定成长股票的价值

在现实生活中，公司的股利一般是不固定的，但同时又具有一定的特征。例如在一段时间里高速增长，在另一段时间里正常固定成长或固定不变。在这种情况下要分段计算才能确定股票价值。

例题解析 6-10

金星公司持有 ABC 公司的股票，金星公司要求的投资最低报酬率为 15%。预计 ABC 公司未来 3 年股利将高速增长，增长率为 20%。在此以后转为正常增长，增长率为 12%。公司最近支付的股利是 2 元。现计算该公司股票的内在价值。

首先，计算非正常增长期的股利现值：

年份	股利（D_t）	现值因数（15%）	现值（PVD_t）
1	2×1.2=2.4	0.870	2.088
2	2.4×1.2=2.88	0.756	2.177
3	2.88×1.2=3.456	0.658	2.274
合计（3 年股利的现值）			6.539

其次，计算第三年年底的普通股内在价值：

$$V_3 = \frac{D_4}{R_s - g} = \frac{D_3 \times (1+g)}{R_s - g} = \frac{3.456 \times 1.12}{15\% - 12\%} = 129.02(\text{元})$$

计算其现值：

$$NPV_3 = 129.02 \times (P/F, 15\%, 3) = 129.02 \times 0.658 = 84.90(\text{元})$$

最后，计算股票目前的内在价值：

$$V_0 = 6.539 + 84.90 = 91.439(\text{元})$$

7. 利用股票估价模型进行投资决策的原则

在进行股票投资时，要比较股票的内在价值和股票的市价，当前者大于后者时，才值得购买。

（二）股票的预期报酬率

1. 股票预期报酬率的含义

评价股票价值的报酬率为预期报酬率，而不是过去的实际报酬率。股票的报酬率包括两部分：预期股利收益率和预期资本利得收益率。

只有股票的预期报酬率超过投资人要求的最低报酬率或必要报酬率时，投资人才肯接受。投资人要求的最低报酬率或必要报酬率是该投资的机会成本，即用于其他投资机会可获得的报酬率，在投资分析时，通常可用市场利率来计量。

2. 股票预期报酬率的计算

零成长和固定成长股票预期报酬率的计算，可根据公式计算，即求公式中的 R_S；而非固定成长股票预期报酬率的计算和债券到期收益率的计算基本相同，也就是运用“试误法”，在此不再赘述。

练习与思考

1. 前面所讲述的股票内在价值和股票预期报酬率是否与后来的实际发展有所差别？如果有差别，为什么？若无差别，则这种分析方法在股票投资决策中还有意义吗，为什么？请查找相关资料来回答。

2. 某种股票当前的市场价格是 40 元，每股股利是 2 元，预期的股利增长率是 5%，则由市场决定的预期收益率为多少？

3. 长城公司为上市公司，本年度的净收益为 20 000 万元，每股支付股利 2 元。预计该公司未来三年进入成长期，净收益第 1 年增长 10%，第 2 年增长 10%，第 3 年增长 5%。第 4 年及以后将保持其净收益水平。长城公司一直采用固定支付率的股利政策，并打算今后继续实行该政策，且没有增发普通股和发行优先股的计划。

（1）假设投资人要求的报酬率为 10%，计算股票的价值。

（2）如果股票的价格为 24.89 元，计算股票的预期报酬率（精确到 1%）。

任务实施

1. 给出任务。

昌盛公司现有大量现金，为了避免资金闲置，决定进行证券投资，假设市场利率为 12%。昌盛公司面临一项投资机会：购买 B 股票。B 股票为固定成长股，年增长率为 8%，预计一年后的股利为 0.8 元，市价为 16 元。

已知：$(P/F, 8\%, 5)=0.6806$；$(P/A, 8\%, 5)=3.9927$；$(P/F, 12\%, 5)=0.5674$；$(P/A, 12\%, 5)=3.6048$

要求：计算B股票的价值，并判断是否应当购买该股票。

2. 分析任务所涉及的相关因素。

计算B股票价值并作相关分析。

由于B股票为固定成长股票，因此，可以直接根据固定成长股票内在价值的计算公式，计算其价值。

3. 画出线段式现金流量图。

B股票未来现金流量图如图6-4所示。

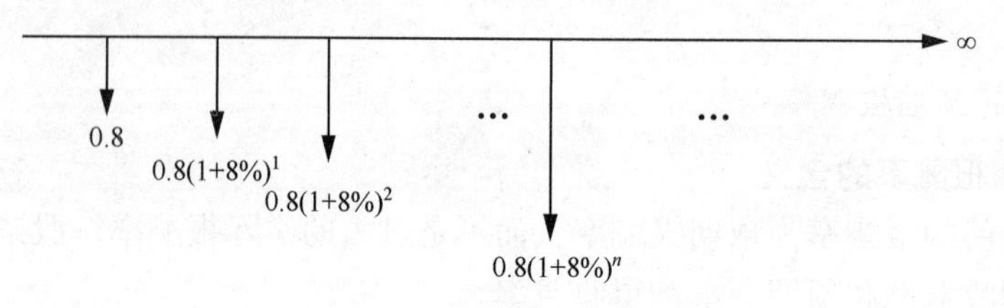

图6-4　B股票未来现金流量

4. 运用相关指标计算公式进行计算并作出决策。

任务四　基金投资

任务介绍

了解基金投资的含义与特点，熟悉基金投资的类型，并能够熟练计算基金的收益率与价值。

基本知识

一、投资基金的含义与特点

投资基金，是一种利益共享、风险共担的集合证券投资方式，即通过发行基金股份或受益凭证等有价证券，聚集众多的不确定投资者的出资，交由专业投资机构经营运作，以规避投资风险并谋取投资收益的证券投资工具。

一般来说，投资基金的组织与运作包括以下四个方面的内容：

第一，由投资基金的发起人设计、组织各种类型的投资基金。通过向社会发行基金受益凭证或基金股份，将社会上众多投资者的零散资金聚集成一定规模的数额，设立基金。

第二，基金的份额用“基金单位”来表达，基金单位也称为收益权单位，它是确定投资者在某一投资基金中所持份额的尺度。将初次发行的基金总额分成若干等额的整数份，每一份为一个基金单位，表明认购基金所要求达到的最低投资金额。

第三，由指定的信托机构保管和处分基金资产，专款存储以防止基金资产被挪作他用。

第四，由指定的基金经理公司（也称为基金管理公司）负责基金的投资运作。

二、投资基金的种类

（一）依据组织形态分类

1. 契约型基金

契约型基金又称为单位信托基金，是指专门的投资机构（银行和企业）共同出资组建一家基金管理公司，基金管理公司作为委托人与受托人签订信托契约的形式发行受益凭证——基金单位持有证，来募集社会上的闲散资金。其特点是：

（1）单位信托是以一项名为信托契约的文件而组建的一家经理公司，在组织结构上它不设董事会，基金经理公司自己作为委托公司设立基金，自行或再聘请经理人代为管理基金的经营和操作，并通常指定一家证券公司或承销公司代为办理收益凭证——基金单位持有证的发行、买卖、转让、交易、利润分配、收益及本息偿还支付。

（2）受托人接受基金经理公司的委托，并且以信托人或信托公司的名义为基金注册和开户。基金户头不是基金保管公司的账户，纵使基金保管公司因经营不善而倒闭，其债权方都不能动用基金的资产。其职责是负责管理、保管、处置信托财产，监督基金经理人的投资工作，确保基金经理人遵守公开说明书所列明的投资规定，使他们采取的投资组合符合信托契约的要求。在单位信托基金出现问题时，信托人对投资者负索偿责任。

2. 公司型基金

公司型基金又叫做共同基金，是按照我国公司法以公司形态组成的，该基金公司以发行股份的方式募集资金，一般投资者购买该公司的股份即为认购基金，也就成为该公司的股东，凭其持有的基金份额依法享有投资收益。其特点是：

（1）共同基金形态为股份公司，但又不同于一般的股份公司，其业务集中于从事证券投资信托。

（2）共同基金的资金为公司法人的资本，即股份。

（3）共同基金的结构同一般的股份公司一样，设有董事会和股东大会。基金资产由公司拥有，投资者则是这家公司的股东，也是该公司资产的最终持有人。股东按其所持有的股份大小在股东大会上行使权利。

（4）公司章程规定，董事会对基金资产负有安全增值之责任。为管理方便，共同基金往往设定基金经理人和托管人。基金经理人负责基金资产的投资管理，托管人负责对基金经理人的投资活动进行监督。托管人可以（非必须）在银行开设户头，以自己的名义为基金资产注册。为明确双方的权利和义务，共同基金公司与托管人之间有契约关系，托管人的职责列明在他与共同基金公司签订的“托管人协议”上。如果共同基金出现问题，投资者有权直接向共同基金公司索赔。

（二）依据变现方式的不同分类

1. 封闭式基金

封闭式基金是指基金的发起人在设立基金时，限定了基金单位的发行总额，筹集到这个总额后，基金即宣告成立，并进行封闭，在一定时期内不再接受新的投资。封闭式投资基金在取得收益后，以股利、利息和可实现的资本利得等形式支付给投资者。

2. 开放式基金

开放式基金是指基金发起人在设立基金时，基金单位的总数是不固定的，可视经营策略和发展需要追加发行。投资者也可根据市场状况和各自的投资决策，或者要求发行机构按现期净资产值扣除手续费后赎回股份或受益凭证，或者再买入股份或受益凭证，增加基金单位份额的持有比例。

（三）依据投资标的分类

1. 股票基金

股票基金，是所有基金品种中最为流行的一种类型，它是指投资于股票的投资基金，其投资对象通常包括普通股和优先股，其风险程度较个人投资股票市场要小得多，且具有较强的变现性和流动性，因此它也是一种比较受欢迎的基金类型。

2. 债券基金

债券基金，是指投资管理公司为稳健型投资者设计的，投资于政府债券、市政公债、企业债券等各类债券品种的投资基金。债券基金一般情况下定期派息，其风险和收益水平通常较股票基金低。

3. 货币基金

货币基金，是指由货币存款构成投资组合，协助投资者参加外汇市场投资，赚取较高利息的投资基金。其投资工具包括银行短期存款、国库券、政府公债、公司债券、银行承兑票据及商业票据等。这类基金的投资风险小，投资成本低，安全性和流动性较高，在整个基金市场上属于低风险的安全基金。

4. 期货基金

期货基金，是指投资于期货市场以获取较高投资回报的投资基金，由于期货市场具有高风险和高回报的特点，因此投资期货基金既可能获得较高的投资收益，同时也面临着较大的投资风险。

5. 期权基金

期权基金，是指以期权作为主要投资对象的基金。期权交易，是指期权购买者向期权出售者支付一定费用后，取得在规定时期内的任何时候，以事先确定好的协定价格，向期权出售者购买或出售一定数量某种商品合约的权利的一种买卖。

6. 认股权证基金

认股权证基金，是指以认股权证为主要对象的基金。认股权证，是指由股份有限公司发行的，能够按照特定的价格，在特定的时间内购买一定数量该公司股票的选择权凭证。由于认股权证的价格是由公司的股份决定的，一般来说，认股权证的投资风险较通常的股票要大得多。因此，认股权证基金也属于高风险基金。

7. 专门基金

专门基金由股票基金发展演化而成，属于分类行业股票基金或次级股票基金，包括黄金基金、资源基金、科技基金、地产基金等，这类基金的投资风险较大，收益水平较易受到市场行情的影响。

三、基金的价值

基金也是一种证券，与其他证券一样，基金的内涵价值也是指在基金投资时所能带来的现金净流量。但是，基金内涵价值的具体确定依据与股票、债券等其他证券又有很大的区别。

（一）基金价值的内涵

债券的价值取决于债券投资所带来的利息收入和所收回的本金，股票的价值取决于股份公司净利润的稳定性和增长性。这些利息和股利都是未来收取的，也就是说，未来的而不是现在的现金流量决定着债券和股票的价值。基金的价值取决于目前能给投资者带来的现金流量。这种目前的现金流量用基金的净资产价值来表达。

基金的价值取决于基金净资产的现在的价值，其原因在于：股票的未来收益是可以预测的，而投资基金的未来收益是不可预测的。由于投资基金不断变换投资组合对象，再加上资本利得是投资基金收益的主要来源，变化莫测的证券价格波动，使得对投资基金未来收益的预计变得不大现实。既然未来不可预测，投资者把握的就是“现在”，即基金资产的现在市场价值。

（二）基金单位净值

基金单位净值，也称为单位净资产价值或单位资产净值。基金的价值取决于基金净资产的现在价值，因此基金单位净值是评价基金业绩最基本和最直观的指标，也是开放型基金申购价格、赎回价格以及封闭式基金上市交易价格确定的重要依据。

基金单位净值是在某一时点每一基金单位（或基金股份）所具有的市场价值，计算公式为：

基金单位净值 = 基金净资产价值总额 / 基金单位总份数

其中，

基金净资产价值总额 = 基金资产总额—基金负债总额

在基金净资产价值的计算中，基金的负债除了以基金名义对外的融资借款以外，还包括应付投资者的分红、基金应付给基金经理公司的首次认购费、经理费用等各项基金费用。相对来说，基金的负债金额是固定的，基金净资产的价值主要取决于基金总资产的价值。这里，基金总资产的价值并不是指资产总额的账面价值，而是指资产总额的市场价值。

（三）基金的报价

从理论上说，基金的价值决定了基金的价格，基金的交易价格是以基金单位净值为基础的，基金单位净值高，基金的交易价格也高。封闭式基金在二级市场上竞价交易，其交易价格由供求关系和基金业绩决定，围绕着基金单位净值上下波动。开放式基金的柜台交易价格则完全以基金单位净值为基础，通常采用两种报价形式：认购价（卖出价）和赎回价（买入价）

开放型基金柜台交易价格的计算公式为：

基金认购价 = 基金单位净值 + 首次认购费

基金赎回价 = 基金单位净值 − 基金赎回费

基金认购价也就是基金经理公司的卖出价。卖出价中的首次认购费是支付基金经理公司的发行佣金。基金赎回价也就是基金经理公司的买入价，赎回价低于基金单位净值是由于抵扣了基金赎回费，以此提高赎回成本，防止投资者的赎回，保持基金资产的稳定性。收取首次认购费的基金，一般不再收取赎回费。

例题解析6－11

假设某基金持有的某三种股票的数量分别为10万股、50万股和100万股，每股的市价分别为30元、20元和10元，银行存款为1 000万元，该基金负债有两项：对托管人或管理人应付未付的报酬为500万元、应付税金为500万元，已售出的基金单位为2 000万元。要求：计算基金单位净值。

基金单位净值 = (基金资产总值 − 基金负债总额)/基金单位总份额
= (10 × 30 + 50 × 20 + 100 × 10 + 1 000 − 500 − 500)/2 000
= 1.15(元)

四、基金收益率

基金收益率用以反映基金增值的情况，它通过基金净资产的价值变化来衡量。基金净资产的价值是以市价计量的，基金资产的市场价值增加，意味着基金的投资收益增加，基金投资者的权益也随之增加。基金收益率的计算公式为：

$$\text{基金收益率}=\frac{\text{年末持有份数}\times\text{基金单位净值年末数}-\text{年初持有份数}\times\text{基金单位净值年初数}}{\text{年初持有份数}\times\text{基金单位净值年初数}}$$

式中，持有份数是指基金单位的持有份数。如果年末和年初基金单位的持有份数相同，基金收益率就简化为基金单位净值在本年内的变化幅度。

年初的基金单位净值相当于购买基金的本金投资，基金收益率也就相当于一种简便的投资报酬率。

例题解析 6−12

某基金公司目前基金资产账面价值为2 000万元，负债账面价值为500万元，基金资产目前的市场价值3 000万元，基金单位数为1000万股，假设公司收取首次认购费，认购费率为基金资产净值的4%，不再收取赎回费。

要求：

（1）计算该基金公司基金净资产净值总额。

（2）计算基金单位净值。

（3）计算基金认购价。

（4）计算基金赎回价。

该基金公司基金净资产净值总额 = 基金资产市场价值 − 负债总额
= 3 000 − 500 = 2 500（万元）

基金单位净值 = 2 500/1 000 = 2.5（元）

基金认购价 = 基金单位净值 + 首次认购费 = 2.5 + 2.5 × 4% = 2.6（元）

基金赎回价 = 基金单位净值 − 基金赎回费 = 2.5（元）

练习与思考

1. 基金投资有哪些优缺点？
2. 盛发基金公司发行的是开放基金，2016年的相关资料如表6−1所示。

表6−1 盛发基金公司资料

金额单位：万元

项目	年初	年末
基金资产账面价值	1 000	1 200
负债账面价值	300	320
基金市场价值	1 500	2 000
基金单位	500万单位	600万单位

假设公司收取首次认购费，认购费为基金净值的5%，不再收取赎回费。

要求：

(1) 计算年初的下列指标：

① 该基金公司基金净资产价值总额。

② 基金单位净值。

③ 基金认购价。

④ 基金赎回价。

(2) 计算年末的下列指标：

① 该基金公司基金净资产价值总额。

② 基金单位净值。

③ 基金认购价。

④ 基金赎回价。

(3) 计算2016年该基金的收益率。

任务实施

1. 给出任务。

已知宏盛公司是一个基金公司，相关资料如下：

资料一：2016年1月1日，宏盛公司的基金资产总额为30 000万元（市场价值），其负债总额为3 000万元（市场价值），基金份数为9 000万份。在基金交易中，该公司收取首次认购费和赎回费，认购费率为基金资产净值的2%，赎回费率为基金资产净值的1%。

资料二：假定2016年12月31日宏盛公司按收盘价计算的资产总额为28 450万元，其负债总额为350万元，已经售出10 000份基金单位。

资料三：假定2016年12月31日，某投资者持有该基金2万份，假设到2017年12月31日，该基金投资者持有的份数不变，预计此时基金单位净值为3.05元。

要求：

(1) 根据资料一计算2016年1月1日宏盛公司的下列指标：

① 该基金公司基金净资产价值总额。

② 基金单位净值。

③ 基金认购价。

④ 基金赎回价。

(2) 根据资料二计算2016年12月31日宏盛公司的基金单位净值。

(3) 根据资料三计算2017年该投资者的预计基金收益率。

(4) 2017年12月31日投资者应如何做出相关投资决策。

2. 根据要求分析资料中所涉及的相关因素。

3. 根据公式计算相关指标。

4. 进行基金投资决策。

任务五　证券投资组合

任务介绍

掌握证券投资组合收益与风险的确定方法，熟练应用证券投资组合决策方法进行投资决策。

基本知识

一、证券投资组合的含义

证券投资组合又叫证券组合，是指在进行证券投资时，不是将所有的资金都投向单一的某种证券。这种同时投资多种证券的做法叫证券的投资组合。证券投资的盈利性吸引了众多的投资者，但证券投资的风险性又使许多投资者望而却步。如何才能有效地解决这一问题呢？科学地进行证券投资组合就是一个比较好的方法。通过有效地进行证券投资组合，便可减少证券投资风险，达到降低风险的目的。

二、证券投资组合的风险与收益

投资组合理论认为，若干种证券组成的投资组合，其收益是这些证券收益的加权平均数，但是其风险不是这些证券风险的加权平均风险，投资组合能降低风险。

（一）证券投资组合的风险

证券投资组合的风险可以分成两种性质完全不同的风险，即系统风险和非系统风险，详细内容请参见本项目中的任务一。

非系统风险可通过证券持有的多样化来抵消，即多买几家公司的股票，其中某些公司的股票收益上升，另一些股票的收益下降，从而将风险降低，因而这种风险称为可分散风险。当证券投资组合中的证券种类足够多时，几乎能把所有的非系统风险分散掉，因此，在衡量证券投资组合的风险时，可以只分析系统风险，而不用考虑非系统风险。

不可分散风险的程度可用β系数来计量。β系数一般不须投资者自己计算，而由一些投资服务机构定期计算并公布。作为整个证券市场的β系数为1。如果某种股票的分析情况与整个证券市场的风险情况一致，则这种股票的β系数等于1；如果某种股票的β系数大于1，说明其风险大于整个市场的风险；如果某种股票的β系数小于1，说明其风险小于整个市场的风险。单个证券的β系数可由一些投资服务机构提供，那么投资组合的β系数该怎样计算呢？投资组合的β系数是单个股票β系数的加权平均数，权数为证券组合中每种股票价值所占的比重。其计算公式为：

$$\beta_p = \sum_{t=1}^{n} X_i \beta_i$$

式中，β_p——证券组合的β系数；

X_i——证券组合中第i种股票所占的比重；

β_i——第i种股票的系数；

n——证券组合中股票的数量。

（二）证券投资组合的风险收益及风险和收益率的关系

投资者进行证券组合投资与进行单项投资一样，都要求对承担的风险进行补偿，但是与单项投资不同，证券组合投资要求补偿的风险只是不可分散风险，而不要求对可分散风险进行补偿。

可以用资本资产定价模型来研究充分组合情况下风险与要求收益率之间的均衡关系。

根据资本资产定价模型理论，单一证券的系统风险可由 β 系数来度量，而且其风险与收益之间的关系可由证券市场线来描述。

证券市场线：$K_i = R_f + \beta\ (K_m - R_f)$

式中，K_i——投资组合中第 i 个股票的要求收益率；

R_f——无风险收益率（通常用国库券的利率来表示）；

K_m——平均股票的要求收益率（指 $\beta = 1$ 时股票要求的收益率，也是包括所有股票的组合即市场组合要求的收益率）。

在均衡状态下，$(K_m - R_f)$ 是投资者为补偿承担超过无风险收益的平均风险而要求的额外收益，即风险价格。

由此，可得出证券组合风险收益率的计算公式：

$$R_p = \beta_p \cdot (K_m - R_f)$$

式中，R_p——证券组合的风险收益率。

例题解析 6－13

博维公司股票的 β 系数为 2.0，风险收益率为 6%，市场上所有股票的平均报酬率为 10%，则该公司的股票报酬率应为：

$$K_i = R_f + \beta(K_m - R_f) = 6\% + 2.0 \times (10\% - 6\%) = 14\%$$

只有博维公司股票的报酬率达到或超过 14% 时，投资者才可能购买，否则，他们不会投资。

练习与思考

红光公司持有甲、乙、丙三种股票构成的证券组合，它们的 β 系数分别是 2.0、1.0 和 0.5，它们在证券组合中所占的比重分别是 60%、30% 和 10%，股票的市场收益率为 12%，无风险收益率为 5%，确定该组合的风险收益率。

任务实施

1. 给出任务

金利公司目前正在进行一项包括甲、乙、丙三个备选方案的证券投资分析工作。市场的无风险利率为 4%，各方案的投资期限都是一年。对三个方案在不同经济条件下的报酬率估计如表 6－2 所示。

表 6－2　各备选方案报酬率

经济状态	概率	甲方案报酬率/%	乙方案报酬率/%	丙方案报酬率/%
衰退	0.3	-10	-30	5
一般	0.4	20	20	10
繁荣	0.3	40	70	20

要求：

(1) 计算各方案的期望报酬率、方差、标准差、标准离差率。

(2) 公司的财务经理要求根据三个备选方案各自的期望报酬率和标准离差率来确定是否可以淘汰其中的一个方案，应如何回复？

(3) 上述分析思想存在哪些问题？

(4) 市场要求的收益率为15%，假设三个备选方案的β系数分别是1.5、2.0和1.2，试用资本资产定价模型来评价各方案。

(5) 假设公司的财务经理要求按各占50%的投资比例，在三种证券之间作投资组合，试分析各种投资组合的风险与报酬。

2. 回顾项目二中关于单个资产风险与报酬的内容，对要求(1)~(3)进行分析。

3. 根据本项目中投资组合收益与风险的相关内容对要求(4)和(5)进行分析。

实操训练

一、单项选择题

1. 下列各项中，属于证券投资系统风险的是（　　）。
   A. 利息率风险　　B. 违约风险
   C. 破产风险　　D. 流动性风险

2. A债券每年付息一次，票面利率为10%，B债券每半年付息一次，如果想让B债券在经济上与A债券等效，B债券的票面利率应为（　　）。
   A. 10%　　B. 5%
   C. 9.761 8%　　D. 4.880 9%

3. 某公司准备购买一种股利固定增长的股票，预期未来股利固定增长率为2%，该股票预期第一年股利为每股1.6元，该公司要求的投资报酬率为10%，则该股票价格在（　　）元以下时，公司才可以购买。
   A. 15　　B. 20　　C. 25　　D. 30

4. A公司拟发行面值为1 000元、复利计息、5年期、票面利率8%的债券，每季度支付一次利息。已知发行时资金市场利率为12%，则该公司债券的发行价格为(　　)元。
   A. 924.28　　B. 922.768　　C. 800　　D. 851.25

5. 某种股票当前的市场价格是40元，每股股利是2元，预期的股利增长率是5%，则由市场决定的预期收益率为（　　）。
   A. 5%　　B. 5.5%　　C. 10%　　D. 10.25%

二、多项选择题

1. 下列各项中，能够影响债券内在价值的因素有（　　）。
   A. 债券的价格　　B. 债券的计息方式
   C. 当前的市场利率　　D. 票面利率

2. 下列哪些因素变动会影响债券到期收益率（　　）。
   A. 债券面值　　B. 票面利率
   C. 市场利率　　D. 债券购买价格

3. 股票投资能够带来的现金流入量是（　　）。
   A. 资本利得　　B. 股利

C. 利息　　　　　　　　　　　　　　D. 出售价格

4. 与固定成长股票内在价值呈反方向变化的因素有（　　）。

A. 股利年增长率　　　　　　　　　　B. 今年的股利

C. 最低报酬率　　　　　　　　　　　D. β 系数

5. A 公司今年的股利为每股 0.4 元，固定成长率 6%，现行国库券收益率为 7%，市场平均风险条件下股票的必要报酬率为 9%，股票 β 系数等于 1.8，则（　　）。

A. 股票价值为 9.217 4 元　　　　　　B. 股票价值为 4.4 元

C. 股票必要报酬率为 8%　　　　　　D. 股票必要报酬率为 10.6%

三、计算题

1. 某公司在 2017 年 1 月 1 日平价发行新债券，每张面值 1 000 元，票面利率 10%，5 年到期，每年 12 月 31 日付息。（计算过程中至少保留小数点后 4 位，计算结果取整。）

要求：

（1）2017 年 1 月 1 日的到期收益率是多少？

（2）假定 2021 年 1 月 1 日的市场利率下降到 8%，那么此时债券的价值是多少？

（3）假定 2021 年 1 月 1 日市价为 900 元，此时购买该债券的到期收益率是多少？

（4）假定 2019 年 1 月 1 日的市场利率为 12%，债券市价为 950 元，你是否购买该债券？

2. ABC 企业计划用一笔长期资金投资购买股票。现有甲、乙两公司股票可供选择，已知甲公司股票现行市价为每股 10 元，上年每股股利为 0.3 元，预计以后每年以 3% 的增长率增长。乙公司股票现行市价为每股 4 元，上年每股股利为 0.4 元，股利分配政策将一贯坚持固定股利政策。ABC 企业所要求的投资必要报酬率为 8%。

要求：

（1）利用股票股价模型，分别计算甲、乙公司股票价值。

（2）代 ABC 企业做出股票投资决策。

四、案例分析题

刘青是东方公司的一名财务分析师，应邀评估联华股份公司建设新商场对公司股票价值的影响。刘青根据公司情况作了以下估计：

（1）公司本年净收益为 200 万元，每股支付现金股利 2 元，新建商场开业后，净收益第一年、第二年均增长 15%，第三年增长 8%，第四年及以后将保持这一收益水平不变。

（2）该公司一直采用固定股利支付率的股利政策，并打算今后继续实行该政策。

（3）公司的 β 系数为 1，如果将新项目考虑进去，β 系数将提高到 1.5。

（4）无风险收益率为 4%，市场要求的收益率为 8%。

（5）公司目前股票市价为 23.6 元。

刘青打算利用股利贴现模型，同时考虑风险因素进行股票价值的评估。联华股份公司的一位董事提出，如果采用股利贴现模型，则股利越高，股价越高，所以公司应改变原有的股利政策提高股利支付率。

（1）参考固定股利增长贴现模型，分析这位董事的观点是否正确。

（2）分析股利增加对可持续增长的股票的账面价值有何影响。

（3）评估公司股票价值。假设你是一个投资者，是否购买其股票。

项目七

营运资本管理

知识目标

1. 明确企业持有现金的原因和成本，应收账款的功能、成本和管理目标；

2. 掌握最佳现金持有量的计算，企业信用政策决策方法，应收账款、存货管理指标的计算。

技能目标

1. 能熟练运用计算的最佳现金持有量指标；

2. 掌握企业信用政策决策方法；

3. 能运用应收账款、存货管理指标，解决企业在涉及营运资本的管理方面的实际问题。

案例导入

创新股份公司应收账款管理

创新股份公司年销售收入为3.2亿元，经济效益综合指标居本省同行业第一位，跻身全国中成药工业重点企业50强。由于管理到位，该公司应收账款的回笼率节节高升，2013年为66%，2014年达到80%，2015年为95%，2016年则高达99%，在完成了当年的资金回笼任务基础上，还收回了过去遗留的账款200多万元。该公司经过多年的实践和探索，建立了一套切合该企业实际的应收账款核算办法和管理制度。

思考题：

你认为应收账款该如何管理，其关键点是什么？

任务一　营运资本管理概述

任务介绍

明确营运资金的含义、特点及营运资金周转。营运资金管理的目的就是要加速营运资金周转，提高资金的利用效果。

基本知识

一、营运资金的含义

营运资金，又称营运资本，是指流动资产减去流动负债后的余额，是一个企业维持日常经营活动所需的资金。这里所说的流动资产是指可以在一年或超过一年的一个营业周期内变现或耗用的资产，主要有货币资金、交易性金融资产、应收账款、存货等。这里所说的流动负债是指在一年或超过一年的一个营业周期内必须清偿的债务，主要有短期借款、应付账款、应付职工薪酬、应交税费、其他应付款等。这些用公式表示为：

营运资金 = 流动资产 - 流动负债

使用“营运资金”这一概念，是因为在企业的流动资产中，来源于流动负债的部分由于面临债权人的短期索求权，而无法供企业在较长期限内自由使用。只有扣除流动负债之后的剩余流动资产，即营运资金，才能为企业提供一个宽裕的自由使用期间。

从有效管理的角度出发，企业应以一定量的营运资金为基础从事生产经营活动。在一定的条件下，企业的流动资产可以迅速转化为现金，用于偿还到期债务。所以相对来说，持有流动资产越多，企业的偿债能力就越强。

企业持有一定数量的营运资金的另一个原因是现金流入量与流出量的非同步性和不确定性。如企业一般支付材料款项在前，产品销售在后（即取得现金在后）；未来经营活动的不确定性，使现金的流入、流出难以准确预测。在实际中，大多数企业的现金流入与流出无法在时间上相互匹配，因此，保持一定数量的营运资金，以备偿付到期的负债和当期费用具有重要意义。

再有，企业营运资金的多少，还可用以衡量企业财务风险的大小。一般情况下，营运资金越多，企业违约风险就越小，举债融资能力就越强。因此，许多贷款契约中都会要求借款企业保持一定数量的营运资金，或保持较高的流动比率，其目的就是要求企业具有较好的偿债能力。

例题解析 7－1

以表 7－1 为例，计算该企业 2016 年的营运资金。

表 7－1 资产负债表

编制单位：龙威公司　　　　2016 年 12 月 31 日　　　　万元

资产	期末余额	年初余额	负债和所有者权益（或股东权益）	期末余额	年初余额
流动资产：			流动负债：		
货币资金	410	220	短期借款	300	210
交易性金融资产	30	15	交易性金融负债		
应收票据			应付票据		
应收账款	1 600	1 500	应付账款	1 800	1 900
预付款项	280	230	预收款项	410	320
应收利息			应付职工薪酬		
应收股利			应交税费		

续表

资产	期末余额	年初余额	负债和所有者权益（或股东权益）	期末余额	年初余额
其他应收款			应付利息		
存货	2 100	2 000	应付股利		
一年内到期的非流动资产			其他应付款	100	100
其他流动资产			一年内到期的非流动负债		
流动资产合计	4 420	3 965	其他流动负债		
非流动资产：			流动负债合计	2 610	2 530
可供出售金融资产			非流动负债：		
持有至到期投资			长期借款	1 200	1 300
长期应收款			应付债券		
长期股权投资	500	500	长期应付款		
投资性房地产			专项应付款		
固定资产	2 600	2 500	预计负债		
在建工程			递延所得税负债		
工程物资			其他非流动负债		
固定资产清理			非流动负债合计		
生产性生物资产			负债合计	3 810	3 830
油气资产			所有者权益		
无形资产	650	550	实收资本（或股本）	3 100	2 800
开发支出			资本公积		
商誉			减：库存股		
长期待摊费用			盈余公积	500	400
递延所得税资产			未分配利润	760	485
其他非流动资产			所有者权益合计	4 360	3 685
非流动资产合计	3 750	3 550			
资产总计	8 170	7 515	负债和所有者权益总计	8 170	7 515

计算：营运资金 = 流动资产 − 流动负债 = 4 420 − 2 610 = 1 810（万元）

练习与思考

以表 7－1 为例，计算该企业 2017 年的营运资金是多少？

任务实施

一般情况下，企业的营运资金越多，企业的偿债能力就越强。此观点是否正确，说明理由。

二、营运资金的特点

营运资金的特点体现在流动资产和流动负债的特点上。

（一）流动资产的特点

流动资产投资，又称经营性投资，与非流动资产投资相比，具有如下特点：

1. 投资回收期短

投资于流动资产的资金一般在一年或一个营业周期内收回或耗费，对企业影响的时间比较短。

2. 流动性强

流动资产相对于非流动资产来说比较容易变现，如遇到意外情况，可迅速变卖流动资产，以获取现金。这对于财务上满足临时性资金需求具有重要意义。

3. 具有并存性

企业在生产循环周转过程中，资金的形态不断转换（即货币资金—实物资产—货币资金），从供产销的某一瞬间看，各种不同形态的流动资产在空间上同时并存，在时间上依次相互转化。因此，合理地配置流动资产各项目的比例，是保证流动资产得以顺利周转的必要条件。

4. 具有波动性

流动资产易受到企业内外环境的影响，企业会随着供产销的变化，资金占用会时高时低，影响企业正常的生产经营活动。季节性企业如此，非季节性企业也是如此。因此，企业的资金占用量即营运资金的波动往往很大，财务管理人员应能有效地预测和控制这种波动，以防止其影响企业正常的生产经营活动。

（二）流动负债的特点

短期负债筹资与长期负债筹资相比，具有如下四个特点：

1. 融资速度快

长期借款的借贷时间长，贷方风险大，贷款人需要对企业的财务状况进行评估后方能作出决定。申请短期借款往往比申请长期借款更容易、更便捷，通常在较短时间内便可获得。因此，当企业急需资金时，往往首选寻求短期借款。

2. 财务弹性大

与长期债务相比，短期借款给债务人更大的灵活性。长期债务债权人为了保护自己的利益，往往要在债务契约中对债务人的行为加以种种限制，使债务人丧失某些经营决策权。而短期借款契约中的限制条款比较少，使企业有更大的行动自由。对于季节性企业，短期借款比长期借款具有更大的灵活性。

3. 筹资成本低

在正常情况下，相同的贷款时间内，短期贷款所发生的利息支出低于长期贷款的利息支出。而对于某些具有“自然筹资”性质的流动负债（如应付账款、应交税费等），则根本没有筹资成本。

4. 偿债风险大

尽管短期债务的成本低于长期债务，但其风险却高于长期债务，主要表现在两个方面：一方面是长期债务的利息相对比较稳定，即在相当长一段时间内保持不变，而短期债务的借款利率则随市场利率的变化而变化，时高时低，使企业难以预测；另一方面，如果企业过多筹措短期债务，当债务到期时，企业如果不能在短期内筹措大量资金还债，这极易导致企业财务状况恶化，甚至会因无法及时还债而破产。

任务实施

讨论分析：短期借款与长期借款的优缺点。

三、营运资金的周转

营运资金的周转，是指企业的营运资金从现金投入生产经营开始，到最终转化为现金为止的过程。营运资金的周转通常与现金的周转密切相关，现金的周转过程主要包括以下三个方面：

（1）存货周转期，是指将原材料转化成为产成品并出售所需要的时间。

（2）应收账款周转期，是指将应收账款转换为现金所需要的时间。

（3）应付账款周转期，是指从收到尚未付款的材料开始到现金支出之间所用的时间。

现金循环周期的变化会直接影响所需营运资金的数额。一般来说，存货周转期和应收账款周转期越长，应付账款周转期越短，所需营运资金数额就越大；相反，存货周转期和应收账款周转期越短，应付账款周转期越长，所需营运资金数额就越小。此外，营运资金周转数额的多少还受到偿债风险、收益要求和成本约束等因素的制约。为此，为提高营运资金周转效率，企业的营运资金应维持在合适的水平上。这里所说的合适是指企业的营运资金既不过剩，也不是过多的依靠负债来支持企业的生产经营需求。

任务实施

1. 给出任务。
2. 请同学们课下搜集营运资金持有政策的相关资料。
3. 请同学们课下搜集营运资金筹集政策的相关资料。
4. 根据搜集的资料，分析营运资金持有量与风险和收益之间的关系。

任务二　现金和有价证券管理

任务介绍

明确现金和有价证券管理的意义、现金的成本，在理解现金成本的基础上，掌握最佳现金持有量的确定方法，通过成本分析模式和存货模式合理确定最佳现金持有量，采取适当方法加快现金回收，延迟现金支出，在保证企业经营活动现金需要的同时，降低企业闲置的现金数量，提高资金收益率，并能灵活运用此方法解决具体问题。锻炼学生分析问题与解决问题的实践能力。

基本知识

一、现金管理的目标

现金是指在生产过程中暂时停留在货币形态的资金，是企业中流动性最强的资产，是可以立即投入流动的交换媒介。属于现金内容的项目，包括企业的库存现金、银行存款、银行本票和银行汇票等。

有价证券是企业现金的一种转换形式，有价证券变现能力强，可以随时兑换成现金。企业常将多余的现金兑换为有价证券，需要现金时再出让有价证券换回现金。在这种情况下，有价证券就成了现金的替代品，获取收益是持有有价证券的原因。

（一）现金管理的目标

企业持有一定数量现金的原因，主要是满足交易性需要、预防性需要和投机性需要（即交易动机、预防动机、投机动机三方面动机）。

1. 交易性需要

交易性需要是指满足企业日常业务的现金支付需要。企业在正常生产经营秩序下，经常取得收入，也经常发生支出，两者不可能同步同量。企业为了组织日常生产经营活动，必须保持一定数额的现金余额，才能使企业业务活动正常地进行下去。一般来说，企业为满足交易性需要所持有的现金余额，主要取决于企业的销售水平。企业销售扩大，销售额增加，所需现金余额也随之增加。

2. 预防性需要

预防性需要是指置存现金以防发生意外的支出，即企业为应付紧急情况而需要保持的现金支付能力。由于市场行情的瞬息万变和其他各种不可预测因素的存在，企业有时会出现无法预料的开支，企业通常难以对未来现金流入量和流出量作出准确的估计和预期。因此，在满足正常业务活动现金需要量的基础上，追加一定数量的现金以应付未来现金流入和流出的随机波动，是企业在确定必要现金持有量时应当考虑的因素。此外，预防性现金数量多少还与企业的融资能力有关。

3. 投机性需要

投机性需要是指置存现金用于不寻常的购买机会，比如，遇到有廉价原材料或其他资产供应的机会，便可用手头现金大量购入；再比如，在适当的机会购入价格有利的有价证券等。即企业为了抓住各种瞬息即逝的市场机会，获取较大的利益，而准备的现金金额。投机动机只是企业确定现金余额时所需考虑的次要因素之一，其持有量的大小往往与企业在金融市场上的投资机会及企业对待风险的态度有关。

总之，现金是变现能力最强的非盈利性资产。企业现金管理的目标，就是在现金的流动性与收益性之间进行权衡并作出抉择，以获取最大的长期利益。通过现金管理，使现金收支不但在数量上，而且在时间上相互衔接，对于保证企业日常经营活动的现金需要，降低企业闲置的现金数量，提高资金收益率具有重要意义。

任务实施

企业现金管理的实质是什么？

（二）现金的成本

企业持有一定数量的现金满足了企业交易性需要、预防性需要和投机性需要。同时企业持有现金也要承担相应的成本，通常企业持有现金的成本由以下三个部分组成：

1. 持有成本

现金持有成本，是指企业因保留一定数额的现金而增加的管理费用及丧失的再投资收益。持有现金的管理费用是指企业保留现金，对现金进行管理，会发生一定的管理费用，如管理人员工资及必要的安全措施费用等。这部分费用具有固定成本的性质，它在一定范围内与现金持有量的多少关系不大，是决策无关成本。再投资收益是指企业不能同时用该现金进行有价证券投资所产生的机会成本，这种成本在数额上等同于资金成本。例如，某企业的资本成本率为10%，年均持有60万元的现金，则该企业每年现金的机会成本为6万元（60 × 10%）。放弃的再投资收益机会成本属于变动成本，它与现金持有量成正比例关系，即现金持有量越大，机会成本越高；反之，则越小。

2. 转换成本

现金转换成本，是指企业资金大量闲置时，用现金购入有价证券，企业在需要现金时，便可以转让有价证券换取现金，因此付出的交易费用，即现金同有价证券之间相互转换的成本，如委托买卖佣金、委托手续费、证券过户费、实物交割手续费等。

3. 短缺成本

现金短缺成本，是指在现金持有量不足，而又无法及时通过有价证券变现加以补充而给企业造成的损失，即企业缺乏必要的现金，将不能应付业务开支，使企业蒙受损失，包括直接损失与间接损失。比如不能按时支付货款或不能按期归还贷款，而造成的信用损失和企业形象损害；不能按期缴纳税款而被罚滞纳金等。短缺成本随现金持有量的增加而下降，随现金持有量的减少而上升，即与现金持有量负相关。

任务实施

企业缺乏必要的现金，将不能应付业务开支，使企业蒙受损失，包括直接损失与间接损失。你对间接损失是如何理解的？

二、现金收支管理

企业加强现金的日常管理，其目的在于保证现金的安全、完整，加速现金的周转，提高现金的使用效率，最大限度地发挥其效能。为达到这一目的，企业现金的日常管理应注意做好以下四方面工作：

（一）力争现金流入量、流出量同步

如果企业能使它的现金流入与现金流出发生的时间趋于一致，就可以使其所持有的交易性现金余额降到最低水平。

（二）使用现金浮游量

从企业开出支票，收票人收到支票并存入银行，至银行将款项划入收款人账户，中间需要一段时间。现金在这段时间的占用称为现金结算浮游量。在这段时间里，尽管企业已开出了支票，却仍可动用在活期存款账户上的这笔资金。不过，一定要注意在使用现金浮游量时，控制好使用时间，否则会发生银行存款的透支，有损企业的信誉。

（三）加速收款

这主要是指缩短应收账款的收账时间。发生应收款会增加企业资金的占用，但它又是必要的，因为它可以扩大销售、增加销售收入。问题在于如何既利用应收款吸引顾客，又缩短收款时间。这就要在两者之间找到适当的平衡点，并需要实施妥善的收账策略。

（四）推迟应付款的支付

推迟应付款的支付，是指企业在不影响自己信誉的前提下，尽可能地推迟应付款支付期，充分运用供货方所提供的信用优惠。如遇企业急需现金，甚至可以放弃供货方的折扣优惠，在信用期的最后一天支付款项。当然，这要权衡折扣优惠与急需现金之间的利弊得失而定。

任务实施

企业在现金收支管理上，提倡早收晚付，你是怎样理解的？

三、最佳现金持有量

现金的管理除了做好日常收支，加速现金流转速度外，企业基于交易、预防、投机等动机的需要，必须保持一定数量的现金余额，这就需要控制好现金持有规模。确定最佳现金持有量的模式主要有：成本分析模式和存货模式。

（一）成本分析模式

如前所述，现金成本分为持有成本、转换成本、短缺成本三种。成本分析模式是在不考虑现金转换成本的情况下，通过对持有成本和短缺成本进行分析而找出最佳现金持有量的一种方法。由于持有成本分为机会成本和管理费用，所以，成本分析模式是找到机会成本、管理费用和短缺成本所组成的总成本曲线中最低的点所对应的现金持有量，把它作为最佳现金持有量。因为，持有现金的机会成本与现金持有量成正比例变动关系，用公式表示：机会成本 = 现金持有量 × 有价证券利率（或报酬率）；管理费用具有固定性，与现金持有量不存在明显的线性关系；而短缺成本与现金持有量负相关，呈反比例变化。现金成本同现金持有量之间的关系如图 7－1 所示。

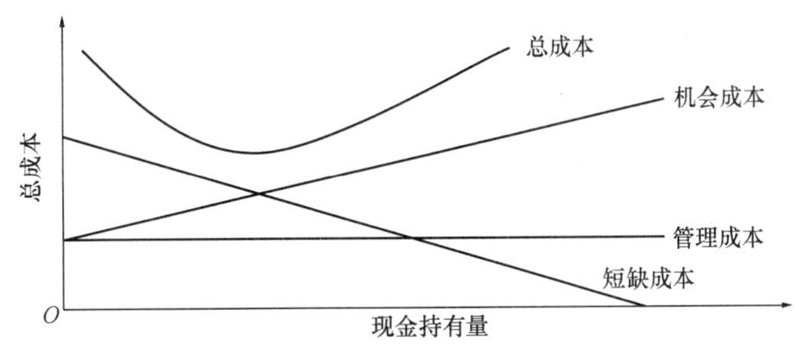

图 7－1　成本分析模式图

从图 7－1 可以看出，由于各项成本同现金持有量的变动关系不同，使得总成本曲线呈抛物线形，抛物线的最低点，即为成本最低点，该点所对应的现金持有量便是最佳现金持有量，此时总成本最低。

例题解析 7－2

假设某企业现有 A、B、C、D 四种现金持有方案，有关成本资料如表 7－2 所示。

表 7－2　现金持有量备选方案表

项目	A	B	C	D
现金持有量/元	100 000	200 000	300 000	400 000
机会成本率/%	12	12	12	12
短缺成本/元	56 000	25 000	10 000	0

根据表 7－2，采用成本分析模式编制该企业最佳现金持有量测算表，如表 7－3 所示。

表7－3　最佳现金持有量测算表

单位：元

方案及现金持有量	机会成本	短缺成本	相关总成本
A（100 000）	12 000	56 000	68 000
B（200 000）	24 000	25 000	49 000
C（300 000）	36 000	10 000	46 000
D（400 000）	48 000	0	48 000

通过分析比较表7－3中各方案的总成本可知，C方案的相关总成本最低，因此企业持有300 000元的现金，为该企业现金最佳持有量。

任务实施

讨论分析：企业采用成本分析模式确定现金最佳持有量为什么可以不考虑管理成本？

（二）存货模式

存货模式是将现金看做是企业的一种特殊存货，按照存货管理中的经济批量法原理，确定企业现金最佳持有量的方法。这一模式最早是由美国经济学家 William J. Baumol 于1952年首先提出的，故又称为“鲍莫模型”。

在现金持有成本中，管理成本因其相对稳定并同现金持有量的多少关系不大，因此存货模式将其视为无关成本而不予考虑。由于现金是否会发生短缺、短缺多少、各种短缺情形发生时可能的损失如何等都存在很大的不确定性并且不易计量，因此，存货模式对短缺成本也不予考虑。在存货模式中，只考虑机会成本和转换成本。

如果现金持有量大，则现金的机会成本高，转换成本低；反之，现金持有量小，则现金的机会成本低，转换成本高。最佳现金持有量就是使现金机会成本与转换成本之和最低的现金持有量。

运用存货模式确定现金最佳持有量时，是以下列假设为前提的：

（1）企业所需要现金可通过证券变现取得，且证券变现的不确定性很小。

（2）企业预算期内现金需要总量可以预测。

（3）现金的支出比较稳定、波动较小，而且每当现金余额降至零时，均可通过证券变现得以补足。

（4）证券的利率或报酬率以及每次固定性交易费用可以获悉。如果这些条件基本能得到满足，企业便可以利用存货模式来确定现金最佳持有量。

设，T为一个周期内现金总需求量；F为每次转换有价证券的固定成本；Q为最佳现金持有量（每次证券变现的数量）；K为有价证券利息率（机会成本）；TC为现金管理相关总成本。则：

$$现金管理相关总成本 = 持有机会成本 + 转换成本$$

即

$$TC = (Q/2) \times K + (T/Q) \times F$$

现金管理相关总成本与持有机会成本、转换成本的关系如图7－2所示。

从图7－2可以看出，现金管理的相关总成本与现金持有量呈凹形曲线关系。持有现金的机会成本与证券变现的交易成本相等时，现金管理的相关总成本最低，此时的现金持有量为最佳现金持有量，即：

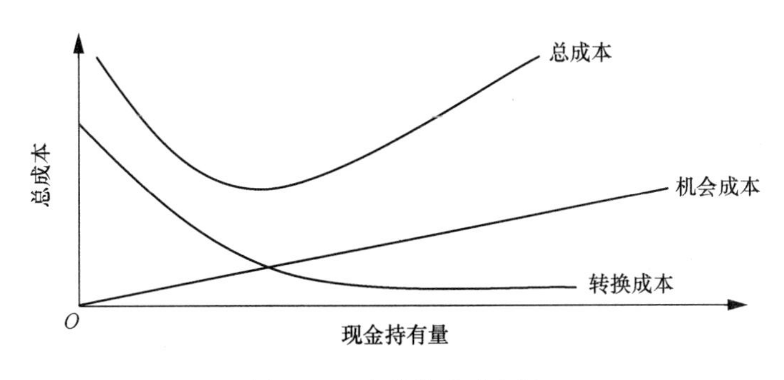

图 7－2 存货模式示意图

$$最佳现金持有量\ Q = \sqrt{2T \times F/K}$$

$$最低现金管理相关总成本\ TC = \sqrt{2 \times T \times F \times K}$$

例题解析 7－3

某企业现金收支状况比较稳定，预计全年（按360天计算）需要现金200万元，现金与有价证券的转换成本为每次4 000元，有价证券的年利率为10%，则：

$$最佳现金持有量(Q) = \sqrt{2T \times F/K} = \sqrt{2 \times 2\ 000\ 000 \times 4\ 000/10\%}$$
$$= 400\ 000(元)$$

$$最低现金管理相关总成本(TC) = \sqrt{2TFK} = \sqrt{2 \times 2\ 000\ 000 \times 4\ 000/10\%}$$
$$= 40\ 000(元)$$

$$转换成本(2000\ 000 \div 400\ 000) \times 4\ 000 = 20\ 000(元)$$

$$持有机会成本 = (400\ 000 \div 2) \times 10\% = 20\ 000(元)$$

$$有价证券交易次数 = 2\ 000\ 000 \div 400\ 000 = 5(次)$$

$$有价证券交易间隔期 = 360 \div 5 = 72(天)$$

练习与思考

龙威公司现金收支状况稳定，预计全年（按360天计算）的现金需要量4 000 000元，平时当手头宽裕时，公司会将其用于购买股票等有价证券进行投资，需要现金时，将有价证券兑换成现金，现金与有价证券的转换成本为每次400元，有价证券的年利率为8%。你能结合龙威公司全年的现金需要量等相关条件，确定最佳现金持有量吗？该公司在一年内有价证券交易次数为多少？持有现金的最低成本是多少？有价证券交易间隔期是多长？

任务三 应收账款的管理

任务介绍

明确应收账款管理的目标，发生应收账款的原因，确定适合企业应收账款管理的信用政策，在成本与收益比较原则的基础上，做出信用标准、信用条件和收账政策的具体决策方案，并通过采取应收账款的管理措施降低坏账损失风险，使企业提高应收账款管理水平。

基本知识

一、应收账款管理的功能与成本

（一）应收账款的功能

应收账款的功能是指它在生产经营中所具有的作用。主要表现在以下两个方面：

1. 促进销售的功能

一般地说，企业更希望现金销售，但是市场竞争的压力迫使企业提供信用业务即赊销，以便扩大销售渠道。在赊销方式下，企业在销售产品的同时，一方面向客户提供其所需的商品；另一方面也是向客户提供了一定时间内无偿使用的资金，这对购买方而言具有很大的吸引力。因此，赊销是一种重要的促销手段。在产品销售不畅、市场疲软、竞争不力的情况下，赊销的促销作用是十分明显的，特别是在企业销售新产品、开拓新市场时，赊销更具有重要的意义。由此可见，企业出于扩大销售的竞争需要，通常以赊销或其他优惠方式来吸引客户，于是产生了应收账款。由竞争引起的应收账款，是一种商业信用。

2. 减少存货

通过赊销可以加快产品销售的速度，从而降低存货的产成品数量，有利于降低产成品存货的管理费、仓储费和保险费等支出。因此，在产成品存货较多时，企业可以用较为优惠的价格条件进行赊销，把存货转化为应收账款，以节约各项存货支出。

（二）应收账款的成本

应收账款是企业的一项资金投放，是为了扩大销售和盈利而进行的投资。投资肯定要发生成本，企业因应收账款投资而产生的相应成本，即为应收账款成本，也称信用成本。其具体内容包括：

1. 机会成本

机会成本是指企业的资金投放在应收账款上而必然放弃其他投资机会而丧失的收益，如投资有价证券的利息收入。该项成本的大小通常与企业维持赊销业务所需资金数量、资金成本率（一般可视为短期有价证券的利息率）有关。其计算公式为：

$$应收账款的机会成本 = 应收账款占用资金 \times 资金成本率$$

其中，应收账款占用资金也就是企业维持赊销业务所需要的资金，资金成本率一般可按有价证券利息率来计算。维持赊销业务所需要的资金可按下列步骤计算：

（1）应收账款占用资金 = 应收账款平均余额 × 变动成本率

（2）应收账款平均余额 = 日销售平均余额 × 平均收账天数

变动成本率是变动成本占销售收入的比率，假设企业在成本稳定的情况下，也就是说企业的单位变动成本和固定成本总额保持不变，那么随着赊销业务的扩大，只要变动成本随之上升，企业占用在应收账款上的资金也随之变动。

例题解析 7-4

假设某企业全年赊销收入净额预测值为540万元，应收账款周转期（或平均收款期）为40天，变动成本率为60%，有价证券利息率为10%，则应收账款机会成本可计算如下：

$$应收账款平均余额 = 540/360 \times 40 = 60(万元)$$

$$应收账款占用资金 = 60 \times 60\% = 36(万元)$$

$$应收账款机会成本 = 36 \times 10\% = 3.6(万元)$$

以上计算表明，企业投放36万元的资金能维持540万元的赊销业务，相当于垫支资金的15倍之多，这一结果取决于应收账款的周转速度。在正常情况下，应收账款收账天数越少，一定数量资金所维持的赊销额就越大；应收账款收账天数越多，维持相同赊销业务所需要的资金数量就越大。而应收账款机会成本在很大程度上取决于企业维持赊销业务所需资金的多少。

2. 管理成本

应收账款的管理成本是指企业因管理应收账款而发生的各种费用，主要包括对客户的资信调查费用、应收账款账簿记录费用、收账费用以及其他费用，其中主要是收账费用。

3. 坏账损失

应收账款是基于商业信用而产生的存在无法收回的可能性。坏账损失是指企业的应收账款因故不能收回而发生的损失。这一成本一般同企业的应收账款的数量成正比，即应收账款越多，发生的坏账成本也越多。为增强企业抵御坏账风险的能力，避免给企业生产经营活动带来不利影响，企业应按规定以应收账款余额的一定比例提取坏账准备。

练习与思考

某企业预计年赊销额为360万元，应收账款平均收账期为40天，产品变动成本率为15%，有价证券利息率为8%，试进行以下计算：

(1) 应收账款平均余额。

(2) 维持赊销业务所需要的资金。

(3) 应收账款的机会成本。

二、信用政策的确定

应收账款的信用政策即应收账款的管理政策，是企业财务政策的重要组成部分。应收账款赊销效果的好坏，依赖于企业的信用政策。制定合理的信用政策，是加强应收账款管理、提高应收账款投资收益的重要前提。信用政策是指企业对应收账款进行管理而制定的根本原则和行为规范，主要包括信用标准、信用条件和收账政策三部分内容。

(一) 信用标准

信用标准是企业提供商业信用时要求客户所应具备的最低条件，通常以预期的坏账损失率表示。如客户达不到信用标准，则不能享受企业的信用或只能享受较低的信用优惠。信用标准必须合理，如果过高会使企业客户减少，这虽然有利于减少坏账损失及收账费用，但也可能会造成销售下降、库存增加，企业的竞争力受到削弱。相反，如果企业放宽信用标准，虽然有利于扩大销售收入，提高企业的市场份额，但同时也会导致坏账损失风险和收账费用增加。因此，企业应根据具体情况，制定适当的信用标准。

企业在制定信用标准时应考虑三个基本因素：

1. 同行业竞争对手的情况

面对竞争，企业首先考虑的是如何在竞争中处于优势地位，保持并不断扩大市场占有率。如果对手实力很强，企业欲取得或保持优势地位，就需采取较低（相对于竞争对手）的信用标准；反之，其信用标准可以相应严格一些。

2. 企业承担违约风险的能力

企业承担违约风险能力的强弱，对其信用标准的选择有着重要的影响，当企业具有较强的违约风险承担能力时，就可以以较低的信用标准提高竞争力，争取客户，扩大销售；反之，如果企业承担违约风险的能力较弱，就只能选择严格的信用标准以尽可能降低违约风险的程度。

3. 客户的资信程度

企业为了更好地保护自身利益，降低风险必须对客户的资信情况进行调查、分析，确定其客户的信用等级并决定是否向客户提供信用。对客户资信程度的评价通常采用以5C评估法。所谓5C评估法，是指重点分析影响客户信用状况的五个方面，即信用品质（character）、偿付能力（capacity）、资本（capital）、抵押品（collateral）和经济状况（conditions）。

（1）信用品质。信用品质指客户的信誉，即客户履行其偿债义务的可能性。企业必须设法了解客户过去的付款记录，看其是否具有按期如数付款的一贯做法、与其他供货企业的关系是否良好。信用品质反映了客户履约或违约的可能性，是信用评价体系中的首要因素。

（2）偿付能力。能力是指客户的偿债能力，即其流动资产的数量和质量以及与流动负债的比例。同时，还应注意客户流动资产的质量，看是否有存货过多、过时或质量下降，而影响其变现能力和支付能力的情况。

（3）资本。资本是指客户的财务实力和财务状况，表明客户可能偿还债务的背景。该指标主要是根据有关的财务比率来测定客户净资产的大小及其获利的可能性。

（4）抵押品。抵押品是指顾客拒付款项或无力支付款项时能被用做抵押的资产。这对于不知底细或信用状况有争议的顾客尤为重要。一旦收不到这些客户的款项，便以抵押品抵补。如果这些顾客能够提供足够的抵押品，就可以考虑向他们提供相应的交易信用。

（5）经济状况。经济状况是指可能影响顾客付款能力的经济环境。比如，万一出现经济不景气，会对顾客的付款产生什么影响，顾客会如何做等，这一点可以通过了解顾客在过去困难时期的付款历史，来分析外部环境的变化对客户偿付能力的影响及客户是否具有较强的应变能力。

企业通过以上五个方面的分析，基本上可以对客户的信用状况做出评价，作为企业向客户提供商业信用的依据。

（二）信用期间

信用期间是指企业允许顾客从购货到付款之间的时间，或者说是企业给予顾客的付款期间。例如，若某企业允许顾客在购货后的60天内付款，则信用期为60天。信用期过短，不足以吸引顾客，达不到企业扩大销售的目的；信用期过长，对销售额增加固然有利，但只顾及销售增长而盲目放宽信用期，就会占用大量的资金，并使坏账损失增加，就有可能使所得的收益被增长的费用抵消，甚至造成利润减少。因此，企业必须慎重研究，确定出恰当的信用期。

确定信用期时，主要是分析改变现行信用期对收入和成本的影响。延长信用期，会使销售额增加，产生有利影响；与此同时，应收账款、收账费用和坏账损失也会增加，会产生不利影响。只有当前者大于后者时，才可以延长信用期，否则不宜延长。考虑缩短信用期时，也是如此。

例题解析 7－5

某企业有两种信用标准可供选择，有关资料如表 7－4 所示。

表 7－4　某企业的有关资料

金额单位：元

项目 \ 方案	A	B
	坏账损失率≤10%	坏账损失率≤15%
销售收入	100 000	120 000
固定成本	3 000	3 000
变动成本	60 000	72 000
可能的收账费用	2 000	3 000
可能的坏账损失	10 000	18 000
平均收账期/天	45	60

该企业的综合资金成本为 10%，试做出信用标准决策。

采用 A 方案时：

① 销售毛利 = 100 000 － 3 000 － 60 000 = 37 000（元）

② 应收账款的机会成本 = 100 000 ÷ 360 × 45 × 60% × 10% = 750（元）

③ 采用 A 方案的净收益 = 37 000 － 2 000 － 10 000 － 750 = 24 250（元）

采用 B 方案时：

① 销售毛利 = 120 000 － 3 000 － 72 000 = 45 000（元）

② 应收账款的机会成本 = 120 000 ÷ 360 × 60 × 60% × 10% = 1 200（元）

③ 采用 B 方案的净收益 = 45 000 － 3 000 － 18 000 － 1 200 = 22 800（元）

比较 A、B 方案的净收益，应选 A 方案。

任务实施

确定信用期长短时应考虑的主要因素有哪些?

（三）现金折扣政策

现金折扣是指企业在赊销方式下，为了及早收回货款，在即定价格的基础上再给予的优惠。向顾客提供这种价格上的优惠，主要目的在于吸引顾客为享受优惠而提前付款，缩短企业的平均收款期。另外，现金折扣也能招揽一些视现金折扣为减价出售的顾客前来购货，借此扩大销售量。

现金折扣通常采用，如 2/10、1/20、*N*/30 这样一些符号表示。这三种符号的含义为：2/10 表示 10 天内付款，可享受 2% 的价格优惠，如原价为 10 000 元，10 天内付款，只需支付 9 800 元；1/20 表示 20 天内付款，可享受 1% 的价格优惠，若原价为 10 000 元，20 天内付款，需支付 9 900 元；*N*/30 表示付款的最后期限为 30 天，此时付款无优惠，需全额支付。

企业采用什么程度的现金折扣，要与信用期间结合起来考虑。不论是信用期间还是现金折扣，都可能给企业带来收益，但也会增加成本。当企业给予顾客某种现金折扣时，应当考虑折扣所能带来的收益与成本孰高孰低，权衡利弊，进行抉择。因为，现金折扣是与信用期间结合使用的，所以确定折扣程度的方法与程序实际上与前述确定信用期间的方法与程序基本一致。

例题解析7－6

某企业采用赊销方式销售甲产品，该产品的单位售价为20元，单位产品的变动成本为15元，固定成本总额为400 000元。当该企业没有对客户提供现金折扣时，该产品的年销售量为100 000件，应收账款的平均回收期为45天，坏账损失率为2%。为了增加销售，同时加速应收账款的回收，企业考虑给客户提供“2/10，N/60”的信用条件。估计采用这一新的信用条件后，销售量将增加20%，有70%的客户将在折扣期内付款，坏账损失率将降低1%。另外，应收账款的机会成本率为20%，该企业的生产能力有剩余。试选择对企业最有利的信用条件。

采用旧的信用条件时：

销售收入＝100 000×20＝2 000 000（元）

信用成本前边际收益＝2 000 000－100 000×15＝500 000（元）

应收账款的机会成本＝2 000 000×45÷360×75%×20%＝37 500（元）

应收账款的坏账成本＝2 000 000×2%＝40 000（元）

信用成本后收益＝500 000－37 500－40 000＝422 500（元）

采用新的信用条件时：

销售收入＝100 000×(1＋20%)×20＝2 400 000（元）

现金折扣＝2 400 000×70%×2%＝33 600（元）

信用成本前边际收益＝2 400 000－33 600－100 000×(1＋20%)×15＝566 400（元）

应收账款的机会成本＝2 400 000×(10×70%＋60×30%)÷360×75%×20%＝250 009（元）

应收账款的坏账成本＝2 400 000×1%＝24 000（元）

信用成本后收益＝566 400－25 000－24 000＝517 400（元）

通过计算可知，新的信用条件比原信用条件下信用成本后收益增加94 900元，所以应采用新的信用条件。

练习与思考

某公司计划将现行的现金折扣政策（N/30）改为（1/30，N/60），估计有一半的顾客将享受现金折扣政策，该公司投资的最低报酬率为15%，其他有关数据如表7－5所示。

表7－5　其他有关数据

项目＼方案	(N/30)	(1/30，N/60)
赊销收入/元	150 000	200 000
变动成本率/%	60	60
可能发生的收账费用/元	1 200	1 600
可能发生的坏账损失/元	1 600	2 800

要求：确定该公司是否应该变现金折扣政策。

三、应收账款的收账

应收账款发生后，企业应采取各种措施，尽量争取按期收回款项，否则会因拖欠时间过长而发生坏账，使企业蒙受损失。这些措施主要包括对应收账款回收情况的监督、对坏账损失的事先准备和制定适当的收账政策。

（一）应收账款回收情况的监督

企业已发生的应收账款时间有长有短各不相同，有的尚未超过收款信用期，有的则超过了收款信用期。一般来讲，拖欠时间越长，款项收回的可能性就越小，形成坏账的可能性就越大。对此，企业应实施严密的监督，随时掌握应收账款回收情况，实施监督一般可以通过编制账龄分析表来进行。某企业账龄分析表如表 7－6 所示。

表 7－6　应收账款账龄分析表

2016 年 12 月 31 日

应收账款账龄	账户数量/个	金额/元	结构百分比/%
信用期内	200	1 800 000	60
超信用期（1～30 天）	80	600 000	20
超信用期（31～50 天）	50	200 000	6.7
超信用期（51～80 天）	20	150 000	5
超信用期（81～100 天）	20	100 000	3.3
超信用期（100 天以上）	30	150 000	5
合计	400	3 000 000	100

利用企业账龄分析表，企业可以了解到以下情况：

（1）有多少欠款尚在信用期内。这些款项未到偿还期，欠款是正常的，处在信用期内的应收账款占全部应收账款的比例越高越好；但到期后能否收回，还有很大的不确定性，故进行及时的监督仍是必要的。

（2）有多少欠款超过了信用期，超过时间长短的款项各占多少，有多少欠款会因拖欠时间太久而可能成为坏账。对不同拖欠时间的欠款，企业应采取不同的收账方法，制定出经济、可行的收账政策；对可能发生的坏账损失，则应提前做出准备，充分估计这一因素对损益的影响。

（二）收账政策的制定

收账政策是指企业对各种不同超信用期账款的催收方式，包括准备为此付出的代价。比如，对超信用期较短的顾客，不过多地打扰，以免将来失去这一市场；对超信用期稍长的顾客，可措辞婉转地写信催款；对超信用期较长的顾客，频繁的信件催款并电话催询；对超信用期很长的顾客，可在催款时措辞严厉，必要时提请有关部门仲裁或提请诉讼等。

企业催收超过信用期的账款是要发生费用的，某些催款方式发生的费用还会很高（如诉讼费）。一般说来，收账的花费越大，收账措施就越有力，可收回的账款应越大，坏账损失也就越小。因此制定收账政策，又要在收账费用和所减少坏账损失之间作出权衡，制定有效、适当的收账政策。

练习与思考

某公司的年赊销收入为 720 万元，平均收账期为 60 天，坏账损失率为赊销额的 10%，年收账费用为5万元，该公司认为通过增加收账人员等措施，可以使平均收账期降为50天，坏账损失率降为赊销额的7%，假设公司的资金成本率为6%，变动成本率为50%，要求：计算使上述变更经济上合理，新增加收账费用的上限（每年按360天计算）。

任务实施

1. 将同学分组，以组为单位确定该企业是否放宽信用期，信用期多少天适当。

2. 某公司现在采用30天按发票金额付款的信用政策，拟将信用期放宽至60和90天，仍按发票金额付款即不给予商业折扣，该公司投资的最低报酬率为15%，其他有关的数据见表7－7。

表7－7　其他有关数据

信用期/天 项目	30	60	90
销售量/件	100 000	110 000	120 000
销售额（单价10元）			
销售成本/元			
变动成本（每件9元）			
固定成本/元	50 000	50 000	50 000
毛利/元			
收账费用/元	2 000	5 000	10 000
坏账损失/元	1 000	5 000	15 000

任务四　存货的管理

任务介绍

明确存货的分类与功能、存货的成本和存货的控制方法。由于储存存货具有防止停工待料、适应市场变化、降低进货成本和维持均衡生产的固有功能，企业必须储备一定的存货，但也会由此而发生进货成本、储存成本和缺货成本等各项支出，经济进货批量控制就是确定能够使一定时期存货的相关总成本达到最低点的进货数量。通过学习，将存货的管理方法运用到实际。

基本知识

一、存货的功能

存货是指企业在生产经营过程中为销售或者耗用而储备的物资，包括材料、燃料、低值易耗品、在产品、半成品、产成品、协作件、商品等。存货管理水平的高低直接影响着企业的生产经营能否顺利进行，并最终影响企业的收益、风险等状况。因此，存货管理是财务管理的一项重要内容。

存货管理的目标，就是要尽力在各种存货成本与存货效益之间作出权衡，在充分发挥存货功能的基础上，降低存货成本，实现两者的最佳组合。存货的功能是指存货在企业生产经营过程中起到的作用，具体包括以下五个方面：

（一）保证生产正常进行

生产过程中需要的原材料和在产品，是生产的物质保证。为保障生产的正常进行，必须储备一定量的原材料，否则可能会造成生产中断、停工待料的现象。

（二）有利于销售

一定数量的存货储备能够增加企业在生产和销售方面的机动性和适应市场变化的能力。当企业市场需求量增加时，若产品储备不足就有可能失去销售良机，所以保持一定量的存货是有利于市场销售的。

（三）便于维持均衡生产，降低产品成本

有些企业产品属于季节性产品或者需求波动较大的产品，此时若根据需求状况组织生产，则可能有时生产能力得不到充分利用，有时又超负荷生产，这会造成产品成本的上升。

（四）降低存货取得成本

一般情况下，当企业进行采购时，进货总成本与采购物资的单价和采购次数有密切关系。而许多供应商为鼓励客户多购买其产品，往往在客户采购量达到一定数量时，给予价格折扣，所以企业通过大批量集中进货，既可以享受价格折扣，降低购置成本，也因减少订货次数，降低了订货成本，使总的进货成本降低。

（五）防止意外事件的发生

企业在采购、运输、生产和销售过程中，都可能发生意料之外的事故，保持必要的存货保险储备，可以避免和减少意外事件造成的损失。

二、储备存货的有关成本

（一）取得成本

取得成本是指为取得某种存货而支出的成本，通常用 TC_1 来表示。其下又分为订货成本和购置成本。

1. 订货成本

订货成本又称进货费用，是指取得订单的成本，如办公费、差旅费、邮资、电话费等支出。其中，有一部分与订货次数无关，如常设采购机构的基本开支等，称为订货的固定成本，用 F_1 表示，属于决策的无关成本；另一部分与订货次数有关，如差旅费、邮资等与订货次数成正比例变动，称为订货的变动成本，这类成本属于决策的相关成本。每次订货的变动成本用 K 表示；订货次数等于存货年需要量 D 与每次进货量 Q 之商。

订货成本的计算公式为：

$$订货成本 = F_1 + D/Q \times K$$

2. 购置成本

购置成本是指存货本身的价值，经常用数量与单价的乘积来确定。在一定时期进货总量既定的情况下，无论企业采购次数如何变化，存货的购置成本通常是保持相对稳定的（假设物价不变且无采购数量折扣），因而属于决策无关成本。年需要量用 D 表示，单价用 U 表示。

购置成本的计算公式为：购置成本 $= DU$

3. 取得成本的计算

取得成本等于订货成本加上购置成本。其公式可表达为：

取得成本(TC_1) = 订货成本 + 购置成本

= 订货固定成本 + 订货变动成本 + 购置成本 $= F_1 + D/Q \times K + DU$

（二）储存成本

储存成本是指为储存存货而发生的成本，包括存货占用资金所应计的利息（若企业用现有现金购买存货，便失去了现金存放银行或投资于证券本应取得的利息，即机会成本；若企业用借款购买存货，便要支付利息费用，即资金占用费）、仓库费用、保险费用、存货破损和变质损失等，通常用 TC_2 来表示。

储存成本也分为固定成本和变动成本。固定成本与存货数量的多少无关，如仓库折旧、仓库职工的工资等，这类成本属于决策的无关成本，常用 F_2 表示；变动成本与存货的数量有关，如存货占用资金的应计利息、存货的破损和变质损失、存货的保险费用等随着存货数量的增加而增加的成本，这类成本属于决策的相关成本，单位储存变动成本用 C 来表示。

储存成本用公式表达为：

储存成本（TC_2）= 储存固定成本 + 储存变动成本 $= F_2 + Q/2 \times C$

（三）缺货成本

缺货成本是指由于存货供应中断，使生产经营将被迫停顿而造成的损失，包括材料供应中断造成的停工损失、产成品库存缺货造成延误发货的信誉损失和丧失销售机会的损失、紧急采购损失等。缺货成本用 TC_3 表示。其能否作为决策的相关成本，应视企业是否允许出现存货短缺的不同情况而定。若允许缺货，则缺货成本随着平均存货的减少而增加，属于决策相关成本；若企业不允许发生缺货情形，此时缺货成本为零，也就无须加以考虑。

储备存货的总成本以 TC 来表示，它的计算公式为：

$$TC = TC_1 + TC_2 + TC_3$$

企业存货的最优化，即是使上式 TC 值最小。

三、存货决策

经济订货批量是指能够使一定时期存货的相关总成本达到最低点的进货数量。通过上述对存货成本分析可知，决定存货经济进货批量的成本因素主要包括变动性进货费用（简称进货费用）、变动性储存成本（简称储存成本）以及允许缺货时的缺货成本。不同的成本项目与进货批量呈现着不同的变动关系。减少进货批量，增加进货次数，在使储存成本降低的同时，也会导致进货费用与缺货成本的提高；相反，增加进货批量，减少进货次数，尽管有利于降低进货费用与缺货成本，但同时会使储存成本提高。因此，如何协调各项成本间的关系，使其总和保持最低水平，是企业组织进货过程需解决的主要问题。

存货的决策涉及四项内容：决定进货项目、选择供应单位、决定进货时间和决定进货批量。决定进货项目和选择供应单位是销售部门、采购部门和生产部门的职责。财务部门要做的是决定进货时间和决定进货批量。按照存货管理的目的，需要通过确定合理的进货批量和进货时间，使存货的总成本最低，这个批量叫做经济订货量或经济批量。

与存货总成本有关的变量（即影响总成本的因素）很多，为了解决比较复杂的问题。

这里需要设立一些假设，在此假设基础上建立经济订货量的基本模型。

（一）经济订货量基本模型

经济订货量基本模型以如下假设为前提：

（1）企业能够及时补充存货，即需要订货时便可立即取得存货。

（2）能集中到货，而不是陆续入库。

（3）不允许缺货，即无缺货成本，这是因为良好的存货管理本来就不应该出现缺货成本。

（4）需求量稳定，并且能预测，即为已知常量。

（5）存货单价不变，不考虑现金折扣。

（6）企业现金充足，不会因现金短缺而影响进货。

（7）所需存货市场供应充足，不会存在买不到需要的存货的情况。

设立了上述假设条件后，由于企业不允许缺货，即每当存货数量降至零时，下一批订货便会随即全部购入，故不存在缺货成本。此时与存货订购批量、批次直接相关的就只有订货成本和储存成本两项，则有：

$$\text{存货相关总成本} = \frac{\text{存货全年计划进货总量}}{\text{每次进货批量}} \times \text{每次进货费用} + \frac{\text{每次进货批量}}{2} \times \text{单位存货年储存成本}$$

假设，Q 为经济进货批量；A 为某种存货年度计划进货总量；B 为平均每次进货费用；C 为单位存货年度单位储存成本；P 为进货单价。存货相关总成本 TC 的值大小取决于 Q。为了求出 TC 的极小值，对其进行求导演算，可得出下列公式：

$$\text{经济进货批量 } Q = \sqrt{\frac{2AB}{C}}$$

$$\text{经济进货批量的存货相关总成本 } TC = \sqrt{2ABC}$$

$$\text{经济进货批量平均占用资金 } W = \frac{PQ}{2} = P\sqrt{\frac{AB}{2C}}$$

$$\text{年度最佳进货批次 } N = \frac{A}{Q} = \sqrt{\frac{AC}{2B}}$$

例题解析 7－7

某企业每年需耗用甲材料 3 600 吨，该材料的单位采购成本 10 万元，单位年储存成本 2 万元，平均每次进货费用 25 万元，则：

$$\text{经济进货批量 } Q = \sqrt{\frac{2AB}{C}} = \sqrt{\frac{2 \times 3\ 600 \times 25}{2}} = 300 \text{（吨）}$$

$$\text{经济进货批量的存货相关总成本 } TC = \sqrt{2ABC} = \sqrt{2 \times 25 \times 3\ 600 \times 2} = 600 \text{（万元）}$$

$$\text{经济进货批量平均占用资金 } W = \frac{PQ}{2} = P\sqrt{\frac{AB}{2C}} = \frac{10 \times 300}{2} = 1\ 500 \text{（万元）}$$

$$\text{年度最佳进货批次 } N = \frac{A}{Q} = \sqrt{\frac{AC}{2B}} = \frac{3\ 600}{300} = 12 \text{（次）}$$

上述计算表明，当进货批量为 300 吨时，进货费用与储存成本总额最低。

（二）实行商业折扣的经济订货批量模型

为了鼓励客户购买更多的商品，销售企业通常会给予不同程度的价格优惠，即商业折扣或称价格折扣，购买产品越多，所获得的价格优惠越大。此时，进货企业对经济订货量的确定，除了要考虑进货费用与储存成本外，还应考虑存货的进价成本，因为此时的存货进价成本已经与进货数量的大小有了直接的联系，属于决策的相关成本。即在经济订货量基本模型其他各种假设条件均具备的前提下，存在商业折扣时的存货相关总成本可按下式计算：

存货相关总成本 = 进货成本 + 相关进货费用 + 相关存储成本

实行商业折扣的经济订货量具体确定步骤如下：

第一步，按照基本经济订货量模型确定经济订货量，并计算按经济订货量进货时的存货相关总成本。

第二步，计算按给予商业折扣的经济订货量进货时，各种经济订货量存货相关总成本。

如果给予数量折扣的进货批量是一个范围，如进货数量在1 000 ~ 1 999 千克之间可享受2%的价格优惠，此时按给予数量折扣的最低进货批量，即按 1 000 千克计算存货相关总成本。

第三步，比较不同进货批量的存货相关总成本，最低存货相关总成本对应的进货批量，就是实行数量折扣的最佳经济进货批量。

例题解析 7-8

某企业每年需耗用甲材料 3 600 千克，该材料的单位采购成本 10 元，单位年储存成本 2 元，平均每次进货费用 25 元，销售企业规定：客户每批购买量不足 500 千克的，按照标准价格计算；每批购买量 500 千克以上，1 000 千克以下的，价格优惠 2%；每批购买量 1 000 千克以上的，1500 千克以下的价格优惠 3%。则：

按经济进货批量基本模型确定的经济订货量为：

$$Q = \sqrt{\frac{2AB}{C}} = \sqrt{\frac{2 \times 3\ 600 \times 25}{2}} = 300\ (千克)$$

每次进货 300 千克的存货相关总成本为：

3 600 × 10 + 3 600/300 × 25 + 300/2 × 2 = 36 600（元）

每次进货 500 千克时的存货相关总成本 = 3 600 × 10 ×（1 − 2%）+ 3 600/500 × 25 + 500/2 × 2 = 35 960（元）

每次进货 1 000 千克时的存货相关总成本 = 3 600 × 10 ×（1 − 3%）+ 3 600/1 000 × 25 + 1 000/2 × 2 = 36 010（元）

通过比较发现，每次进货为 500 千克时的存货相关总成本最低，所以此时最佳经济进货批量为 500 千克。

（三）采购需要时间情况下的采购决策

在基本存货经济批量决策中假设采购不需要时间，这在实际中是很难做到的，因此，必须提前进行采购。在企业尚有存货的情况下，提前进行采购，此时的库存量称为订货点，用 R 来表示，它的数量等于采购需要时间（L）和每日平均需用量（d）的乘积：

$$R = L \times d$$

在这种情况下，存货的经济批量并没有发生变化，只是采购时间需要提前。

例题解析 7-9

某企业生产周期为一年，甲种原材料年需要量 3 60 000 千克，则该企业每日平均需用量

(d) 为：

$$d = 3\ 60\ 000/360 = 1\ 000(\text{千克})$$

如上述企业采购需要时间为 5 天，则该企业的再订货点为：

$$R = 1\ 000 \times 5 = 5\ 000(\text{千克})$$

即当该材料尚有 5 000 千克时就应当组织采购，等到下批采购的甲材料到达时，原有库存刚好用完。

练习与思考

某企业甲材料的年需要量为 16 000 千克，每千克标准价为 20 元。销售企业规定：客户每批购买量不足 1 000 千克的，按照标准价格计算；每批购买量 1 000 千克以上，2 000 千克以下的，价格优惠 2%；每批购买量 2 000 千克以上的，价格优惠 3%。已知每批进货费用 600 元，单位材料的年储存成本 30 元。确定该企业最佳经济订货量是多少？

四、存货的日常管理

（一）存货储存期控制

无论是商业企业还是工业企业，其商品或产成品一旦入库，就面临着如何尽快销售出去的问题。这是因为：一是商品或产成品在储存过程中要发生储存成本；二是市场供求关系变化莫测，储存期过长有可能导致企业的商品或产品滞销而给企业带来损失。因此，尽力缩短存货储存期，加速存货周转，是提高企业经济效益、降低企业经营风险的重要手段。

存货在储存过程中发生的费用，按照与储存时间的关系可以分为固定储存费用和变动储存费用。前者与存货储存期的长短无直接关系，后者则随储存期的长短变化成正比例增减变动，如存货资金占用费、仓储保管费等。

根据本量利分析的原理，上述费用与利润之间存在以下关系：

利润 = 毛利 – 销售税金及附加 – 固定储存费用 – 每日变动储存费 × 储存天数

由上式可得：

存货保本储存天数 = (毛利 – 销售税金及附加 – 固定储存费)/每日变动储存费

存货保利储存天数 = (毛利 – 销售税金及附加 – 固定储存费用 – 目标利润)/每日变动储存费

对存货储存期进行分析测算及控制，可以及时地为经营决策者提供存货的储存状态信息，以便决策者对不同的存货采取相应的措施。一般而言，凡是已过保本期的商品大多属于积压呆滞的存货，企业应该采取降价促销的办法，尽快将其推销出去；对超过保利期但未过保本期的存货，应当查明原因，找出对策，力争在保本期内将其销售出去；对于尚未超过保利期的存货，应当严密监督，防止发生过期损失。企业每隔一段时间应对各类商品或产品的销售状况作出总结，调整企业未来的产品结构，提高存货的周转速度和投资效益。

例题解析 7 – 10

某商品流通企业购进甲商品 3 000 件，单位进价 50 元（不含增值税），单位售价 70 元（不含增值税），经销该商品的固定费用为 30 000 元，销售税金及附加 2 000 元，每日变动储存费为 200 元，则：

（1）该批存货的保本储存期 = [(70 – 50) × 3 000 – 2 000 – 30 000] ÷ 200 = 140（天）

（2）若该企业欲获得 20 000 元利润，则：

保利储存期 = [（70 - 50）×3 000 - 2 000 - 30 000 - 20 000] ÷200 = 40（天）

（3）若该企业实际储存期为60天，则：

实际获利额 = 20 000 - 200 ×（60 - 40）= 16 000（元）

练习与思考

某批发企业购进某商品1 000件，单位购进成本为50元，售价为80元，均不含增值税，销售该商品的固定费用为10 000元，销售税金及附加为3 000元，该商品使用增值税率为17%，企业购货款为银行借款，年利息率为14.4%，存货月保管费用为存货价值的0.3%，设企业的目标资金利润率为20%，计算保本期及保利期。

（二）存货ABC分类法

由于企业存货品种繁多，存货收发频繁，各种存货的单价也高低不一，因此划分主次，对每一种存货都进行周密的计划和严格的控制，势必降低人力物力。ABC控制法正是针对这一问题而提出来的。

所谓ABC分类发，就是指按照一定的标准，将企业的存货划分为A、B、C三类，分别采取不同的控制方法。“一定的标准”通常是指金额标准和数量标准，金额标准是最基本的。其中A类存货的特点是：存货金额很大，品种数量很少。B类存货的特点是：存货金额一般，品种数量较多。C类存货的特点是：存货金额很小，品种数量繁多。

A类存货的成本占全部存货成本的70%以上，而品种数量则不超过20%；在不同企业中，A类存货的划分可视具体情况决定。由于A类存货价值大，品种数量小，其存货数量稍有过量，就会大量占用资金。因此，A类存货应作为重点控制对象，对其订购批量、订货点和保险储备量等，均应运用前述方法确定，严格执行，并根据情况的变动随时调整。对存货的收入、发出和结存应有永续盘存的详细记录，对库存动态应进行严密的监督。对B类存货的控制可以略松于A类存货，作为一般控制对象，对其经济订购批量和订货点的调整、检查存货等，每季或每半年进行一次，尽量多采用联合订购的方式。收发记录也可以从简。对于C类存货，其品种数量多而价值低，因而不是控制的主要对象，只需采取简单的控制方法即可，如可以定期检查库存，凭经验确定订购批量，每季、每半年订购一次，保险储备量可以少些，不必为每次收发做详细记录。显然，按ABC控制法对存货进行控制，可以突出重点区别对待，做到主次分明，抓住存货控制的主要矛盾。

实操训练

一、单项选择题

1. 现金循环周期的变化会直接影响所需营运资金的数额。一般来说，下列会导致营运资金数额变小的是（　　）。

   A. 存货周转期变长　　B. 应收账款周转期变长

   C. 应付账款周转期变长　　D. 应付账款周转期变短

2. 发生应收账款的原因是（　　）。

   A. 商业竞争　　B. 提高速动比率

   C. 加强流动资金的周转　　D. 减少坏账损失

3. 现金管理的成本分析模式下，具有固定成本性质的是（　　）。

   A. 转换成本　　B. 持有成本

C. 管理成本 D. 短缺成本

4. 现金持有量与短缺成本二者的关系是（ ）。

A. 正比例关系 B. 反比例关系

C. 不变 D. 相互抵消

5. 现金管理的目标是（ ）。

A. 权衡流动性和收益性 B. 权衡流动性和风险性

C. 权衡收益性和风险性 D. 权衡收益性、流动性、风险性

6. 是否给客户提供赊销，最主要是要评价客户的（ ）。

A. 偿债能力 B. 财务实力

C. 抵押品质量 D. 信用品质

7. 收账费用与坏账损失二者的关系是（ ）。

A. 收账费用增加的比例与坏账损失减少的比例相同

B. 收账费用增加的比例与坏账损失增加的比例相同

C. 收账费用与坏账损失线性相关

D. 收账费用与坏账损非失线性相关

8. 在其他因素不变的情况下，企业采用积极的收账政策，可能导致的后果是（ ）。

A. 坏账损失增加 B. 应收账款增加

C. 收账成本增加 D. 平均收账期延长

9. 企业信用政策的主要内容不包括（ ）。

A. 确定信用标准 B. 确定信用条件

C. 确定信用期限 D. 确定收账政策

10. 存货的 ABC 控制法下应重点管理的存货是（ ）。

A. A 类 B. B 类

C. C 类 D. A 类、B 类、C 类

二、多项选择题

1. 流动资产投资又称经营性投资，与固定资产投资相比，下列说法正确的是（ ）。

A. 投资回收期短 B. 流动性强

C. 具有并存性 D. 具有波动性

2. 企业置存现金主要是出于（ ）考虑。

A. 满足日常业务对现金的需求 B. 应付意外开支

C. 减少机会成本 D. 增强资产盈利性

3. 现金折扣政策的目的在于（ ）。

A. 吸引顾客为享受优惠而提前付款 B. 减轻企业税负

C. 缩短企业平均收款期 D. 扩大销售量

4. 营运资金周转，是指企业的营运资金从现金投入生产经营开始，到最终转化为现金为止的过程。营运资金周转通常与现金周转密切相关，现金的周转过程主要包括（ ）。

A. 存货周转期 B. 应付账款周转期

C. 应收账款周转期 D. 预收账款周转期

5. 延长信用期间有可能会使（　　）。

A. 销售额增加　　B. 应收账款增加

C. 收账费用增加　　D. 坏账损失增加

6. 存货模式下现金管理总成本包括（　　）。

A. 持有成本　　B. 转换成本

C. 短缺成本　　D. 管理成本

7. 提供比较优惠的信用条件，可增加销售量，但也会付出一定代价，主要有（　　）。

A. 应收账款机会成本　　B. 坏账损失

C. 现金折扣成本　　D. 收账费用

8. 应收账款的总成本包括（　　）。

A. 机会成本　　B. 转换成本

C. 坏账损失　　D. 收账费用

9. 采用积极收账政策，可能给企业带来的影响是（　　）。

A. 收账费用减少　　B. 应收账款增加

C. 收账费用增加　　D. 坏账损失减少

三、判断题

1. 企业持有一定数量的现金主要是基于交易动机、预防动机和投机动机。（　　）

2. 现金的持有成本，是指企业因保留一定现金余额而增加的管理费用。（　　）

3. 赊销是扩大销售的有利手段之一，企业应尽可能放宽信用条件，增加赊销量。（　　）

4. 由于现金的收益能力较差，企业不宜保留过多现金。（　　）

5. 企业缺乏必要的现金，将不能应付业务开支，由此而造成损失，称之为现金机会成本。（　　）

6. 若企业现金持有量减少，则机会成本和管理费用减少，短缺成本增加。（　　）

7. 应收账款的收账费用与坏账损失一般是成正比例关系。（　　）

8. 存货管理的目标是达到存货成本和存货效益之间的最佳结合。（　　）

9. 允许缺货的情况下，能够使变动性进货费用、变动性储存成本以及缺货成本总和最低的批量便是经济进货批量。（　　）

10. 企业的信用标准严格，给予客户的信用期限很短，使得应收账款周转率很高，将有利于增加企业的利润。（　　）

四、计算题

1. 某企业每年需耗用某材料 90 000 件，单位材料年存储成本 4 元，平均每次进货费用为 1 800 元，某材料全年平均单价为 40 元。

回答下列互不相关的问题：

(1) 假定满足经济进货批量基本模型的全部假设前提：

① 经济进货批量。

② 年度最佳进货批数。

③ 相关进货费用。

④ 相关存储成本。

⑤ 经济进货批量相关总成本。

⑥ 经济进货批量平均占用资金。

（2）如果每次购买批量在 10 000 ~ 20 000 件之内，可以享受 1% 的价格折扣；每次购买批量在 20 000 件以上，价格优惠 2%，确定经济进货批量。

2. 已知：某公司现金收支稳定，预计全年（按 360 天计算）现金需要量为 100 万元，现金与有价证券的转换成本为每次 250 元，有价证券年利率为 10%。

要求：

（1）计算最佳现金持有量。

（2）计算最低全年现金管理相关总成本以及转换成本和持有机会成本。

（3）计算最佳现金持有量下的全年有价证券交易次数和有价证券交易间隔。

五、案例分析题

龙威公司是一个商业企业。由于目前的信用条件过于严厉，不利于扩大销售，该公司正在研究修改现行的信用条件。现有甲、乙、丙三个放宽信用条件的备选方案，有关数据如表 7－8 所示。

表 7－8　甲、乙、丙方案信用条件表

项目	甲方案（N/60）	乙方案（N/90）	丙方案（2/30，N/90）
每年赊销额/万元	1 440	1 530	1 620
每年收账费用/万元	20	25	30
固定成本/万元	32	35	40
坏账损失率/%	2.5	3	4

已知该公司的变动成本率为 80%，资金成本率为 10%。坏账损失率是指预计年度坏账损失和赊销额的百分比。在丙方案中，估计有 40% 的客户会享受现金折扣，有 60% 的客户在信用期内付款。

要求：

（1）计算丙方案的下列指标。

① 应收账款平均收账天数。

② 应收账款机会成本。

③ 现金折扣。

（2）通过计算填列表格（表 7－9），并选择一个最优的方案（一年按 360 天计算）。

表 7－9　甲、乙、丙应收账款方案决策计算表

单位：元

项目	甲方案（N/60）	乙方案（N/90）	丙方案（2/30，N/90）
年赊销额			
减：现金折扣	—	—	
年赊销额净额			
减：固定成本			
变动成本			

续表

项目	甲方案（N/60）	乙方案（N/90）	丙方案（2/30，N/90）
信用成本前收益			
减：应收账款机会成本			
坏账损失			
收账费用			
信用成本合计			
信用成本后收益			

项目八

利润分配管理

知识目标

1. 了解利润分配的顺序；
2. 掌握企业的股利政策的基本类型；
3. 掌握企业股利分配程序及方案；
4. 掌握股票股利、股票分割、股票回购的概念和特点。

技能目标

能够根据企业的特点确定具体的收益分配方案和具体的分配策略。

案例导入

上市公司发放股票股利的偏好

每到年报集中披露的季节，对投资者来说，在关心上市公司业绩的同时，也很关心公司未来可能的分配情况。统计表明，很长一段时期以来，我国的不少上市公司在股利分配方面有一种特别的偏好，就是热衷于股票股利分配，而对现金分配不太感兴趣。不久前管理层有意要把现金股利作为上市公司再筹资的必要条件，这是树立投资者信心、保护投资者利益的重大举措。那么，我国上市公司为什么热衷于股票股利分配？股票股利的分配情况怎样呢？有些什么特征？存在哪些问题？上市公司管理层在分配现金股利时又考虑了哪些因素？这是很有意思的课题。

从历史资料看，公司发放股票股利多为趋利动机所致。股票股利最早出现在英国伊丽莎白时代。1600 年英国成立东印度公司。1682 年，东印度公司没有足够的现金向股东支付股利，只好以股份来代替现金股利，分配比例是 100 股送 1 股，这是世界首例股票股利。十八和十九世纪，英国公司开始频繁地发放股票股利。而在美国，较早并经常被讨论的股票股利分配案例发生在 1869 年，当时纽约中心铁路公司在即将与亚得逊河铁路公司合并之前宣布分配股票股利。尽管股票股利也要支付所得税，但股票股利在当时的美国却十分盛行。在 1922 年之前的 7 年里，美国最高法院豁免了投资者的股票股利的所得税，当时股票股利的支付比率是 14.5%。而在之后的 7 年里，股票股利的支付比例高达 57%。在 1936 年至 1937 年期间，不少美国上市公司支付股票股利是为了避免“未分配利润税”。到 20 世纪 70 年代中期以后，随着资本市场的迅速发展，股票股利在美国开始逐渐减少。目前国内专门研究股票股利的文献不多，要寻找合适的研究切入口有一定难度。研究结果表明，我国上市公司股票股利分配偏好明显，虽然近年来股票股利分配呈下降趋势，但是股票股利的平均支付水平仍然比较高。而回归分析的结果又显示，流通股股东比较偏好股票股利，而国家股股东和境内法人股东对股票股利兴趣不大。

思考题：

1. 我国上市公司为什么热衷于股票股利分配？
2. 你认为股利分配与不同国家、不同行业、不同公司有什么关系？
3. 股利政策主要有哪些功能？

任务一　熟悉利润分配的基本知识

任务介绍

利润分配是财务管理的主要内容之一，企业的利润分配不仅会影响企业的筹资和投资决策，而且还涉及国家、企业、投资者、职工等多方面的利益关系，涉及企业长远利益与近期利益、整体利益与局部利益等关系的处理与协调。因此，作为企业的财务管理人员，必须掌握利润分配的基本知识和技能。

基本知识

一、什么是利润分配

利润分配有广义和狭义之分，广义的利润分配是指对企业收入和利润进行分配的过程，狭义的利润分配则指对企业净利润的分配。本项目指狭义的利润分配，即利润分配，是将企业实现的净利润，按照国家财务制度规定的分配形式和分配顺序，在国家、企业和投资者之间进行的分配。利润分配的过程与结果，是关系到所有者的合法权益能否得到保护，企业能否长期、稳定发展的重要问题，为此，企业必须加强利润分配的管理和核算。企业利润分配的主体一般有国家、投资者、企业和企业内部职工；利润分配的对象主要是企业实现的净利润；利润分配的时间是利润分配义务发生的时间和企业作出决定向内、向外分配利润的时间。

二、利润分配的原则

（一）依法分配原则

企业的利润分配必须依法进行，这是正确处理各方面利益关系的关键。国家为了规范企业的利润分配行为，制定和颁布了若干法规，这些法规规定了企业利润分配的基本要求、一般程序和重大比例等，企业应该认真执行，不得违反。

（二）兼顾各方面利益原则

企业的收益分配必须兼顾各方面的利益。企业是经济社会的基本单元，企业的收益分配直接关系到各方的切身利益。企业除依法纳税外，投资者作为资本投入者、企业的所有者，依法享有净收益的分配权。企业的债权人，在向企业投入资金的同时也承担了一定的风险，企业的收益分配中应当体现出对债权人利益的充分保护，不能伤害债权人的利益。另外，企业的员工是企业净收益的直接创造者，企业的收益分配应当考虑到员工的长远利益。因此，企业进行收益分配时，应当统筹兼顾，维护各利益相关团体的合法权益。

（三）资本保全原则

企业的收益分配必须以资本的保全为前提。企业的收益分配是对投资者投入资本的增值部分所进行的分配，不是投资者资本金的返还。以企业的资本金进行的分配，属于一种清算行为，而不是收益的分配。企业必须在有可供分配留存收益的情况下进行收益分配，只有这样才能充分保护投资者的利益。

（四）分配与积累并重原则

企业的利润分配，要正确处理长期利益和短期利益这两者的关系，坚持分配与积累并重。企业除按规定提取法定盈余公积金以外，可适当留存一部分利润作为积累，这部分未分配利润仍归企业所有者所有。这部分积累的净利润不仅可以为企业扩大生产筹措资金，增强企业发展能力和抵抗风险的能力，同时，还可以供未来年度进行分配，起到以丰补歉、平抑利润分配数额波动、稳定投资报酬率的作用。

（五）投资与收益对等原则

通常而言，企业的收益分配必须遵循投资与收益对等的原则，即企业进行收益分配应当体现"谁投资谁收益"、收益大小与投资比例相对应的原则。投资与收益对等原则是正确处理投资者利益关系的关键。投资者因其投资行为而享有收益权，投资收益应同其投资比例对等。企业在向投资者分配收益时，应本着平等一致的原则，按照投资者投入资本的比例来进行分配，不允许发生任何一方随意多分多占的现象。这样才能从根本上实现收益分配中的公开、公平、公正，保护投资者的利益，增强投资者的积极性。

练习与思考

利润分配应遵循的原则中（　　）是正确处理投资者利益关系的关键。

A. 依法分配原则　　B. 兼顾各方面利益原则

C. 分配与积累　　D. 投资与收益对等原则

三、利润分配的项目和顺序

（一）利润分配的项目

按照我国《公司法》的规定，利润分配的项目包括以下部分：

企业当年实现的税后净利润，应按国家规定的顺序进行分配。如果企业发生亏损，应按规定程序进行弥补，如属年度亏损可以用下一年度的利润进行弥补。下一年度利润不足弥补的，可以在5年内延续税前弥补；5年内不足弥补的，应当用税后利润弥补。企业发生的年度亏损以及超过用利润抵补5年期限的，还可以用企业的公积金弥补。如果企业以前年度亏损未弥补完，不得提取法定盈余公积金；在提取盈余公积金以前，不得向投资者分配利润。

利润分配核算的主要内容有：

（1）按照国家有关规定，弥补以前年度的亏损。

（2）按照国家有关规定或投资人的决议，提取公积金。

（3）向投资者分配并支付利润。

（4）预留未分配利润。

（二）利润分配的顺序

（1）计算可供分配的利润。将本年利润（亏损）与年初未分配利润（或未弥补亏损）合并，计算出可供分配利润。如果可供分配利润为负数，则不能进行后续分配。

（2）计提法定盈余公积金。按抵减年初累计亏损后的本年净利润计提法定盈余公积金。

（3）计提任意盈余公积金。

（4）向股东支付股利。

（5）向投资者分红。

公司股东会或董事会违反上述利润分配顺序，在抵补亏损和提取法定盈余公积金、公益金之前向股东分配利润的，必须将违反规定发放的利润退还公司。

练习与思考

当法定盈余公积金达到注册资本的（　　）时，企业可不再提取法定盈余公积金。

A. 25%　　B. 50%　　C. 80%　　D. 100%

四、股利支付的程序和方式

股利分配是指公司制企业向股东分派股利，是企业利润分配的一部分。股利分配涉及的内容有：

（一）股利支付的程序

股利支付的程序是指股份公司向股东支付股利的过程，主要涉及股利宣告日、股利登记日、除息日和股利支付日。

（1）股利宣告日：即公司董事会将股利支付情况予以公告的日期。

（2）股权登记日：即有权领取股利的股东资格登记截止的日期，也称除权日。

（3）除息日：即股票所有权和领取股息的权利分离日，所有在这一天以及以后购入的股票不能享有已宣告发放的股利。

（4）股利支付日：即向股东发放股利的日期。

（二）股利支付的方式

股利支付的方式常见的有以下四种：

（1）现金股利：支付现金股利又称派现。它是股利支付的主要方式，公司支付现金股利除了要有累计盈余外，还要有足够的现金。因此公司在支付现金股利前需要有充足的现金。

（2）财产股利：以公司所拥有的其他企业的有价证券，如股票、债券等，作为股利支付给股东。

（3）负债股利：是公司以负债支付的股利，通常以公司的应付票据支付给股东，不得已情况下也可发行公司债券。

（4）股票股利：即以增发的股票作为股利的支付方式。股票股利对于公司来讲，不导致其资产的流出或负债的增加，所以不是公司资金的使用。不直接增加股东的财富，只是将公司的留存收益转化为股本，也并不因此增加公司的资产，但会引起所有者权益的结构发生变化。

财产股利和负债股利实际上是现金股利的替代。这两种股利方式目前在我国公司实务中很少使用，但并非法律所禁止。

练习与思考

企业在利润分配中为什么要遵守利润分配的原则？

任务实施

1. 收集某公司利润分配的资料。
2. 分析其利润分配的合理和不足之处。
3. 下次上课时，抽选一部分同学在课堂上发言，谈一谈该公司的利润分配方案给你带来的启示。

任务二　股利政策

任务介绍

作为企业财务管理人员，必须了解股利政策的基本理论，掌握股利政策的基本类型，可以根据企业的自身发展目标确定具体的股利分配方案。

基本知识

股利政策是指在法律允许的范围内，企业是否发放股利、发放多少股利以及何时发放股利的方针及对策。企业的净收益可以支付给股东，也可以留存在企业内部，股利政策的关键问题是确定分配和留存的比例。通常可供选择的股利政策包括：剩余股利政策、固定或稳定增长的股利政策、固定股利支付率政策及低正常股利加额外股利政策。根据股利相关理论，影响股利分配的因素有：

（1）法律限制：资本保全、资本积累、偿债能力、超额累计利润。

（2）经济限制：稳定的收入和避税、控制权的稀释。

（3）财务限制：盈余的稳定性、资产的流动性、举债能力、投资机会、资本成本、债务需要。

（4）其他限制：债务合同约束、通货膨胀。

一、剩余股利政策

（一）剩余股利政策基本理论

1. 剩余股利政策含义

剩余股利政策是指公司生产经营所获得的净收益首先满足公司的资金需求，如果还有剩余，则派发股利；如果没有剩余，则不派发股利。剩余股利政策的理论依据是MM股利无关理论。根据MM股利无关理论，在完全理想状态下的资本市场中，上市公司的股利政策与公司普通股每股市价无关；公司派发股利的高低不会影响股东的财富；投资者对于盈利的留存或发放毫无偏好；公司决策层不必考虑公司的分红模式；公司的股利政策随着公司的投资、融资方案的制定而自然制定。另外，公司有自己的最佳目标资本结构，公司的股利政策不应破坏最佳资本结构。

2. 剩余股利政策下，公司确定其股利分配额的步骤

（1）根据公司的投资计划确定公司的最佳资本结构，即权益资本与债务资本的比例。

（2）根据公司的目标资本结构及最佳资本预算预计公司资金需求中所需要的权益资本数额。

（3）尽可能用留存收益来满足资金需求中所需增加的权益资金数额。

（4）留存收益在满足公司股东权益增加需求后，如果有剩余再用来发放股利。

（二）剩余股利政策的优缺点

1. 剩余股利政策的优点

留存收益优先保证再投资的需要，从而有助于降低再投资的资金成本，保持最佳资本结构，实现企业价值的长期最大化。

2. 剩余股利政策的缺点

如果完全遵照剩余股利政策执行，股利发放额就会每年随投资机会和盈利水平的波动而波动。即使在盈利水平不变的情况下，股利也将与投资机会的多寡呈反方向变动：投资机会越多，股利越少；反之，投资机会越少，股利发放越多。而在投资机会维持不变的情况下，股利发放额将因公司每年盈利的波动而同方向波动。

剩余股利政策不利于投资者安排收入与支出，也不利于公司树立良好的形象，一般适用于公司初创阶段。

例题解析 8－1

假定某公司上年税后利润为 1 000 万元，本年年初公司决定股利分配数额。预计今年需要增加投资资本 700 万元，公司的目标资本结构为权益资本占 60%，债务资本占 40%，今年继续保持。若公司采用剩余股利政策，筹资的优先顺序是留存收益、借款和增发股票。公司应分配多少股利？

投资方案所需的自有资金 = 700 × 60% = 420（万元）

投资方案所需从外部借入资金 = 700 − 420 = 280（万元）

在保持目标资本结构的前提下，执行剩余股利政策：

应分配的现金股利 = 1 000 − 420 = 580（万元）

练习与思考

为了保持理想的资本结构，使加权平均资金成本最低，企业应选择的股利分配政策是（　　）。

A. 固定股利或持续增长股利政策　　B. 固定股利支付率政策

C. 剩余股利政策　　D. 低正常股利加额外股利政策

二、固定或稳定增长的股利政策

（一）固定或稳定增长的股利政策基本理论

固定或稳定增长的股利政策是指公司将每年派发的股利额固定在某一特定水平上，不论公司的盈利情况和财务状况如何，都保持该股利额不变。只有在确信公司未来的盈利增长不会发生逆转时，才会宣布增加每股股利。在固定或持续增长的股利政策下，首先确定的是股利分配额，而且该分配额一般不随资金需求的波动而波动。

近年来，为了避免通货膨胀对股东收益的影响，最终达到吸引投资的目的，很多公司开始实行稳定增长的股利政策，即为了避免股利的实际波动，公司在支付某一固定股利的基础上，还制定了一个目标股利增长率，依据公司的盈利水平按目标股利增长率逐步提高公司的股利支付水平。

（二）固定或稳定增长股利政策的优缺点

1. 固定或稳定增长股利政策的优点

（1）由于股利政策本身的技术含量，它能将公司未来的盈利能力、财务状况以及管理层对经营的信心等信息传递出去。固定或稳定增长的股利政策可以传递给股票市场和投资者一个公司经营状况稳定、管理层对未来充满信心的信号，这有利于公司在资本市场上树立良好的形象、增强投资者信心，进而有利于稳定公司股价。

（2）固定或稳定增长股利政策，有利于吸引那些打算长期投资的股东，这部分股东希望其投资的获利能够成为其稳定的收入来源，以便安排各种经常性的消费和其他支出。

2. 固定或稳定增长股利政策的缺点

（1）固定或稳定增长股利政策下的股利分红只升不降，股利支付与公司盈利相脱离，即不论公司盈利多少，均要按固定的乃至固定增长的比率派发股利。

（2）在公司的发展过程中，难免会出现经营状况不好或短暂的困难时期，如果这时仍执行固定或稳定增长的股利政策，那么派发的股利金额大于公司实现的盈利，必将侵蚀公司的留存收益，影响公司的后续发展，甚至侵蚀公司现有的资本，给公司的财务运作带来很大压力，最终影响公司正常的经营活动。

因此，采用固定或稳定增长的股利政策，要求公司对未来的盈利和支付能力能做出比较正确的判断。一般来说，公司确定的固定股利额不应太高，要留有余地，以免公司陷入无力支付的被动局面。固定或稳定增长股利政策一般适用于经营比较稳定或正处于成长期的企业，且很难被长期采用。

例题解析 8－2

仍以案例 8－1 为例，在不考虑目标资本结构的前提下，如果该公司执行固定股利政策，则分配的现金股利、可用于投资的留存收益和需额外筹资的资金额为多少？

应分配的现金股利 = 600（万元）

可用于投资的留存收益 = 1 000 － 600 = 400（万元）

需额外筹资额 = 700 － 400 = 300（万元）

练习与思考

股利支付与公司盈利能力相脱节的股利分配政策是（　　）。

A. 剩余股利政策　　　　B. 固定股利政策

C. 固定股利支付率政策　　　　D. 低正常股利加额外股利政策

三、固定股利支付率政策

（一）固定股利支付率政策基本理论

固定股利支付率政策是指公司将每年净收益的某一固定百分比作为股利派发给股东，这一百分比通常称为股利支付率。股利支付率一经确定，一般不得随意变更。固定股利支付率越高，公司留存的净收益越少。在这一股利政策下，只要公司的税后利润一经计算确定，所派发的股利也就相应确定了。

（二）固定股利支付率政策的优缺点

1. 固定股利支付率政策的优点

（1）采用固定股利支付率政策，股利与公司盈余紧密地配合，体现了多盈多分、少盈少分、无盈不分的股利分配原则。

（2）由于公司的获利能力在年度间是经常变动的，因此，每年的股利也应当随着公司收益的变动而变动，并保持分配与留存收益间的一定比例关系。采用固定股利支付率政策，公司每年按固定的比例从税后利润中支付现金股利，从企业支付能力的角度看，这是一种稳定的股利政策。

2. 固定股利支付率政策的缺点

（1）传递的信息容易成为公司的不利因素。大多数公司每年的收益很难保持稳定不变，如果公司每年收益状况不同，固定支付率的股利政策将导致公司每年股利分配额的频繁变化。而股利通常被认为是公司未来前途的信号传递，那么波动的股利向市场传递的信息就是公司未来收益前景不明确、不可靠等，很容易给投资者带来公司经营状况不稳定、投资风险较大的不良印象。

（2）容易使公司面临较大的财务压力。因为公司实现的盈利越多，一定支付比率下派发的股利就越多，但公司实现的盈利多，并不代表公司有充足的现金派发股利，只能表明公司盈利状况较好而已。如果公司的现金流量状况并不好，却还要按固定比率派发股利的话，就很容易给公司造成较大的财务压力。

（3）缺乏财务弹性。股利支付率是公司股利政策的主要内容，模式的选择、政策的制定是公司的财务手段和方法。在不同阶段，根据财务状况制定不同的股利政策，会更有效地实现公司的财务目标。但在固定股利支付率政策下，公司丧失了利用股利政策的财务方法，缺乏财务弹性。

（4）合适的固定股利支付率的确定难度大。如果固定股利支付率确定得较低，不能满足投资者对投资收益的要求；而固定股利支付率确定得较高，没有足够的现金派发股利时会给公司带来巨大财务压力，另外当公司发展需要大量资金时，也要受其制约。所以确定较优的股利支付率的难度很大。

由于公司每年面临的投资机会、筹资渠道都不同，而这些都可以影响到公司的股利分派，所以一成不变奉行一种按固定比率发放股利的公司在实际生活中并不多见。固定股利支付率政策只是比较适用于那些处于稳定发展且财务状况也比较稳定的公司。

例题解析8-3

某公司长期以来采用固定股利支付率政策进行股利分配，确定的股利支付率为40%。

2016 年可供分配的税后利润为 1 000 万元，如果仍然继续执行固定股利支付率政策，公司本年度将要支付的股利为：

$$1\ 000 \times 40\% = 400(\text{万元})$$

但公司下一年度有较大的投资需求，因此，准备在本年度采用剩余股利政策。如果公司下一年度的投资预算为 1 200 万元，目标资本结构为权益资本占 60%，债务资本占 40%。按照目标资本结构的要求，公司投资方案所需的权益资本额为：

$$1\ 200 \times 60\% = 720(\text{万元})$$

2016 年可以发放的股利额为：

$$1\ 000 - 720 = 280(\text{万元})$$

练习与思考

下列股利分配政策中，能保持股利与利润之间一定的比例关系，并体现风险投资与风险收益对等原则的是（　　）。

A. 剩余股利政策　　　　B. 固定股利政策

C. 固定股利支付率政策　　　　D. 正常股利加额外股利政策

四、低正常股利加额外股利政策

（一）低正常股利加额外股利政策基本理论

低正常股利加额外股利政策，是指企业事先设定一个较低的正常股利额，每年除了按正常股利额向股东发放现金股利外，还在企业盈利情况较好、资金较为充裕的年度向股东发放高于每年度正常股利的额外股利。

（二）低正常股利加额外股利政策的优缺点

1. 低正常股利加额外股利政策的优点

（1）低正常股利加额外股利政策赋予公司一定的灵活性，使公司在股利发放上留有余地和具有较大的财务弹性，同时，每年可以根据公司的具体情况，选择不同的股利发放水平，以完善公司的资本结构，进而实现公司的财务目标。

（2）低正常股利加额外股利政策有助于稳定股价，增强投资者信心。由于公司每年固定派发的股利维持在一个较低的水平上，在公司盈利较少或需用较多的留存收益进行投资时，公司仍然能够按照既定承诺的股利水平派发股利，使投资者保持一个固有的收益保障，这有助于维持公司股票的现有价格；而当公司盈利状况较好且有剩余现金时，就可以在正常股利的基础上再派发额外股利，而额外股利信息的传递则有助于公司股票的股价上扬，增强投资者信心。

可以看出，低正常股利加额外股利政策既吸收了固定股利政策对股东投资收益的保障优点，同时又摒弃其对公司所造成的财务压力方面的不足，所以在资本市场上颇受投资者和公司的欢迎。

2. 低正常股利加额外股利政策的缺点

（1）由于年份之间公司的盈利波动使得额外股利不断变化，或时有时无，造成分派的股利不同，容易给投资者以公司收益不稳定的感觉。

（2）当公司在较长时期持续发放额外股利后，可能会被股东误认为是“正常股利”，而一旦取消了这部分额外股利，传递出去的信号可能会使股东认为这是公司财务状况恶化的表现，进而可能会引起公司股价下跌的不良后果。所以相对来说，这种股利政策对那些盈利水平随着经济周期而波动较大的公司或行业也许是一种不错的选择。

例题解析8-4

某公司成立于2015年1月1日，2015年度实现的净利润为1 000万元，分配现金股利550万元，提取盈余公积450万元（所提盈余公积均已指定用途）。2016年实现的净利润为900万元（不考虑计提法定盈余公积的因素）。假定公司目标资本结构为自有资金占60%，借入资金占40%。不考虑目标资本结构的前提下，如果公司执行低正常股利加额外股利政策，规定2016年较低的正常股利额为300万元，当实现净利润增加5%时，净利润的1%部分作为额外股利。假设2016年公司净利润增加5%，则该公司2016年度应分配的现金股利为：

$$2016\text{年度应分配的现金股利} = 300 + 900 \times 1\% = 309(\text{万元})$$

练习与思考

剩余股利政策、固定股利支付率政策、固定股利或稳定增长股利政策、低正常股利加额外股利政策各有什么特点？

股份公司分派的股利必须来源于当年的税后盈利吗？

任务实施

1. 给出任务：股利分配政策的运用。

资料：顺达公司2016度提取了公积金、公益金后的净利润为800万元。

2017年度投资计划所需资金700万元，公司的目标资金结构为自有资金占60%，借入资金占40%。

要求：按照目标资金结构的要求，回答下列问题：

（1）若公司实行剩余股利政策，则2016年度可向投资者发放多少股利？

（2）若公司实行固定股利政策，2015年支付固定股利320万元。如2016年净利润比2015年净增5%，2016年该公司向投资者支付股利为多少？

（3）若公司实行固定股利支付率政策，公司每年按40%比例分配股利，如2016年净利润比2015年净增5%，则该公司应向投资者分配的股利为多少？

（4）若公司实行低正常股利加额外股利政策，规定当实现净利润增长5%时，增长后净利润的1%部分作为额外股利，如2016年顺达公司净利润增长5%，应支付的股利为多少？

2. 分析任务所涉及的相关因素。

计算投资方案所需的自有资金数额：

$$700 \times 60\% = 420(\text{万元})$$

运用相关因素进行计算：

（1）按照剩余股利政策的要求，该公司2016年度应向投资者发放的股利金额为：

$$800 - 420 = 380(\text{万元})$$

（2）按照固定股利或稳定增长股利政策的要求，该公司2016年度应向投资者发放320万元的股利。

（3）按照固定股利支付率政策的要求，该公司2016年度应向投资者发放的股利金额为：

$$800 \times (1 + 5\%) \times 40\% = 336(\text{万元})$$

（4）按照低正常股利加额外股利政策的要求，该公司2016年度应向投资者发放的股利金额为：

$$320 + 800 \times 1\% = 328（万元）$$

任务三　股票股利、股票分割和股票回购

任务介绍

作为企业财务管理人员，应该掌握股票股利、股票分割和股票回购的相关内容。

基本知识

1. 股票股利的定义

股票股利在会计上属公司收益分配，是一种股利分配的形式。它是公司以增发股票的方式所支付的股利，我国实业中通常也将其称为“红股”。

2. 股票分割的定义

股票分割，又称股票拆细，即将一张较大面值的股票拆成几张小面值的股票。实务中，如果上市公司认为自己公司的股票市场价格过高，导致流动性下降，有必要将股价降低，就可能进行股票分割。

3. 股票回购的定义

股票回购，是指上市公司出资将其发行在外的股票以一定价格买回来予以注销或作为库存股的一种资本运作方式。

一、股票股利

（一）股票股利的基本理论

股票股利对公司来说，并没有现金流出，也不会导致公司的财产减少，而只是将公司的留存收益转化为股本，但股票股利会增加流通在外的股票数量（股数），同时降低股票的每股价值。它不会改变公司股东权益总额，但会改变股东权益的构成结构。从表面上看，分配股票股利除了增加所持股数外好像并没有给股东带来直接收益，事实上并非如此。因为市场投资者普遍认为，公司发放股票股利往往预示着公司会有较大的发展和成长，这样的信息传递不仅会稳定股票价格甚至可能使股票价格上升。另外，如果股东把股票股利出售，变成现金收入，还会带来资本利得在纳税上的好处。

（二）股票股利的特点

公司采取以股票股利支付方式有以下五个特点：

（1）节约公司现金。

（2）降低每股市价，促进股票的交易和流通。

（3）日后公司要发行新股票时，则可以降低发行价格，有利于吸引投资者。

（4）传递公司未来发展前景的良好信息，增强投资者的信心。

（5）股票股利在降低每股市价的时候会吸引更多的投资者成为公司的股东，从而使公司股权更为分散，这样就能防止其他公司恶意收购。

练习与思考

下列说法中正确的是（　　）。

A. 股票股利不会降低每股市价

B. 股票股利会导致公司资产的流失

C. 股票股利会增加公司资产

D. 股票股利会引起所有者权益各项目的结构比例发生变化

二、股票分割

（一）股票分割的基本理论

股票分割对公司的资本结构不会产生影响，一般只会使发行在外的股票总数增加，资产负债表中股东权益各账户的余额都保持不变，股东权益的总额也保持不变。因此，股票分割与股票股利非常相似，都是在不增加股东权益的情况下增加了股票的数量，所不同的是，股票股利虽不会引起股东权益总额的改变，但股东权益构成项目之间的比例会发生变化，而股票分割后，股东权益及其构成项目的金额都不会发生任何变化，变化的只是股票面值。

（二）股票分割的特点

（1）股票分割会使公司股票每股市价降低，买卖该股票所必需的资金量减少，易于增加该股票在投资者之间的换手，并且可以使更多的资金实力有限的潜在股东变成持股的股东。因此，股票分割可以促进股票的流通和交易。

（2）股票分割可以向投资者传递公司发展前景良好的信息，有助于提高投资者对公司的信心。

（3）股票分割可以为公司发行新股做准备。公司股票价格太高，会使许多的潜在投资者力不从心而不敢轻易对公司的股票进行投资。在新股发行之前，利用股票分割降低股票价格，可以促进新股的发行。

（4）股票分割有利于公司并购政策的实施，增加对被并购方的吸引力。

（5）股票分割带来的股票流通性的提高和股东数量的增加，会在一定程度上加大对公司股票恶意收购的难度。

例题解析8－5

某上市公司在2016年年终资产负债表上的股东权益账户情况如表8－1所示。

表8－1　公司资产负债表的股东权益账户

单位：万元

股东权益账户	金　额
普通股（面值10元，流通在外1 000万股）	10 000
资本公积	20 000
盈余公积	4 000
未分配利润	5 000
股东权益合计	39 000

要求：

（1）假设该公司宣布发放30%的股票股利，即现有股东每持有10股，即可获得赠送的3股普通股。发放股票股利后，股东权益有何变化？每股净资产是多少？

（2）假设该公司按照1∶5的比例进行股票分割。股票分割后，股东权益有何变化？每股的净资产是多少？

解答：（1）发放股票股利后股东权益情况如表8－2所示。

表8－2　发放股票股利后股东权益情况

单位：万元

股东权益账户	金　额
普通股（面值10元，流通在外1 000万股）	13 000
资本公积	20 000
盈余公积	4 000
未分配利润	2 000
股东权益合计	39 000

$$每股净资产 = \frac{39\ 000}{1\ 000 + 300} = 30(元/股)$$

（2）股票分割后股东权益情况如表8－3所示。

表8－3　股票分割后股东权益情况

单位：万元

股东权益账户	金　额
普通股（面值2元，流通在外5 000万股）	10 000
资本公积	20 000
盈余公积	4 000
未分配利润	5 000
股东权益合计	39 000

$$每股净资产 = \frac{39\ 000}{1\ 000 \times 5} = 7.8(元/股)$$

练习与思考

1. 判断：股票分割可能会增加股东的现金股利，使股东感到满意。　　　（　　）

2. 某人进行股票投资，一年后出售预计可得60 000元，该股票带来的股利收入预计为12 000元，假设股票投资的报酬率为20%，则该股票的价值是多少？

三、股票回购

（一）股票回购的基本理论

1. 股票回购的动机

在证券市场上，股票回购的动机主要有以下八点：

（1）现金股利的替代。对公司来讲，派发现金股利会对公司产生未来的派现压力，而股票回购属于非正常股利政策，不会对公司产生未来的派现压力。对股东来讲，需要现金的股东可以选择出售股票，不需要现金的股东可以选择继续持有股票。因此，当公司有富余现金，但又不希望通过派现方式进行分配的时候，股票回购可以作为现金股利的一种方式。

（2）提高每股收益。由于财务上的每股收益指标是以流通在外的股票股数作为计算基础的，有些公司为了自身形象、上市需求和投资人渴望提高回报等原因，采取股票回购的方式来减少实际支付股利的股份数，从而提高每股收益指标。

（3）改变公司的资本结构。股票回购可以改变公司的资本结构，提高财务杠杆水平。无论使用现金回购还是举债回购股份，都会提高财务杠杆水平，改变公司的资本结构。

（4）传递公司的信息以稳定或提高公司的股价。由于信息不对称和预期差异，证券市场上的公司股票价格可能被低估，而过低的价格将会对公司产生负面影响。因此，如果公司认为公司的股价被低估时，可以进行股票回购，以向市场和投资者传递公司真实的投资价值，稳定或提高公司的股价。

（5）巩固既定控制权或转移公司控制权。许多股份公司的大股东为了保证其所代表股份公司的控制权不被改变，往往采取直接或间接的方式回购股票，从而巩固既有的控制权。另外，有些公司的法定代表人并不是公司大股东的代表，为了保证不改变在公司中的地位，也为了能在公司中实现自己的意志，往往也采用股票回购的方式分散或削弱原控股股东的控制权，以实现控制权的转移。

（6）防止敌意收购。股票回购有助于公司管理者避开竞争对手恶意收购的威胁，因为它可以使公司流通在外的股份数变少，股价上升，从而使收购方要获得控制公司的法定股份比例变得更为困难。而且，股票回购可能会使公司的流动资金大大减少，财务状况恶化，这样的结果也会减少收购公司的兴趣。

（7）满足认股权的行使。在企业发行可转换债券、认股权证或实行经理人员股票期权计划及员工持股计划的情况下，采取股票回购的方式既不会稀释每股收益，又能满足认股权的行使。

（8）满足企业兼并与收购的需要。在进行企业兼并与收购时，产权交换的实现方式包括现金购买及换股两种。如果公司有库藏股，则可以用公司的库藏股来交换被并购公司的股权，这样可以减少公司的现金支出。

2. 股票回购的方式

股票回购包括公开市场回购、要约回购及协议回购三种方式。

（1）公开市场回购。公开市场回购，是指公司在股票的公开交易市场上以等同于任何潜在投资者的地位，按照公司股票当前市场价格回购股票。这种方式的缺点是在公开市场上回购很容易推高股价，从而增加回购成本，另外交易税和交易佣金也是不可忽视的成本。

（2）要约回购。要约回购，是指公司在特定期间向市场发出的以高于股票当前市场价格的某一价格，回购机动数量股票的要约。这种方式赋予所有股东向公司出售其所持股票的均等机会。与公开市场回购相比，要约回购通常被市场认为是更积极的信号，原因在于要约回购价格存在高出当前价格的溢价。但是，溢价的存在也使得回购要约的执行成本较高。

（3）协议回购。协议回购，是指公司以协议价格直接向一个或几个主要股东回购股票。协议价格一般低于当前的市场价格，尤其是在买方事先提出的情况下，但是有时公司也会以超常溢价向其认为有潜在威胁的非控股股东回购股票。显然，这种过高的回购价格将损害继续持有股票的股东的利益，公司有可能为此而涉及法律诉讼。

（二）股票回购的特点

（1）股票回购需要大量资金支付回购的成本，容易造成资金紧张，资产流动性降低，影响公司的后续发展。

（2）公司进行股票回购，无异于股东退股和公司资本的减少，在一定程度上削弱了对债权人利益的保障。

（3）股票回购可能使公司的发起人股东更注意创业利润的兑现，而忽视公司长远的发展，损害公司的根本利益。

（4）股票回购容易导致公司操纵股价。公司回购自己的股票，容易导致其利用内幕消息进行炒作，或操纵财务信息，加剧公司行为的非规范化，使投资者蒙受损失。

（5）对于投资者来说，与现金股利相比，股票回购不仅可以节约个人税收，而且具有更大的灵活性。

四、股票股利与股票分割、股票回购的异同

股票股利与股票分割、股票回购的共同点与区别：

（1）股票股利与股票分割都会使股票股数增加，但股票回购是减少股票股数。

（2）股票股利与股票分割会使市价降低，但股票回购会提高股票价格。

（3）股票股利与股票分割使每股收益降低，但股票回购使每股收益增多。

（4）股票股利与股票分割不会改变资本结构，股票回购会使资本与所有者权益减少。

（5）股票股利与股票分割不会改变公司的控制权，但会使控制权分散，而股票回购反而会巩固和转移公司的控制权。

练习与思考

下列各项中，不属于股票回购方式的是（　　）。

A. 用本公司普通股股票换回优先股

B. 与少数大股东协商购买本公司普通股股票

C. 在公开市场上直接购买本公司普通股股票

D. 向股东要约回购本公司普通股股票

任务实施

1. 给出任务。

某公司年终进行利润分配前的股东权益情况如表 8－4 所示。

表 8－4　利润分配前的股东权益情况

单位：万元

股本（面值 3 元已发行 100 万股）	300
资本公积	300
未分配利润	600
股东权益合计	1 200

回答下列互不关联的两个问题：

（1）如果公司宣布发放10%的股票股利，若当时该股票市价为5元，股票股利的金额按照当时的市价计算，并按发放股票股利后的股数发放现金股利每股0.1元。则计算发放股利后的股东权益各项目的数额。

（2）如果按照1股换3股的比例进行股票分割，计算进行股票分割后股东权益各项目的数额。

2. 分析任务所涉及的相关因素。

分析发放股票股利和进行股票分割后的相关股东权益的变化情况：增加的普通股股数、股本、资本公积、未分配利润等因素的变化。

3. 计算相关的指标。

（1）增加的普通股股数 = 100 × 10% = 10（万股）

增加的普通股股本 = 10 × 3 = 30（万元）

增加的资本公积 = 10 × 5 − 30 = 20（万元）

发放股利后的股本 = 300 + 30 = 330（万元）

发放股利后的资本公积 = 300 + 20 = 320（万元）

发放的现金股利 = 110 × 0.1 = 11（万元）

未分配利润减少额 = 10 × 5 + 11 = 61（万元）

发放股利后的未分配利润 = 600 − 61 = 539（万元）

发放股利后的股东权益合计 = 330 + 320 + 539 = 1 189（万元）

（2）股票分割后普通股股数变为300万股，每股面值1元，股本仍然为300万元；资本公积为300万元，未分配利润为600万元，股东权益总额为1 200万元。

实操训练

一、单项选择题

1. 剩余股利政策的优点是（　　）。

A. 有利于树立良好的形象　　B. 有利于投资者安排收入和支出

C. 有利于企业价值的长期最大化　　D. 体现投资风险与收益的对等

2. （　　）适用于经营比较稳定或正处于成长期、信誉一般的公司。

A. 剩余股利政策　　B. 固定股利政策

C. 固定股利支付率政策　　D. 低正常股利加额外股利政策

3. （　　）既可以在一定程度上维持股利的稳定性，又有利于企业的资本结构达到目标资本结构，使灵活性与稳定性较好的结合。

A. 剩余股利政策　　B. 固定股利政策

C. 固定股利支付率政策　　D. 低正常股利加额外股利政策

4. 股票回购的方式不包括（　　）。

A. 向股东要约回购　　B. 用普通股换回债券

C. 与少数大股东协商购买　　D. 在市场上直接购买

5. 股票回购的负面效应不包括（　　）。

A. 造成资金短缺　　B. 发起人忽视公司的长远发展

C. 导致内部操纵股价　　D. 降低企业股票价值

二、多项选择题

1. 固定股利支付率政策的优点包括（　　）。

A. 使股利与企业盈余紧密结合　　B. 体现投资风险与收益的对等

C. 有利于稳定股票价格　　D. 缺乏财务弹性

2. 关于股票股利的说法正确的是（　　）。

A. 发放股票股利便于今后配股融通更多的资金和刺激股价

B. 发放股票股利不会引起所有者权益总额的变化

C. 发放股票股利会引起所有者权益内部结构的变化

D. 发放股票股利没有改变股东的持股比例，但是改变了股东所持股票的市场价值总额

3. 股票回购的动机包括（　　）。

A. 改善企业资金结构　　B. 满足认股权的行使

C. 分配超额现金　　D. 清除小股东

4. 股票分割的目的在于（　　）。

A. 稳定股价　　B. 树立企业发展的良好形象

C. 减少股利支付　　D. 吸引更多的投资者

5. 公司在进行股票分割后，下列说法正确的是（　　）。

A. 使股票面值降低

B. 发行在外的股数增加

C. 股东权益总额不变

D. 使每位股东所持有股票的市场价值总额保持不变

三、计算题

1. 某公司 2015 年度的税后利润为 1 000 万元，该年分配股利 500 万元，2017 年拟投资 1 000 万元引进一条生产线以扩大生产能力，该公司目标资本结构为自有资金占 80%，借入资金占 20%。该公司 2016 年度的税后利润为 1 200 万元。

要求：

（1）如果该公司执行的是固定股利政策，并保持资金结构不变，则 2017 年度该公司为引进生产线需要从外部筹集多少自有资金？

（2）如果该公司执行的是固定股利支付率政策，并保持资金结构不变，则 2017 年度该公司为引进生产线需要从外部筹集多少自有资金？

（3）如果该公司执行的是剩余股利政策，则 2016 年度公司可以发放多少现金股利？

四、案例分析题

长河公司年终进行利润分配前的股东权益情况如表 8－5 所示。

表 8－5　利润分配前的股东收益情况

单位：万元

项　　目	金额
股本（面值 4 元，已发行 100 万股）	400
资本公积	400
未分配利润	600
股东权益合计	1 400

分析：

（1）如果公司宣布发放10%的股票股利，若当时该股票市价为6元，股票股利的金额按照当时的市价计算，并按发放股票股利后的股数发放现金股利每股0.2元。则计算发放股利后的股东权益各项目的数额。

（2）如果按照1股换4股的比例进行股票分割，计算进行股票分割后股东权益各项目的数额。

项目九

财务分析

知识目标

1. 理解企业的主要财务报表；
2. 理解财务分析方法对企业的财务状况、经营成果以及未来发展趋势进行分析和评价；
3. 理解综合财务分析方法。

技能目标

1. 能够分析和评价企业偿债能力；
2. 能够分析和评价企业资产营运能力；
3. 能够分析和评价企业获利能力及企业发展能力。

案例导入

“蓝田”神话的破灭

刘姝威，北京大学经济学硕士，现任中央财经大学财经研究所研究员，中国企业研究中心主任，专长于信贷研究。2001 年刘姝威运用国际通用的财务分析方法，通过对上市公司蓝田股份的财务报告进行分析，发现蓝田的财务状况存在严重问题，偿债能力很弱，明显偏离了预警值，2001 年 10 月 9 日起，刘姝威对蓝田的财务报告进行了分析，得出的结果是，2000 年蓝田的流动比率已经下降到 0.77，净营运资金已经下降到负 1.27 亿元。这几个简单的数字说明：蓝田在一年内难以偿还流动债务，有 1.27 亿元的短期债务无法偿还。扣除各项成本和费用后，蓝田股份没有净收入来源；蓝田股份不能创造足够的现金流量以维持正常经营活动，也不能保证按时偿还贷款本息，已经成为一个空壳，完全依靠银行的贷款在维持生存。她在机密级《金融内参》刊登了 600 字的短文《应立即停止对蓝田股份发放贷款》，从而成为终结蓝田神话的“最后一根稻草”。这个案例，是刘姝威用财务分析的专业知识戳穿了一个“蓝田”神话，为我们的国家、民族、企业敲响了警钟。

思考题：

1. 如何对企业的偿债能力进行分析与评价？
2. 如何对企业的获利能力进行分析与评价？
3. 如何分析与评价企业营运资产的效率？
4. 本案例对你有何启示？

任务一　财务分析概述

任务介绍

财务分析是财务管理工作的一个关键环节，在实际工作中有重大的意义，因此，只有明确了财务分析的意义与内容，掌握了财务分析方法的种类及原理，才能为实施具体财务分析奠定坚实的基础。

基本知识

财务分析是根据企业财务报表等信息资料，采用专门方法，系统分析和评价企业财务状况、经营成果以及未来发展趋势的过程，从而为改进企业财务管理工作和优化经济决策提供重要财务信息。

财务分析信息的需求者主要包括企业所有者、企业债权人、企业经营决策者和政府等。不同主体出于不同的利益考虑，对财务分析信息的要求也不同：企业所有者关心其资本保值和增值状况，较为重视企业获利能力分析；企业债权人关心其债权的安全性，较为重视企业偿债能力分析；企业经营决策者关心的是企业的全部财务分析信息，包括运营能力、偿债能力、获利能力及发展能力，并关注企业财务风险和经营风险；政府对企业财务分析的关注点因其身兼多重身份而不同。

尽管企业的经营规模、经营状况、经营特点不同，作为运用价值形式进行的财务分析，总的来看，其分析的内容包括偿债能力分析、营运能力分析、获利能力分析、发展能力分析和综合能力分析。

一、财务分析的意义

财务分析对不同的信息使用者具有不同的意义，具体表现在如下四个方面：

（一）可以判断企业的财务实力

通过对资产负债表和利润表有关资料进行分析，计算相关指标，可以了解企业的资产结构和负债水平是否合理，从而判断企业的偿债能力、营运能力及获利能力等财务实力，揭示企业在财务状况方面可能存在的问题。

（二）可以评价和考核企业的经营业绩，揭示财务活动存在的问题

通过指标的计算、分析和比较，能够评价和考核企业的盈利能力和资金周转状况，揭示其经营管理的各个方面和各个环节问题，找出差距，得出分析结论，进一步明确责任，合理评价经营业绩，并据此奖优罚劣，以促使经营者不断改进工作。

（三）可以挖掘企业潜力，寻求提高企业经营管理水平和经济效益的途径

企业进行财务分析的目的不仅仅是发现问题，更重要的是分析问题和解决问题。通过财务分析，应保持和进一步发挥生产经营管理中成功的经验，对存在的问题应提出解决的策略和措施，以达到扬长避短，提高经营管理水平和经济效益的目的。

（四）可以评价企业的发展趋势

通过财务分析，可以判断企业的发展趋势，预测其生产经营的前景及偿债能力，从而为

企业进行生产经营决策、投资者进行投资决策和债权人进行信贷决策提供重要的依据。

二、财务分析的方法

（一）比较分析法

比较分析法，是通过对比两期或连续数期财务报告中的相同指标，确定其增减变动的方向、数额和幅度，来说明企业财务状况或经营成果变动趋势的一种方法。比较分析法可以分析引起变化的主要原因、变动的性质，并预测企业未来的发展趋势。

1. 比较分析法的方式

（1）重要财务指标的比较。重要财务指标的比较是指将不同时期财务报告中的相同指标或比率进行纵向比较、与同行业平均水平或先进企业进行横向比较，直接观察其增减变动情况及变动幅度，考察其发展趋势，预测其发展前景。重要财务指标的比较主要有以下两种方法：

① 定基动态比率。定基动态比率，是以某一时期的数额为固定的基期数额而计算出来的动态比率。其计算公式为：

$$定基动态比率 = \frac{分析期数额}{固定基期数额} \times 100\%$$

② 环比动态比率。环比动态比率，是以每一分析期的数据与上期数据相比较计算出来的动态比率。其计算公式为：

$$环比动态比率 = \frac{分析期数额}{前期数额} \times 100\%$$

练习与思考

厦华企业需要对企业的销售收入进行解析，通过解析可以得到2014年、2015年、2016年销售收入的环比动态比率分别为110%、115%和95%。则假如该企业以2014年作为基期，2016年作为分析期，则其定基动态比率为（　　）。

A. 126.5%　　　　B. 109.25%

C. 104.5%　　　　D. 120.18%

（2）会计报表的比较。会计报表的比较是指将连续数期的会计报表的金额并列起来，比较各指标不同期间的增减变动金额和幅度，据以判断企业财务状况和经营成果发展变化的一种方法，具体包括资产负债表比较、利润表比较和现金流量表比较等。

（3）会计报表项目构成的比较。会计报表项目构成的比较方法是在会计报表比较的基础上发展而来的，是以会计报表中的某个总体指标作为100%，再计算出各组成项目占该总体指标的百分比，从而比较各个项目百分比的增减变动，以此来判断有关财务活动的变化趋势。

2. 比较分析法的注意事项

（1）用于对比的各个时期的指标，其计算口径必须保持一致。

（2）应剔除偶发性项目的影响，使分析所利用的数据能反映正常的生产经营状况。

（3）应运用例外原则对某项有显著变动的指标做重点分析，以便采取对策，趋利避害。

（二）比率分析法

比率分析法是通过计算各种比率指标来确定财务活动变动程度的方法，主要的类型有结构比率、相关比率、效率比率三类。

1. 结构比率

结构比率又称构成比率，是某项财务指标的各组成部分数值占总体数值的百分比，反映部分与总体的关系。其计算公式为：

$$结构比率 = \frac{某个组成部分数值}{总体数值} \times 100\%$$

比如，企业资产中流动资产、固定资产和无形资产占资产总额的百分比（资产结构比率），企业负债中流动负债和长期负债占负债总额的百分比（负债结构比率）等。利用结构比率，可以考察总体中某个部分的形成和安排是否合理，以便协调各项财务活动。

2. 相关比率

相关比率，是同一时期财务报表及有关资料中两项相关数值的比率，反映有关经济活动的相互关系。利用相关比率指标，可以考察企业相互关联的业务安排得是否合理，以保障经营活动顺畅进行。如将营业利润与营业收入（商品销售额）进行对比计算出营业利润率，可以反映企业管理者通过经营获取利润的能力；将资产总额与负债总额进行对比，可以判断企业长期偿债能力等。

采用比率分析法的注意事项：①对比项目的相关性；②对比口径的一致性；③衡量标准的科学性。

3. 效率比率

效率比率，是某项财务活动中所费与所得的比率，反映投入与产出的关系。利用效率比率指标，可以进行得失比较，考察经营成果，评价经济效益。

比如，将利润项目与销售成本、销售收入、资本金等项目加以对比，可以计算出成本利润率、销售利润率和资本金利润率指标，从不同角度观察比较企业获利能力的高低及其增减变化情况。

（三）因素分析法

因素分析法是依据分析指标与其影响因素的关系，从数量上确定各因素对分析指标影响方向和影响程度的一种方法，具体包括两种：连环替代法和差额分析法。

1. 连环替代法

连环替代法，是将分析指标分解为各个可以计量的因素，并根据各个因素之间的依存关系，顺次用各因素的实际值替代基准值，据以测定各因素对分析指标的影响。

例题解析 9－1

某企业2016年9月某种原材料费用的实际数是61 600元，而其计划数是54 000元。实际比计划增加7 600元。

由于原材料费用是由产品产量、单位产品材料消耗量和材料单价三个因素的乘积组成，因此，把材料费用这一总指标分解为三个因素，然后逐个分析各个因素对材料费用总额的影响程度。三个影响因素的数值如表9－1所示。

表 9－1　三个影响因素的数值

项目	单位	计划数	实际数
产品产量	件	1 000	1 100
单位产品材料消耗量	千克	9	8
材料单价	元	6	7
材料费用总额	元	54 000	61 600

根据表 9－1 中资料，材料费用总额实际数比计划数增加 7 600 元。运用连环替代法，可以计算各因素变动对材料费用总额的影响。

计划指标：$1\ 000 \times 9 \times 6 = 54\ 000$（元）　①

第一次替代：$1\ 100 \times 9 \times 6 = 59\ 400$（元）　②

第二次替代：$1\ 100 \times 8 \times 6 = 52\ 800$（元）　③

第三次替代：$1\ 100 \times 8 \times 7 = 61\ 600$（元）　④

实际指标：

② － ① $= 59\ 400 - 54\ 000 = 5\ 400$（元）　产量增加的影响

③ － ② $= 52\ 800 - 59\ 400 = -6\ 600$（元）　材料节约的影响

④ － ③ $= 61\ 600 - 52\ 800 = 8\ 800$（元）　价格提高的影响

$5\ 400 - 6\ 600 + 8\ 800 = 7\ 600$（元）　全部因素的影响

2. 差额分析法

差额分析法是连环替代法的一种简化形式，是利用各个因素的实际值与基准值之间的差额，来计算各因素对分析指标的影响。

例题解析 9－2

仍以表 9－1 资料为例，采用差额分析法计算确定各因素变动对材料费用的影响。

（1）由于产量增加对材料费用的影响：

$$(1\ 100 - 1\ 000) \times 9 \times 6 = 5\ 400(\text{元})$$

（2）由于材料消耗节约对材料费用的影响：

$$(8 - 9) \times 1\ 100 \times 6 = -6\ 600(\text{元})$$

（3）由于价格提高对材料费用的影响：

$$(7 - 6) \times 1\ 100 \times 8 = 8\ 800(\text{元})$$

（4）全部因素的影响为：

$$5\ 400 - 6\ 600 + 8\ 800 = 7\ 600(\text{元})$$

3. 因素分析法的注意事项

（1）因素分解的关联性。构成经济指标的因素，必须是客观上存在着的因果关系，要能够反映形成该项指标差异的内在构成原因。

（2）因素替代的顺序性。确定替代因素时，必须根据各个因素的依存关系，遵循一定的顺序并依次替代，不可随意加以颠倒。

（3）顺序替代的连环性。该方法在计算每一因素变动的影响时，都是在前一次计算的基础上进行，并采用连环比较的方法确定因素变化影响结果。

（4）计算结果的假定性。因素分析法计算的各因素变动的影响数，会因替代顺序不同而有差别，因此，该方法是在某种假定前提下进行的影响因素分析。

三、财务分析的局限性

（一）资料来源的局限性

1. 报表数据的时效性问题

财务报表中的数据，均是企业过去经济活动的结果和总结，用于预测未来发展趋势，只有参考价值，并非绝对合理。

2. 报表数据的真实性问题

在企业形成其财务报表之前，信息提供者往往对信息使用者所关注的财务状况以及对信息的偏好进行仔细分析与研究，并尽力满足信息使用者对企业财务状况和经营成果信息的期望。其结果极有可能使信息使用者所看到的报表信息与企业实际状况相距甚远，从而误导信息使用者的决策。

3. 报表数据的可靠性问题

财务报表虽然是按照会计准则编制的，但不一定能准确地反映企业的客观实际。例如，报表数据未按通货膨胀进行调整；某些资产以成本计价，并不代表其现在真实价值；许多支出在记账时存在灵活性，既可以作为当期费用，也可以作为资本项目在以后年度摊销；很多资产以估计值入账，但未必正确；偶然事件可能歪曲本期的损益，不能反映盈利的正常水平。

4. 报表数据的可比性问题

根据会计准则的规定，不同的企业或同一个企业的不同时期都可以根据情况采用不同的会计政策和会计处理方法，使得报表上的数据在企业不同时期和不同企业之间的对比在很多时候失去意义。

5. 报表数据的完整性问题

由于报表本身的原因，其提供的数据是有限的。对报表使用者来说，可能不少需要的信息在报表或附注中根本找不到。

（二）财务分析方法的局限性

财务分析方法存在一定的局限性，因为各种财务分析方法均是对过去经济事项的反映，随着环境的变化，这些比较标准也会发生变化，主要有以下三个方面：

（1）比较分析法的局限性：在实际操作时，比较的对象必须具备可比性才有意义。

（2）比率分析法的局限性：该法是针对单个指标进行分析，综合程度较低；比率指标是以财务报表的历史数据为基础计算的，这使得提供的信息与决策之间的相关性大打折扣。

（3）因素分析法的局限性：在计算各因素对综合经济指标的影响额时，主观假定各因素的变化顺序而且规定每次只有一个因素发生变化，这些假定往往与事实不符。

（三）财务分析指标的局限性

1. 财务指标体系不严密

每一个财务指标只能反映企业的财务状况或经营状况的某一方面，每一类指标都过分强调本身所反映的方面，导致整个指标体系不严密。

2. 财务指标所反映的情况具有相对性

在判断某个具体财务指标是好还是坏，或根据一系列指标形成对企业的综合判断时，必须注意财务指标本身所反映情况的相对性。因此，在利用财务指标进行分析时，必须掌握好对财务指标的“信任度”。

3. 财务指标的评价标准不统一

比如，对流动比率，人们一般认为指标值为2比较合理，速动比率则认为1比较合适，但许多成功企业的流动比率都低于2，不同行业的速动比率也有很大差别，如采用大量现金销售的企业，几乎没有应收账款，速动比率大大低于1也是很正常的。相反，一些应收账款较多的企业，速动比率可能要大于1。因此，在不同企业之间用财务指标进行评价时没有一个统一标准，不便于不同行业间的对比。

4. 财务指标的计算口径不一致

比如，对反映企业营运能力指标，分母的计算可用年末数，也可用平均数，而平均数的计算又有不同的方法，这些都会导致计算结果不一样，不利于评价比较。

任务实施

1. 给出任务。

已知深港公司2015年和2016年的有关资料如表9－2所示。

表9－2 有关资料

项目	2015年	2016年
权益净利率/%	17.6	16.8
销售净利率/%	16	14
资产周转率	0.5	0.6
权益乘数	2.2	2

要求：根据以上资料，对2016年权益净利率较上年变动的差异进行因素分解，依次计算销售净利率、资产周转率和权益乘数的变动对2016年权益净利率变动的影响。

特别提示：

关系公式为：权益净利率＝销售净利率×资产周转率×权益乘数

2. 分析要求，明确采用的分析方法。
3. 根据所采用的分析方法，进行因素分析。
4. 简单描述每一因素的变化对权益净利率变动的影响。

任务二 财务比率

任务介绍

财务分析是借助于财务比率分析来完成的，因此，熟练掌握各项财务比率的计算与运用是财务分析人员必备的基本技能。

基本知识

财务分析的依据是企业财务报表，主要有资产负债表、利润表、现金流量表和所有者权益变动表。运用财务比率分别对企业的偿债能力、营运能力、获利能力和发展能力进行分析，重点是要掌握各项财务比率的计算，并能够合理运用财务比率对企业的相关能力进行评价。

现以龙威公司的资料为例，分别对企业的偿债能力比率、营运能力比率、获利能力比率、发展能力比率进行介绍（见表9－3和表9－4）。

表9－3　资产负债表

编制单位：龙威公司　　2016年12月31日　　单位：万元

资产	期末余额	年初余额	负债和所有者权益（或股东权益）	期末余额	年初余额
流动资产：			流动负债：		
货币资金	410	220	短期借款	300	210
交易性金融资产	30	15	交易性金融负债		
应收票据			应付票据		
应收账款	1 600	1 500	应付账款	1 800	1 900
预付款项	280	230	预收款项	410	320
应收利息			应付职工薪酬		
应收股利			应交税费		
其他应收款			应付利息		
存货	2 100	2 000	应付股利		
一年内到期的非流动资产			其他应付款	100	100
其他流动资产			一年内到期的非流动负债		
流动资产合计	4 420	3 965	其他流动负债		
非流动资产：			流动负债合计	2 610	2 530
可供出售金融资产			非流动负债：		
持有至到期投资			长期借款	1 200	1 300
长期应收款			应付债券		
长期股权投资	500	500	长期应付款		
投资性房地产			专项应付款		
固定资产	2 600	2 500	预计负债		
在建工程			递延所得税负债		
工程物资			其他非流动负债		
固定资产清理			非流动负债合计		
生产性生物资产			负债合计	3 810	3 830
油气资产			所有者权益（或股东权益）：		
无形资产	650	550	实收资本（或股本）	3 100	2 800
开发支出			资本公积		

续表

资产	期末余额	年初余额	负债和所有者权益（或股东权益）	期末余额	年初余额
商誉			减：库存股		
长期待摊费用			盈余公积	500	400
递延所得税资产			未分配利润	760	485
其他非流动资产			所有者权益（或股东权益）合计	4 360	3 685
非流动资产合计	3 750	3 550			
资产总计	8 170	7 515	负债和所有者权益（或股东权益）总计	8 170	7 515

表9－4 利润表

编制单位：龙威公司 2016年12月 单位：万元

项目	本年数	上年数
一、营业收入	8 600	7 500
减：营业成本	6 300	5 600
营业税金及附加	490	420
销售费用	200	160
管理费用	300	200
财务费用	170（利息120）	150（利息100）
资产减值损失		
加：公允价值变动收益（损失以“－”填列）		
投资收益（亏损以“－”号填列）	40	30
其中：对联营企业和合营企业的投资收益		
二、营业利润（亏损以“－”号填列）	1 180	1 000
加：营业外收入	50	40
减：营业外支出	30	40
其中：非流动资产处理损失		
三、利润总额（亏损总额以“－”号填列）	1 200	1 000
减：所得税（税率25%）	300	250
四、净利润（净亏损以“－”号填列）	900	750

补充报表资料：

（1）资产负债表：2015年年初应收账款为1 450万元，存货1 900万元，流动资产余额3 800万元，资产6 500万元，所有者权益3 000万元。

（2）现金流量表：2015年度、2016年度经营活动产生的现金流量净额分别为1 700万元、1 200万元。

一、短期偿债能力比率

短期偿债能力比率是指企业流动资产对流动负债及时足额偿还的保证制度，是衡量企业当期财务能力，特别是流动资产变现能力的重要标志。

反映企业短期偿债能力的财务指标主要有：营运资本、流动比率、速动比率、现金比率和现金流动负债比率。

（一）营运资本

营运资本是流动资产超过流动负债的部分，其计算公式如下：

$$营运资本 = 流动资产 - 流动负债$$

例题解析9-3

根据表9-3的资料，龙威公司2016年年初的营运资本为：

$$3\ 965 - 2\ 530 = 1\ 435(万元)$$

龙威公司2016年年末的营运资本为：

$$4\ 420 - 2\ 610 = 1\ 810(万元)$$

营运资本还可以描述为：营运资本 = 长期资本 - 长期资产（非流动资产）

练习与思考

“营运资本 = 长期资本 - 长期资产（非流动资产）”是如何推导出来的？

分析营运资本时需注意的问题：

（1）净营运资本为正数，表明长期资本的数额大于长期资产，超出部分被用于流动资产，净营运资本的数额越大，财务状况越稳定。简而言之，当全部流动资产没有任何流动负债提供资金来源，而是全部由净营运资本提供时，企业没有任何短期偿债压力。

> **特别提示：**
> 净营运资本越大，财务状况越稳定。

（2）净营运资本为负数，表明长期资本小于长期资产，有部分长期资产由流动负债提供资金来源。由于流动负债在1年内需要偿还，而长期资产在1年内不能变现，偿债所需现金不足，必须设法另外筹资，否则财务状况不稳定。

（3）营运资本是绝对数，不便于不同企业之间比较。把这个指标变成相对数形式，就是流动比率。

（二）流动比率

流动比率是流动资产与流动负债的比率，它表明企业每一元流动负债有多少流动资产作为偿还保证，反映企业用可在短期内转变为现金的流动资产偿还到期流动负债的能力。其计算公式为：

$$流动比率 = \frac{流动资产}{流动负债} \times 100\%$$

例题解析9-4

根据表9-3的资料，龙威公司2016年年初的流动比率为：

$$流动比率 = \frac{3\ 965}{2\ 530} \times 100\% = 1.57$$

运用流动比率时，决策依据如下：

（1）一般情况下，流动比率越高，反映企业短期偿债能力越强，债权人的权益越有保证。

（2）国际上通常认为，流动比率为2较为适当。

（3）流动比率只有和同行业平均流动比率、本企业历史的流动比率进行比较，才能知道这个比率是高还是低。

运用流动比率时，注意事项如下：

（1）流动比率过低，表明企业可能难以按期偿还债务。但也不是绝对的，如交通运输企业，其资产大多数是固定资产，流动资产相对较少，流动比率较低也是正常的。

（2）流动比率过高，而货币资金严重短缺，表明流动资产可能存在长期化问题。可能是存货积压、应收账款增多且收款期延长所致。因此，企业应在分析流动比率的基础上，进一步对现金流量加以考察。

（3）流动比率过高，可能闲置货币资金的持有量过多，必然造成企业机会成本的增加和获利能力的降低。

（4）要注意企业有没有人为粉饰流动比率的状况，如企业期末大量生产产品。

（5）流动比率是否合理，不可一刀切，要注意时期差别、行业差别。

练习与思考

流动比率是否越高越好，请说明理由。

（三）速动比率

速动比率是企业速动资产与流动负债的比率。所谓速动资产，是指流动资产减去变现能力较差且不稳定的存货、预付账款、一年内到期的非流动资产和其他流动资产等之后的余额。

速动比率比流动比率能够更加准确、可靠地评价企业资产的流动性及其偿还短期负债的能力。其计算公式为：

$$
\begin{aligned}
\text{速动比率} &= \frac{\text{速动资产}}{\text{流动负债}} \times 100\% \\
&= \frac{(\text{流动资产}-\text{存货}-\text{预付账款}-\text{一年内到期的非流动资产}-\text{其他流动资产})}{\text{流动负债}} \\
&= \frac{(\text{货币资金}+\text{交易性金融资产}+\text{应收账款}+\text{应收票据}+\text{应收利息}+\text{应收股利}+\text{其他应收款})}{\text{流动负债}}
\end{aligned}
$$

例题解析9-5

根据表9-3的资料，龙威公司2016年年初的速动比率为：

$$\text{速动比率} = \frac{3\ 965-2\ 000-230}{2\ 530} \times 100\% = 0.69$$

运用速动比率时，决策依据如下：

（1）一般情况下，速动比率越高，反映企业短期偿债能力越强，债权人的权益越有保证。

（2）国际上通常认为，速动比率为1较为适当。

（3）速动比率只有和同行业平均速动比率、本企业历史的速动比率进行比较，才能知道这个比率是高还是低。

运用速动比率时，注意事项如下：

（1）速动资产不等于企业的现时支付能力。影响速动比率可信性的重要因素是应收账款的变现能力。一个原因是应收账款不一定都能变成现金（实际坏账可能比计提的准备多）；另一个原因是报表中的应收账款不能反映平均水平。

（2）速动比率较低，表明企业可能难以按期偿还债务。但也不是绝对的，如果存货流转顺畅，变现能力较强，即使速动比率较低，只要流动比率高，企业仍然有望偿还短期债务，如商品流通企业（零售企业）。

（3）要注意企业有没有人为粉饰速动比率的状况。如期末改变销售政策，大量赊销。

练习与思考

1. 速动比率是否越高越好，请说明理由。
2. 流动比率为1.2，则赊购材料一批，将会导致（　　）。

A. 流动比率提高　　B. 流动比率降低
C. 流动比率不变　　D. 速动比率降低

（四）现金比率

速动资产中，流动性最强、可直接用于偿债的资产称为现金资产。现金资产包括货币资金、交易性金融资产等。它们与其他速动资产有区别，其本身就是可以直接偿债的资产，而非速动资产需要等待不确定的时间，才能转换为不确定数额的现金。

$$现金比率=（货币资金+交易性金融资产）/流动负债$$

例题解析9－6

根据表9－3龙威公司2015年年初和年末的现金比率分别为：

$$年初现金比率=(220+15)/2\,530=0.09$$

$$年末现金比率=(410+30)/2\,610=0.17$$

分析时需要注意：现金比率假设现金资产是可偿债资产，表明每1元流动负债有多少现金资产作偿债的保障。

一般来说，现金比率越高，说明资产的流动性越强，短期偿债能力越强，但同时表明企业持有大量闲置资金，可能会造成获利能力降低。

（五）现金流动负债比率

现金流动负债比率是企业一定时期的经营现金净流量与流动负债的比率。该指标从现金流量角度更好地反映企业的即刻偿债能力，是最稳健的短期偿债能力的比率。其计算公式为：

$$现金流动负债比率=\frac{年经营现金净流量}{流动负债}\times 100\%$$

例题解析9－7

根据表9－3和补充资料，现金流动负债比率为：

$$现金流动负债比率=\frac{1\,700}{2\,530}\times 100\%=0.67$$

运用现金流动负债比率时，决策依据如下：

（1）一般情况下，该指标越大，反映企业短期偿债能力越强，债权人的权益越有保证。

（2）应根据行业实际情况确定最佳比率。

运用现金流动负债比率时，现金流动负债比率过大，表明企业流动资金利用不充分，机会成本增加，获利能力不强。

练习与思考

1. 简述短期偿债能力的三个比率的特点。

2. “营运资金”是反映企业短期偿债能力的指标吗?

3. 计算龙威公司 2016 年年末的短期偿债能力比率，并与年初进行比较，分析其变化的原因。

二、长期偿债能力比率

长期偿债能力比率是指企业偿还长期负债的能力。反映企业长期偿债能力的财务比率主要有：资产负债率、产权比率和已获利息倍数。

（一）资产负债率

资产负债率是指企业负债总额对资产总额的比率。它表明在企业资产总额中，债权人提供资金所占的比重以及企业资产对债权人权益的保障制度。其计算公式为：

$$资产负债率 = \frac{负债总额}{资产总额} \times 100\%$$

例题解析 9－8

根据表 9－3 的资料，龙威公司 2016 年年初的资产负债率为：

$$资产负债率 = \frac{3\ 830}{7\ 515} \times 100\% = 51.07\%$$

运用资产负债率时，决策依据如下：

（1）一般情况下，资产负债率越小，反映企业长期债权能力越强，债权人的权益越有保证。

（2）保守的观点认为资产负债率不应高于 50%，而国际上通常认为资产负债率等于 60% 时较为适当。

（3）从企业投资者角度，如果该指标较大，可以获得财务杠杆收益；如果该指标过小则表明企业对财务杠杆利用不够。

（4）资产负债率过大，则表明企业的债务负担重，企业资金实力不强，不仅对债权人不利，而且企业有濒临倒闭的危险。

（5）企业的长期债权能力与获利能力密切相关，因此企业经营决策者应当将偿债能力指标（风险）与获利能力指标（收益）结合起来分析，予以平衡考虑。

运用资产负债率时，注意事项如下：从债权人角度，该指标越小越好，企业偿债越有保证。

（二）产权比率

产权比率是指企业负债总额与所有者权益总额的比率，是企业财务结构稳健与否的重要标志。它反映企业所有者权益对债权人权益的保障制度。其计算公式为：

$$产权比率 = \frac{负债总额}{所有者权益总额} \times 100\%$$

例题解析9－9

根据表9－3的资料，龙威公司2016年年初的产权比率为：

$$产权比率 = \frac{3\ 830}{3\ 685} \times 100\% = 103.93\%$$

运用产权比率时，决策依据如下：一般情况下，产权比率越低，反映企业长期偿债能力越强，债权人权益越有保障。

运用产权比率时，注意事项如下：产权比率越低，企业不能充分发挥负债的财务杠杆效应。因此，企业在评价产权比率适度与否时，应从获利能力两个方面综合进行，即在保障债务偿还安全的前提下，应尽可能提高产权比率。

（三）已获利息倍数

已获利息倍数是指企业息税前利润与利息费用的比率，用以衡量企业偿付借款利息的能力。该指标不仅反映企业获利能力的大小，而且反映了获利能力对偿还到期债务的保证程度，是衡量企业长期偿债能力大小的重要标志。其计算公式为：

$$已获利息倍数 = \frac{息税前利润}{利息费用}$$

例题解析9－10

根据表9－4的资料，龙威公司2016年年初的已获利息倍数为：

$$已获利息倍数 = \frac{1\ 000 + 100}{100} = 11$$

该指标决策依据如下：

（1）一般情况下，该指标越大，反映企业长期偿债能力越强。

（2）国际上通常认为，该指标为3较为适当。

（3）从长期看，该指标至少应当大于1，如果小于1，企业则面临很大的财务风险。企业应根据往年经验结合行业特点确定适当的已获利息倍数。

练习与思考

1. 简述偿债能力分析的三个指标的特点。

2. 还有反映企业长期期偿债能力的指标吗？

3. 计算龙威公司2016年年末的长期偿债能力指标，并与年初进行比较，分析其变化的原因。

三、运营能力比率

运营能力比率又称资产管理比率，是用来衡量企业在资产管理方面效率的财务比率。反映企业运营能力的财务比率主要有：应收账款周转率、存货周转率、流动资产周转率、固定资产周转率和总资产周转率等。

资产运营能力的强弱取决于资产的周转速度、资产运行状况、资产管理水平等多种因素。一般来说，周转速度越快，资产的使用效率越高，则资产运营能力越强；反之，资产运营能力越差。资产周转速度通常用周转率和周转期表示。周转率是企业在一定时期内资产的周转额与平均余额的比率，它反映资产一定时期的周转次数。周转次数越多，表明周转速度越快，资产运营能力越强。周转次数的反指标是周转天数。二者计算公式如下：

$$周转率(次数)=\frac{周转额}{资产平均余额}$$

$$周转期(天数)=\frac{计算天数}{周转次数}=资产平均余额\times\frac{计算天数}{周转额}$$

(一) 应收账款周转率

它是企业一定时期营业收入与平均应收账款余额的比率，是反映应收账款周转速度的指标。其计算公式如下：

$$应收账款周转率(次数)=\frac{营业收入}{平均应收账款余额}$$

$$平均应收账款余额=\frac{(应收账款余额年初数+应收账款余额年末数)}{2}$$

$$应收账款周转天数=\frac{360}{应收账款周转次数}$$

例题解析 9－11

根据表 9－3、表 9－4 的资料，龙威公司 2016 年年初的应收账款周转率为：

$$平均应收账款余额=\frac{(1\ 450+1\ 500)}{2}=1\ 475(万元)$$

$$应收账款周转率(次)=\frac{7\ 500}{1\ 475}=5.08(次)$$

$$应收账款周转天数=\frac{360}{5.08}=70.87(天)$$

该指标决策依据如下：一般情况下，应收账款周转率越高，应收账款周转天数越短，说明应收账款回收速度越快，资产利用效率越高。

计算应收账款周转率时，注意事项如下：

(1) 应收账款的减值准备问题。计提减值——收入不变，应收账款项目金额降低——周转次数增加，周转天数减少。

这种周转天数的减少不是好的业绩，反而说明应收账款管理欠佳。如果减值准备的数额较大，就应进行调整，使用未提取坏账准备的应收账款计算周转天数。

(2) 应收票据是否计入应收账款周转率。因为大部分应收票据是销售形成的，只不过是应收账款的另一种形式。应该将其纳入应收账款周转天数的计算，称为“应收账款和应收票据周转天数”。

(3) 应收账款周转天数不一定是越少越好。应收账款是赊销引起的，如果赊销有可能比现金销售更有利，周转天数就不会越少越好。如果应收账款周转次数过高，可能是由于企业的信用政策、付款条件过于苛刻所致，这样会限制企业销售量的扩大，从而会在一定程度上影响企业的盈利水平。

(4) 分子、分母的数据应注意时间的对应性。

(二) 存货周转率

存货周转率是企业一定时期营业成本与平均存货余额的比率，它是衡量和评价企业生产经营各环节存货运营效率的一个综合性指标。其计算公式如下：

$$存货周转率(次数)=\frac{营业成本}{平均存货余额}$$

$$平均存货余额 = \frac{(存货余额年初数 + 存货余额年末数)}{2}$$

$$存货周转期(天数) = \frac{360}{存货周转次数}$$

例题解析 9－12

根据表9－3、表9－4的资料，龙威公司2016年年初的存货周转率为：

$$平均存货余额 = \frac{(1\ 900 + 2\ 000)}{2} = 1\ 950(万元)$$

$$存货周转率(次数) = \frac{5\ 600}{1\ 950} = 2.87(次)$$

$$存货周转期(天数) = \frac{360}{2.87} = 125.44(天)$$

该指标决策依据如下：一般情况下，存货周转速度越快，存货的占用水平越低，流动性越强，存货转换为现金或应收账款的速度越快；反之则越慢。

计算存货周转率时，注意事项如下：

（1）要考虑存货进货批量、生产销售的季节性、存货结构、存货质量等情况。

（2）要注意存货计价方法的口径一致性。

（三）流动资产周转率

流动资产周转率是企业一定时期营业收入与平均流动资产总额的比率，是反映企业流动资产周转速度的指标。其计算公式如下：

$$流动资产周转率(次数) = \frac{营业收入}{平均流动资产总额}$$

$$平均流动资产总额 = \frac{(流动资产总额年初数 + 流动资产总额年末数)}{2}$$

$$流动资产周转期(天数) = \frac{360}{流动资产周转次数}$$

例题解析 9－13

根据表9－3、表9－4的资料，龙威公司2016年年初的流动资产周转率为：

$$平均流动资产总额 = \frac{(3\ 800 + 3\ 965)}{2} = 3\ 882.5(万元)$$

$$流动资产周转率(次数) = \frac{7\ 500}{3\ 882.5} = 1.93(次)$$

$$流动资产周转期(天数) = \frac{360}{1.93} = 186.53(天)$$

该指标决策依据为：一般情况下，流动资产周转率越大，周转天数越短，表明企业流动资产利用效果越好。

（四）固定资产周转率

固定资产周转率是企业一定时期营业收入与平均固定资产净值的比值，是衡量固定资产利用效率的一项指标。其计算公式为：

$$固定资产周转率(次数) = \frac{营业收入}{平均固定资产净值}$$

$$平均固定资产净值=\frac{(固定资产净值年初数+固定资产净值年末数)}{2}$$

$$固定资产周转期(天数)=\frac{360}{固定资产周转次数}$$

例题解析 9－14

如果龙威公司2015年年初、2016年年初的固定资产净值分别为2 300万元、2 500万元，则2016年年初的固定资产周转率为：

$$平均固定资产净值=\frac{(2\ 300+2\ 500)}{2}=2\ 400(万元)$$

$$固定资产周转率(次数)=\frac{7\ 500}{2\ 400}=3.13(次)$$

$$固定资产周转期(天数)=\frac{360}{3.13}=115.02(天)$$

该指标决策依据如下：一般情况下，固定资产周转率越高，表明企业固定资产利用效果越好；反之则越差。

计算固定资产周转率时，注意事项如下：

（1）固定资产净值为固定资产原价扣除已计提的累计折旧后的金额（固定资产净值＝固定资产原价－累计折旧）。

（2）要注意折旧方法的不同。

（五）总资产周转率

总资产周转率是企业一定时期营业收入与平均资产总额的比值，是衡量全部资产利用效率的一项指标。其计算公式为：

$$总资产周转率=\frac{营业收入}{平均资产总额}$$

$$平均资产总额=\frac{(资产总额年初数+资产总额年末数)}{2}$$

$$总资产周转期(天数)=\frac{360}{总资产周转次数}$$

例题解析 9－15

根据表9－3、表9－4的资料，龙威公司2016年年初的总资产周转率为：

$$平均资产总额=\frac{(6\ 500+7\ 515)}{2}=7\ 007.5(万元)$$

$$总资产周转率=\frac{7\ 500}{7\ 007.5}=1.07(次)$$

$$总资产周转期(天数)=\frac{360}{1.07}=336.45(万元)$$

该指标决策依据为：一般情况下，总资产周转率越大，周转天数越短，表明企业全部资产利用效果越好；反之则越差。

练习与思考

1. 资产周转率与资产周转期的关系是怎样的？

2. 计算龙威公司2016年年末的营运能力的各项指标，并与上年进行比较，分析其变化的原因。

四、盈利能力比率

盈利能力就是企业资金增值的能力，通常表现为企业收益数额的大小与水平的高低。反映企业盈利能力的财务比率主要有：营业利润率、成本费用利润率、总资产收益率和净资产收益率等。此外，上市公司经常使用的获利能力指标还有每股收益、每股股利、市盈率和每股净资产等。

（一）营业利润率

营业利润率是企业一定时期营业利润与营业收入的比率。其计算公式为：

$$营业毛利率 = \frac{营业收入 - 营业成本}{营业收入} \times 100\%$$

$$营业利润率 = \frac{营业利润}{营业收入} \times 100\%$$

$$营业净利率 = \frac{净利润}{营业收入} \times 100\%$$

例题解析9－16

根据表9－4的资料，龙威公司2015年的营业利润率为：

$$营业利润率 = \frac{1\ 000}{7\ 500} \times 100\% = 13.33\%$$

该指标决策依据为：营业利润率越高，表明企业市场竞争力越强，发展潜力越大，盈利能力越强。

计算该指标需要注意利润的不同层次，如营业利润、毛利润、利润总额、净利润等。

在分析营业净利率指标时，注意事项如下：

（1）营业收入是利润表的第一行数字，此处不考虑“每股收益”，净利润是利润表的最后一行数字，两者相除可以概括企业的全部经营成果。

（2）它表明1元营业收入与其成本费用之间可以“挤”出来的净利润。该比率越大则企业的盈利能力越强。

（3）营业净利率的驱动因素是利润表的各个项目。

（4）通常，在利润前面没有加任何定语，就是指“净利润”。某个利润率，如果前面没有指明计算比率使用的分母，则是指以销售收入为分母。

（二）成本费用利润率

成本费用利润率是企业一定时期利润总额与成本费用总额的比率。其计算公式为：

$$成本费用利润率 = \frac{利润总额}{成本费用总额} \times 100\%$$

成本费用总额＝营业成本＋营业税金及附加＋销售费用＋管理费用＋财务费用

例题解析9－17

根据表9－4的资料，龙威公司2015年的成本费用利润率为：

$$成本费用利润率 = \frac{1\ 000}{5\ 600 + 420 + 160 + 200 + 150} \times 100\% = 15.31\%$$

该指标决策依据为：该指标越高，表明企业为取得利润而付出的代价越小，成本费用控制得越好，获利能力越强。

计算该指标需要注意成本费用的不同层次，如主营业务成本、营业成本等，还应当注意成本费用与利润之间在计算层次和口径上的对应关系。

（三）总资产收益率

总资产收益率是企业一定时期内获得的利润与平均资产总额的比率。由于利润的计算口径不同，因此，总资产收益率的计算公式也不同，主要有如下两个：

1. 总资产报酬率

总资产报酬率是企业一定时期内获得的报酬总额与平均资产总额的比率。它是反映企业资产综合利用效果的指标，也是衡量企业利用债权人和所有者权益总额所取得盈利的重要指标。其计算公式为：

$$总资产报酬率 = \frac{息税前利润}{平均资产总额} \times 100\%$$

例题解析9-18

根据表9-3、表9-4的资料及补充资料，龙威公司2015年的总资产报酬率为：

$$平均资产总额 = \frac{(6\ 500 + 7\ 515)}{2} = 7\ 007.5(万元)$$

$$总资产报酬率 = \frac{1\ 000 + 100}{7\ 007.5} \times 100\% = 15.70\%$$

该指标决策依据为：一般情况下，该指标越高，表明企业的资产利用效益越好，整个企业获利能力越强，经营管理水平越高。

2. 总资产净利率（总资产利润率）

$$总资产净利率 = 净利润 \div 平均总资产$$

分析说明：

（1）总资产净利率是企业盈利能力的关键。虽然股东的报酬由总资产净利率和财务杠杆共同决定，但提高财务杠杆会同时增加企业风险，往往并不增加企业价值。

（2）总资产净利率的驱动因素是销售利润率和资产周转率。

$$总资产净利率 = 营业净利率 \times 总资产周转率$$

可用因素分析法定量分析营业净利率、总资产周转率对总资产净利率影响程度。

练习与思考

请计算龙威公司2015年度的总资产净利率。

（四）净资产收益率

净资产收益率是企业一定时期的净利润与平均净资产的比率，是反映企业自有资金投资收益水平的指标，是评价企业获利能力的核心指标。其计算公式为：

$$净资产收益率 = \frac{净利润}{平均净资产} \times 100\%$$

$$平均净资产 = \frac{(所有者权益年初数 + 所有者权益年末数)}{2}$$

例题解析 9－19

根据表9－3、表9－4的资料及补充资料，龙威公司2015年的净资产收益率为：

$$平均净资产 = \frac{(3\ 000 + 3\ 685)}{2} = 3\ 342.5(万元)$$

$$净资产收益率 = \frac{750}{3\ 342.5} \times 100\% = 22.44\%$$

该指标决策依据为：一般认为，净资产收益率越高，企业自有资本获取收益的能力越强，运营效益越好，对企业投资人和债权人利益的保证程度越高。

该指标通用性强，适用范围广，不受行业局限，在国际上的企业综合评价中使用率非常高。通过对该指标的综合对比分析，可以看出企业获利能力在同行业中所处地位以及与同类企业的差异水平。

练习与思考

1. 你知道盈利能力分析还有哪些指标吗？

2. 计算龙威公司2016年的盈利能力的各项指标，并与上年进行比较，分析其变化的原因。

五、发展能力比率

发展能力指标是企业在生存的基础上，扩大规模、壮大实力的潜在能力。发展能力分析的主要指标包括：营业收入增长率、资本保值增值率、总资产增长率和营业利润增长率。

（一）营业收入增长率

营业收入增长率是企业本年营业收入增长额与上年营业收入总额的比率。其计算公式为：

$$营业收入增长率 = \frac{本年营业收入增长额}{上年营业收入总额} \times 100\%$$

例题解析 9－20

根据表9－4的资料，龙威公司2016年的营业收入增长率为：

$$营业收入增长率 = \frac{(8\ 600 - 7\ 500)}{7\ 500} \times 100\% = 14.67\%$$

营业收入增长率反映企业营业收入的增加变动情况，是评价企业成长状况和发展能力的重要指标；是衡量企业经营状况和市场占有能力、预测企业经营业务拓展趋势的重要指标。

该指标决策依据为：该指标若大于零，指标值越高，表明增长速度越快，企业市场前景越好；该指标若小于零，指标值越低，则表明企业市场前景差。

该指标在实际操作时，应结合企业历年的营业收入水平、企业市场占有情况、行业未来发展及其他影响企业发展的潜在因素进行前瞻性预测，或者结合企业前三年的营业收入增长率作出趋势性分析判断。

（二）资本保值增值率

资本保值增值率是企业扣除客观因素后的本年末所有者权益总额与年初数所有者权益总

额的比率，反映企业当年资本的实际增减变动的情况。其计算公式为：

$$资本保值增值率 = \frac{扣除客观因素后的年末所有者权益总额}{年初所有者权益} \times 100\%$$

例题解析 9－21

根据表 9－3 的资料，龙威公司 2015 年的资本保值增值率为：

$$资本保值增值率 = \frac{3\ 685}{3\ 000} \times 100\% = 122.83\%$$

该指标决策依据为：一般认为，资本保值增值率越高，表明企业的资本保全状态越好，所有者权益增长越快，债权人的债务越有保障。该指标通常应当大于 100%。

（三）总资产增长率

总资产增长率是企业本年总资产增长额与年初资产总额的比率，它反映企业本期资产规模的增长情况。该指标是从企业资产总量扩张方面衡量企业的发展能力，表明企业规模增长水平对企业发展后劲的影响。其计算公式为：

$$总资产增长率 = \frac{本年总资产增长额}{年初资产总额} \times 100\%$$

例题解析 9－22

根据表 9－3 的资料，龙威公司 2015 年的总资产增长率为：

$$总资产增长率 = \frac{7\ 515 - 6\ 500}{6\ 500} \times 100\% = 15.62\%$$

该指标决策依据为：该指标越高，表明企业一定时期内资产经营规模扩张的速度越快。在实际分析时，应注意考虑资产规模扩张质和量的关系以及企业的后续发展能力，避免资产盲目扩张。

（四）营业利润增长率

营业利润增长率是企业本年营业利润增长额与上年营业利润总额的比率，反映企业营业利润的增减变动情况。其计算公式为：

$$营业利润增长率 = \frac{本年营业利润增长额}{上年营业利润总额} \times 100\%$$

例题解析 9－23

根据表 9－4 的资料，龙威公司 2016 年的营业利润增长率为：

$$营业利润增长率 = \frac{(1\ 180 - 1\ 000)}{1\ 000} \times 100\% = 18\%$$

练习与思考

1. 你知道发展能力分析还有哪些指标吗？

2. 计算龙威公司 2016 年的发展能力的各项指标，并与上年进行比较，分析其变化的原因。

六、市价比率

（一）市盈率

它反映普通股股东愿意为每 1 元净利润支付的价格。

市盈率 = 每股市价 ÷ 每股收益

每股收益 = 普通股股东净利润 ÷ 流通在外普通股加权平均股数

在计算和使用市盈率和每股收益时，需要注意以下问题：

（1）市盈率反映了投资者对公司未来前景的预期。

（2）对仅有普通股的公司而言，每股收益的计算相对简单。在这种情况下，计算公式如下：

每股收益 = 普通股股东净利润 ÷ 流通在外普通股加权平均数

如果公司还有优先股，则计算公式为：

每股收益 =（净利润 - 优先股股利）÷ 流通在外普通股加权平均股数

（3）市盈率被广泛评估股票价值。应用该方法仅须知道两个数字：

① 准备评估企业的收益。

② 企业所属行业的市盈率。

但该方法的评估结果存在很大误差，原因是：该方法未考虑同一行业不同企业的差别增长率；未考虑不同企业财务风险和经营风险对每股收益的系统性影响；未考虑不同企业会计政策和会计估计对每股收益的影响。

（二）市净率

它反映普通股股东愿意为每1元净资产支付的价格。

市净率 = 每股市价 ÷ 每股净资产

每股净资产 = 普通股股东权益 ÷ 流通在外普通股

在计算和使用市净率时，需要注意以下问题：

（1）既有优先股又有普通股的公司，通常只为普通股计算净资产，在这种情况下，普通股每股净资产的计算如下：

$$每股净资产 = \frac{股东权益总额 - 优先股权益(优先股清算价值和拖欠的股利)}{流通在外普通股加权平均股数}$$

（2）该比率仅可用于整个企业的评估，不能用于企业某一部分（如一个部门，一个产品或一个品牌）的评估，因此无法确定企业某一部分的净资产。

（3）该比率依赖于资产负债表数字，会计政策和会计估计将会扭曲该比率；净资产受过去留存收益政策影响。

（三）市销率

市销率（或称为收入乘数）是指普通股每股市价与每股销售收入的比率，它反映普通股股东愿意为每1元销售收入支付的价格。其计算公式如下：

市销率 = 每股市价 ÷ 每股销售收入

每股销售收入 = 销售收入 ÷ 流通在外普通股加权平均股数

特别提示：

市销率的最大优势在于相当程度上独立于会计政策和股利支付政策，因此，在评估联营企业、分部以及新经济公司（如互联网、网上销售、生物技术公司等）股票时非常有用。

例题解析 9-24

已知某公司2016年每股收益为2元，销售净利率为10%，市盈率为20倍。则该公司的收入乘数为（B）。

A. 1.5　　B. 2　　C. 3　　D. 4

解析：每股市价＝每股收益×市盈率＝2×20＝40（元）；每股收入＝2/10%＝20（元），收入乘数＝40/20＝2。

任务实施

1. 给出任务。

请同学们课下搜集任一上市公司2016年度的财务报告：公司资产负债表、利润表和现金流量表。

2. 根据所搜集的资料，进行财务分析。

（1）短期偿债能力分析。通常借助于流动比率、速动比率和现金流动负债比率的分析来完成。

（2）长期偿债能力分析。通常借助于资产负债率、产权比率和已获利息倍数的分析来完成。

（3）运营能力分析。通常借助于应收账款周转率、存货周转率、流动资产周转率、固定资产周转率和总资产周转率的分析来完成。

（4）盈利能力分析。通常借助于营业利润率、成本费用利润率、总资产收益率和净资产收益率的分析来完成。

（5）发展能力分析。通常借助于营业收入增长率、资本保值增值率、总资产增长率和营业利润增长率的分析来完成。

3. 参照各项财务指标的决策依据、注意事项，结合公司实际情况、所在行业的标准进行综合分析，作出正确的结论。

任务三　财务综合分析

任务介绍

财务分析的最终目的是全方位地了解企业经营理财的状况，只有对企业进行综合财务分析，才能对企业经济效益的优劣作出系统的、合理的评价。能够开展财务综合分析工作是财务管理人员必备的基本技能。

基本知识

财务综合分析就是将营运能力、偿债能力、盈利能力等诸方面分析纳入一个有机的整体之中，全面地对企业经营状况、财务状况进行解剖和分析，从而对企业经济效益的优劣作出准确的评价与判断。

财务综合分析的特点体现在财务指标体系的要求上。一个健全有效的综合财务指标体系必须具备的基本要素是：指标要素齐全适当；主辅指标功能匹配；满足多方信息需要。

一、杜邦财务分析体系

（一）杜邦财务分析体系的含义

杜邦分析体系，又称杜邦财务分析体系，简称杜邦体系，是利用各主要财务比率之间的内在联系，对企业财务状况和经营成果进行综合系统评价的方法。该体系是以权益净利率为龙头，以资产净利率和权益乘数为核心，重点揭示企业获利能力及权益净利率的影响以及各相关指标间的相互作用关系。因其最初由美国杜邦公司成功应用，所以得名。

（二）杜邦体系的指标关系

杜邦体系以净资产收益率为核心，将其分解为若干财务指标，通过分析各分解指标的变动对净资产收益率的影响来揭示企业获利能力及其变动原因。

杜邦体系的主要指标关系式如下：

$$\begin{aligned}\text{净资产收益率} &= \text{总资产净利率} \times \text{权益乘数} \\ &= \text{营业净利率} \times \text{总资产周转率} \times \text{权益乘数} \\ &= \frac{\text{净利润}}{\text{营业收入}} \times \frac{\text{营业收入}}{\text{平均资产总额}} \times \frac{1}{1-\text{资产负债率}}\end{aligned}$$

例题解析 9－25

根据表9－3、表9－4及其补充资料，可计算龙威公司2016年度的杜邦体系中的各项指标如图9－1所示。

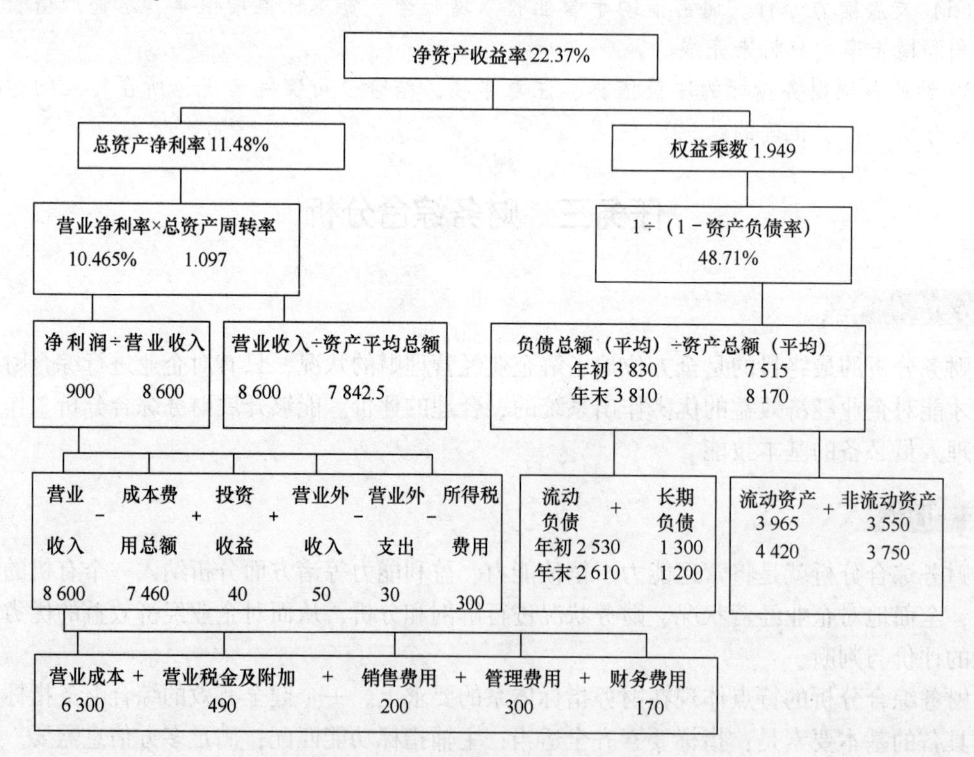

图9－1　2016年度龙威公司杜邦体系中的各项指标

在具体运用杜邦体系进行分析时，可采用因素分析法，首先确定营业净利率、总资产周转率和权益乘数的基准值，然后顺次代入这三个指标的实际值，分别计算分析这三个指标的变动对净资产收益率的影响程度。通过杜邦体系自上而下地分析，不仅可以揭示出公司各项财务指标间的结构关系，查明各项主要财务指标变动的影响因素，而且为决策者优化经营理财决策，提高公司经营效益提供了思路。

注意：(1) 销售净利率与资产周转率经常成反向变化，这种现象不是偶然的。

提高销售净利率—增加产品附加值—增加投资—周转率下降。

提高资产周转率—扩大收入—降低价格—销售净利率下降。

(2) 一般来说，资产利润率高的企业，财务杠杆较低，反之亦然。这种现象也不是偶然现象。

资产利润率高—经营风险大—难以借款—财务杠杆低。

资产利润率低—经营风险小—容易借款—财务杠杆高。

练习与思考

1. 如何提高企业的净资产收益率？
2. 某公司今年与上年相比，销售收入增长10%，净利润增长8%，资产总额增加12%，负债总额增加9%。可以判断，该公司权益净利率比上年（　　）。

   A. 提高　　B. 降低　　C. 不变　　D. 不确定
3. 甲公司2016年的销售净利率比2015年下降5%，总资产周转率提高10%，假定其他条件与2015年相同，那么甲公司2008年的权益净利率比2007年提高（　　）。

   A. 4. 5%　　B. 5. 5%　　C. 10%　　D. 10. 5%

二、沃尔比重评分法

(一) 沃尔比重评分法的原理

沃尔比重评分法是指将选定的财务比率用线性关系结合起来，并分别给定各自的分数比重，然后通过与标准比率进行比较，确定各项指标的得分及总体指标的累计分数，从而对企业的信用水平作出评价的方法。

该方法选择了流动比率、产权比率、固定资产比率、存货周转率、应收账款周转率、固定资产周转率、自有资金周转率等七项财务比率，其缺陷是所选定的七项财务比率缺乏证明力，已经不能适用于当前企业评价的需要。因此，采用此法进行综合财务分析时，关键在于指标的选择、权重的分配及标准值的确定。选择的指标应当涉及偿债能力、营运能力、获利能力和发展能力。

(二) 沃尔比重评分法的基本步骤

(1) 选择评价指标并分配指标权重。

(2) 确定各项指标的标准值。财务指标的标准值一般可以行业平均数、企业历史先进数、国家有关标准或者国际公认标准来加以确定。

(3) 对各项评价指标计分并计算综合分数。

$$\text{各项评价指标得分} = \text{各项指标权重} \times \frac{\text{实际值}}{\text{标准值}}$$

$$\text{综合分数} = \sum \text{各项评价指标得分}$$

例题解析9-26

根据表9-3、表9-4及其补充资料，采用沃尔比重评分法评价龙威公司2016年度财务状况，如表9-5所示。

表9-5 财务比率综合分析表

选择的指标	分配的权重①	指标的标准值②	指标的实际值③	实际得分 ④=①×③÷②
一、偿债能力指标	23			
1. 流动比率	7	2	1.69	5.915
2. 速动比率	5	1	0.78	3.9
3. 资产负债率	6	40%	46.63%	6.995
4. 已获利息倍数	5	7	11	7.857
二、获利能力指标	36			
1. 营业利润率	8	10%	13.72%	10.976
2. 净资产收益率	20	15%	22.37%	29.827
3. 总资产报酬率	8	12%	16.83%	11.22
三、运营能力指标	17			
1. 存货周转率	5	4次	3.07	3.838
2. 总资产周转率	5	1次	1.1	5.5
3. 流动资产周转率	7	3次	2.05	4.783
四、发展能力指标	24			
1. 营业利润增长率	8	15%	18%	9.6
2. 资本保值增值率	8	110%	118.32%	8.605
3. 总资产增长率	8	6%	8.72%	11.627
综合得分	100		—	120.643

从表9-5看出，龙威公司2016年度财务指标的综合指数为120.643，大于100，说明龙威公司财务状况良好。

练习与思考

运用沃尔比重评分法的关键问题是什么？

任务实施

1. 给出任务。

根据任务二中的【任务实施】资料，运用杜邦财务分析体系对该上市公司进行综合财务分析。

2. 明确杜邦体系的主要指标关系式。

3. 分析任务涉及的相关因素，结合任务所需要的财务比率知识，分别进行相关财务比率的计算。

4. 将计算出来的财务指标实际值代入杜邦体系的主要指标关系式。

5. 可采用因素分析法，分析相关指标的变动对净资产收益率的影响程度。

实操训练

一、单项选择题

1. 必须对企业经营理财的各个方面，包括运营能力、偿债能力、获利能力及发展能力的全部信息予以详尽地了解和掌握的是（　　）。
   A. 企业所有者　　B. 企业经营决策者
   C. 企业债权人　　D. 政府
2. 下列不属于短期偿债能力指标的是（　　）。
   A. 流动比率　　B. 速动比率
   C. 产权比率　　D. 现金流动负债比率
3. 下列关于短期偿债能力指标的说法不正确的是（　　）。
   A. 流动比率并非越高越好
   B. 国际上通常认为，速动比率等于 1 时较为适当
   C. 现金流动负债比率等于现金与年末流动负债的比值
   D. 现金流动负债比率过大表明企业流动资金利用不充分，获利能力不强
4. 在杜邦财务分析体系中，核心指标是（　　）。
   A. 净资产收益率　　B. 总资产净利率
   C. 总资产周转率　　D. 营业净利率
5. 某公司今年与上年相比，营业收入增长 15%，净利润增长 13%，平均资产总额增加 17%，平均负债总额增加 14%。可以判断，该公司净资产收益率比上年（　　）。
   A. 上升了　　B. 下降了
   C. 不变　　D. 无法判断

二、多项选择题

1. 运用因素分析法进行分析时，应注意的问题有（　　）。
   A. 因素分解的关联性　　B. 因素替代的顺序性
   C. 顺序替代的连环性　　D. 计算结果的准确性
2. 下列关于财务分析的说法正确的有（　　）。
   A. 以企业财务报告为主要依据
   B. 对企业的财务状况和经营成果进行评价和剖析
   C. 反映企业在运营过程中的利弊得失和发展趋势
   D. 为改进企业财务管理工作和优化经济决策提供重要的财务信息
3. 财务分析的局限性主要表现为（　　）。
   A. 资料来源的局限性　　B. 分析方法的局限性
   C. 分析指标的局限性　　D. 分析人员水平的局限性
4. 综合指标分析的特点体现在其对财务指标体系的要求上。综合财务指标体系的建立应当具备的基本素质包括（　　）。
   A. 指标要素齐全适当　　B. 主辅指标功能匹配
   C. 满足多方信息需要　　D. 指标之间要相互关联
5. 某公司当年经营利润很多，却不能偿还当年债务，为查清原因，应检查的财务比率有（　　）。

A. 已获利息倍数　　　　B. 流动比率

C. 速动比率　　　　D. 现金流动负债比率

三、计算题

1. 大宇股份公司2016年有关资料如表9－6所示。

表9－6　大宇股份公司有关资料

金额单位：万元

项　目	年初数	年末数	本年数或平均数
存货	3 120	3 600	
流动负债	1 000	800	
总资产	12 000	14 000	
流动比率		550%	
速动比率	80%		
权益乘数			1.3
流动资产周转次数			2.5
净利润			3 120
普通股股数（均发行在外）/万股	800	800	

要求：

（1）计算流动资产的平均余额（假定流动资产由速动资产与存货组成）。

（2）计算本年营业收入和总资产周转率。

（3）计算营业净利率、净资产收益率。

（4）计算每股利润和平均每股净资产。

（5）若2015年的营业净利率、总资产周转率、权益乘数和平均每股净资产分别为24%、1.2次、2.5和10元，要求用连环替代法分析营业净利率、总资产周转率、权益乘数和平均每股净资产对每股收益指标的影响。

2. 阳明公司2016年年初存货为150万元，年初全部资产总额为1 400万元，年初资产负债率40%。2016年年末有关财务指标为：流动比率210%、速动比率110%、资产负债率35%、长期负债420万元，全部资产总额1 600万元，流动资产由速动资产和存货组成。2016年获得营业收入1 200万元，发生经营管理费用90万元，利息费用100万元，发生科技支出58万元（包含在管理费用中），存货周转率6次。2017年年末的股东权益为600万元，企业适用的所得税税率为25%。假设不存在导致股东权益发生变化的客观因素，普通股股数一直保持为100万股。

要求根据以上资料：

（1）计算2016年年末的流动负债总额、流动资产总额、存货总额、权益乘数。

（2）计算2016年的营业成本、已获利息倍数、资本保值增值率、资本三年平均增长率、总资产报酬率和技术投入比率。

（3）计算2016年的营业净利率、总资产周转率、权益乘数和平均每股净资产。

（4）假设预计2017年的营业净利率、总资产周转率、权益乘数和平均每股净资产分别为4%、1.2次、250%和10元，要求用差额分析法依次分析营业净利率、总资产周转率、股东权益比率和平均每股净资产对每股收益指标的影响。

四、案例分析题

资料：大宇公司2016年年底的部分账面资料如表9－7所示。

表9－7　大宇公司部分账面资料

单位：元

项　目	2016年
货币资金	1 503 600
短期投资——债券投资	30 000
其中：短期投资跌价准备	840
应收票据	60 000
固定资产	24 840 000
其中：累计折旧	300 000
应收账款	210 000
其中：坏账准备	12 000
原材料	450 000
应付票据	90 000
应交税金	60 000
预提费用	1 000 000
长期借款——基建借款	1 800 000

要求：

（1）计算该企业的营运资本。

（2）计算该企业的流动比率。

（3）计算该企业的速动比率以及保守速动比率。

（4）计算该企业的现金比率。

（5）将以上指标与标准值对照，简要说明其短期偿债能力的好坏。

项目十

财务预算与控制

知识目标

1. 了解财务预算的含义与编制方法及各种业务预算的编制；
2. 了解财务控制的概念、种类；
3. 理解现金预算的编制，预计财务报表的编制；
4. 理解财务控制的程序，责任中心及评价指标。

技能目标

1. 掌握财务预算的编制方法和编制流程以及预计财务报表的编制；
2. 能够进行成本中心、利润中心和投资中心等责任中心的评价。

案例导入

潍坊亚星集团公司目前拥有两个控股子公司、三个全资子公司和十几个分支机构。近年来，亚星集团逐步建立和完善了一套切合本企业实际的以企业全面预算控制体系为中心的基本制度。在内容上，全面预算体系具体包括8个预算：资本性支出预算、销售预算、产量预算、采购预算、成本预算、各项费用预算、现金预算和总预算。

全面预算控制体系紧紧围绕资金收支两条线，将产供销、人财物全部纳入预算范围，涉及企业生产经营活动的方方面面，每个环节疏而不漏。全面预算确定后，层层分解到各分厂、车间、部门、处室，各部门再落实到每个人，从而使每个人都紧紧围绕预算目标各负其责，各司其职。

这一案例表明：企业盈利，源自事先周密部署，于运筹帷幄中把握住事态发展的趋势。“吃不穷，穿不穷，计划不周才受穷”，说的就是在花钱之前要认真做好计划。预算本身就是计划的数量化的表述，可见预算功能的重要作用。通过本部分内容的学习，你将了解和掌握企业如何全面地进行资金收支预算与控制。

思考题：

(1) 企业的财务预算和财务控制在财务管理中的作用是什么？

(2) 如何对企业的现金进行预算？

(3) 怎样对企业进行财务控制？

任务一 财务预算

任务介绍

预算是为实现企业目标而对各种资源和企业活动的详细安排，因此熟练掌握财务预算是财务管理人员必备的基本技能。

基本知识

财务预算是一系列专门反映企业未来一定期限内预计财务状况和经营成果以及现金收支等价值指标的各种预算的总称。它是反映企业某一方面财务活动的预算，如反映现金收支活动的现金预算；反映销售收入的销售预算；反映成本、费用支出的生产费用预算（又包括直接材料预算、直接人工预算、制造费用预算）、期间费用预算；反映资本支出活动的资本预算等。综合预算是反映财务活动总体情况的预算，如反映财务状况的预计资产负债表、预计财务状况变动表，反映财务成果的预计损益表。

一、财务预算的作用和编制方法

（一）财务预算的作用

财务预算是企业全面预算体系中的组成部分，它在全面预算体系中有以下重要作用：

1. 财务预算使决策目标具体化、系统化和定量化

在现代企业财务管理中，财务预算到全面综合地协调、规划企业内部各部门、各层次的经济关系与职能，使之统一服从于未来经营总体目标的要求；同时，财务预算又能使决策目标具体化。系统化和定量化，能够明确规定企业有关生产经营人员各自职责及相应的奋斗目标，做到人人事先心中有数。

财务预算作为全面预算体系中的最后环节，可以从价值方面总括地反映经营期特种决策预算与业务预算的结果，使预算执行情况一目了然。

2. 财务预算有助于财务目标的顺利实现

通过财务预算，可以建立评价企业财务状况的标准。将实际数与预算数对比，可及时发现问题和调整偏差，使企业的经济活动按预定的目标进行，从而实现企业的财务目标。

（二）财务预算的编制方法

1. 固定预算与弹性预算

编制预算的方法按其业务量基础的数量特征不同，可分为固定预算的方法和弹性预算的方法两大类。

（1）固定预算编制方法。固定预算又称静态预算，是指根据预算期内正常的、可实现的某一种业务量（如生产量、销售量、采购量）水平作为唯一基础来编制预算的方法。一般适用于固定费用或者数额比较稳定的预算项目。

固定预算缺点表现在：一是适应性差。因为编制预算的业务量基础是事先假定的某个业务量，在这种方法下，不论预算期内业务量水平实际可能发生哪些变动，都只按事先确定的某一业务量水平作为编制预算的基础。二是可比性差。当实际的业务量与预算所依据的业务量发生较大的差异时，有关预算指标的实际数与预算数就会因业务量基础不同而失去可比性。例如，某企业预计业务量为销售产品 10 万件，按此业务量给销售部门的预算费用为 5 000元。如果该销售部门实际销售量达到 12 万件，超出了预算业务量，固定预算下的费用预算仍为 5 000 元。

（2）弹性预算编制方法。弹性预算也称变动预算，是指以业务量、成本和利润之间的依存关系为依据，以企业预算期不同业务量水平为基础编制的能够反映随业务量水平变动而变动的一组预算。该方法是为了弥补固定预算的缺陷而产生的。编制弹性预算所依据的业务量可能是生产量、销售量、机器工时、材料消耗量和直接人工工时等。

弹性预算的方法的特点是：

① 弹性预算是按一系列业务水平编制的，从而扩大了预算的适用范围。也就是说，弹性预算不像固定预算那样，只适应一个业务量水平的预算，而是能够随业务量水平的变动而作机动调整的一组预算。

② 弹性预算是按成本的性态分类列示的，便于在计划期期末计算实际业务量的预算额，从而能够使预算执行情况的评价和考核建立在更加客观和可比的基础上，便于更好地发挥预算的控制作用。

固定预算与弹性预算的主要区别：固定预算是针对某一特定业务量编制的，弹性预算是针对一系列可能达到的预计业务量水平编制的。

2. 增量预算和零基预算

编制预算的方法按其出发点的特征不同，可分为增量预算的方法和零基预算的方法两大类。

（1）增量预算编制方法。增量预算又称增（减）量预算或调整预算法，是指以基期成本费用水平为基础，结合预算期业务量水平及有关降低成本的措施，通过调整有关费用项目而编制预算的方法。增量预算以过去的费用发生水平为基础，主张不需在增量内容上作较大的调整，它的编制遵循如下假定：

① 企业现有业务活动是合理的，不需要进行调整。

② 企业现有各项业务的开支水平是合理的，在预算期应予以保持。

③ 以现有业务活动和各期活动的开支水平，确定预期各项活动的预算数。

增量预算的最大优点是：预算编制工作简单，不需要大量时间及精力，编制速度快。其缺陷是：可能导致无效费用开支项目无法得到有效控制。因为不加分析地保留或接受原有的成本费用项目，可能使原来不合理的费用继续开支而得不到控制，形成不必要开支合理化，造成预算的浪费；易对原本不存在但对企业未来发展有利的成本费用项目产生忽略，不能及时地将其纳入预算中，从而对企业未来的发展产生不利影响。

（2）零基预算编制方法。零基预算又称零底预算，是指在编制预算时，对于所有的预算支出以零为基础，不考虑其以往情况如何，从实际需要与可能出发，研究分析各项预算费用开支是否必要合理，进行综合平衡，从而确定预算费用。

零基预算的特点表现在：不受现有费用项目的限制；不受现行预算的束缚；能够调动各方面节约费用的积极性；有利于促使各基层单位精打细算，合理使用资金。

增量预算与零基预算的区别：增量预算是以基期成本费用水平为基础，零基预算是一切从零开始。

3. 定期预算与滚动预算

编制预算的方法按其预算期的时间特征不同，可分为定期预算的方法和滚动预算的方法两大类。

（1）定期预算编制方法。定期预算是指在编制预算时，以不变的会计期间（如日历年度）作为预算期的一种编制预算的方法。这种预算的优点是能够使预算期间与会计期间相对应，便于将实际数与预算数进行对比，也有利于对预算执行情况进行分析和评价。其缺点是缺乏远期指导性，在执行一段时期之后，往往使管理人员只考虑剩下来的几个月的业务量，缺乏长期打算，导致一些短期行为的出现。

（2）滚动预算编制方法。滚动预算又称连续预算，是指在编制预算时，将预算期与会计期间脱离开，随着预算的执行不断地补充预算，逐期向后滚动，使预算期始终保持为一个固定长度（一般为 12 个月）的一种预算方法。

滚动预算克服了定期预算的缺点，不再是预算年度开始之前几个月的事情，而是实现了与日常管理的紧密衔接，能够帮助管理人员从动态的角度把握住企业近期的规划目标和远期的战略需要；而且，滚动预算能够根据前期预算的执行情况，结合各种因素变动影响，及时调整和修订近期预算，从而使预算更加切合实际，能够充分发挥预算的指导和控制作用。但这种预算编制方法的最大缺点是预算工作量大。一般适用于重大事项的预算控制。

定期预算与滚动预算的区别：定期预算一般以会计年度为单位定期编制；滚动预算不将预算期与会计年度挂钩，而是连续不断向后滚动，始终保持十二个月。

二、销售预算的编制

销售预算是安排预算期销售规模的预算，是全面预算的关键和起点。销售预算的编制基础是销售预测。企业总的销售预测经过预算委员会的核定，包括预期销售量和单价的核定，便成为公司的销售预算。其编制程序如下：

第一步，计算产品的预计不含税销售收入，计算公式为：

某种产品预计不含税销售收入 = 该种产品预计不含税单价 × 该产品预计销售量

如果企业生产销售多种产品，则所有产品的预计不含税销售收入总额计算公式为：

$$\text{预计预算期不含税销售收入总额} = \sum \text{某种产品预计不含税销售收入}$$

第二步，预计在预算期发生的与销售收入相关的增值税销项税额，计算公式为：

某期增值税的销项税额 = 该期预计不含税销售收入总额 × 该期适用的增值税税率

第三步，预计预算期含税销售收入，计算公式为：

某期含税销售收入 = 该期预计销售收入 + 该期预计销项税额

第四步，为了便于编制财务预算，在编制销售预算的同时，还应反映各季及全年现销和回收应收账款的现金收入，以反映与销售收入有关的经营现金收入情况。某预算期的经营现金收入的计算公式为：

某预算期经营现金收入 = 该期现销含税收入 + 该期回收上期的应收账款

其中，现销含税收入和回收上期应收账款的计算公式分别为：

某期现销含税收入 = 该期含税销售收入 × 该期预计现销率

式中的现销率是指一定期间现销含税收入占该期含税销售收入总额的百分比，通常为已知的经验数据。

某期回收上期的应收账款 = 上期含税销售收入 - 上期现销含税收入

例题解析 10-1

A 公司 2016 年只产销一种产品，每季度的销售额中当季收回 40%，60% 在下季度收回，2015 年年末应收账款余额 2 4000 元，该产品销售单价 75 元，预计销售量 1、2、3、4 季度分别为 1 000 件、1 500 件、2 000 件、1 500 件。编制销售预算如表 10-1 所示。

表 10-1　A 公司 2016 年度销售预算表

金额单位：元

项　目	1 季度	2 季度	3 季度	4 季度	全年
预计销售量/件	1 000	1 500	2 000	1 500	6 000
预计销售单价/（元·件$^{-1}$）	75	75	75	75	75
预计销售收入	75 000	112 500	150 000	112 500	450 000
期初应收账款	24 000				24 000
第一季度现金收入	30 000	45 000			75 000
第二季度现金收入		45 000	67 500		112 500
第三季度现金收入			60 000	90 000	150 000
第四季度现金收入				45 000	45 000
现金收入合计	54 000	90 000	127 500	135 000	406 500

练习与思考

1. 进行销售预算时，应考虑哪些影响销售的因素？

2. 胜利公司 2017 年（计划年度）只产销一种产品，每季度的销售额中当季收回 60%，20% 在下季度收回，其余 20% 在下下季度收回，上一年年末应收账款余额 175 000 元，上年第四季度销售量为 2 000 件，该产品销售单价 250 元，预计销售量 1、2、3、4 季度分别为 2 000、2 500、3 000、2 500 件。编制该公司计划年度销售预算。

三、生产预算的编制

生产预算是安排预算期生产规模的预算。按"以销定产"的原则在销售预算的基础上编制。由于企业的生产和销售不能做到"同步同量"，因此，应注意保持生产量、销售量、存货量之间合理的比例关系，以避免储备不足，造成产销脱节或超储积压等问题的产生，必须把握好产品销售量、生产量、储备量三者之间的如下关系：

预计生产量 = 预计销售量 + 预计期末存货量 - 预计期初存货量

例题解析 10-2

红光公司 2017 年只产销一种产品，预计销售量 1、2、3、4 季度分别为 1 000、1 500、2 000、1 500 件。该企业在每季度末保持下季销售量的 10% 作为存货，期初存货 100 件，预计下年度第一季度销售量为 1 100 件。编制生产预算如表 10-2 所示。

表 10－2　红光公司 2017 年生产预算表

单位：件

项目	1 季度	2 季度	3 季度	4 季度	全年
预计销售量	1 000	1 500	2 000	1 500	6 000
＋预计期末存货	150	200	150	110	110
－预计期初存货	100	150	200	150	100
预计生产量	1 050	1 550	1 950	1 460	6 010

练习与思考

1. 进行生产预算时，如何合理地估计存货数量？

2. 胜利公司 2017 年（计划年度）期初结存产成品 300 件，本年各季季末结存产成品分别为：一季季末 500 件，二季季末 550 件，三季季末 500 件，四季季末 400 件，其他资料根据销售预算练一练。编制该公司计划年度生产预算。

四、直接材料采购预算的编制

直接材料采购预算又被称为直接材料预算，是指在预算期内，根据生产预算所确定的材料采购数量和材料采购金额的计划。直接材料采购预算以生产预算为基础，根据生产预算的每季预计生产量，单位产品的材料消耗定额，计划期间的期初、期末存料量，材料的计划单价以及采购材料的付款条件等编制的预算期直接材料采购计划。

编制直接材料采购预算时首先应按材料类别，根据下列公式分别计算出预计购料量：

预计购料量＝生产需要量＋计划期末预计存料量－计划期初存料量

然后，分别乘以各类材料的计划单价，求得预计购料成本。在实际工作中，直接材料采购预算往往还附有计划期间的“预计现金支出计算表”，用以计算预算期内为采购直接材料而支付的现金数额，以便编制现金预算。

直接材料采购预算的程序如下：

（1）计算某种直接材料的预计购料量。

预计购料量＝生产需要量＋计划期末预计存料量－计划期初存料量

（2）计算预算期某种直接材料的采购成本。

材料采购成本＝该材料单价×该材料预计购料量（其中，材料单价不含增值税）

（3）计算预算期所有材料采购的总成本。

（4）计算预算期发生的与材料采购总成本相关的增值税进项税额。

某预算期增值税进项税＝材料采购总成本×增值税税率

（5）计算预算期含税采购金额。

某预算期采购金额＝采购总成本＋进项税额

（6）计算预算期内的采购现金支出。

某预算期采购现金支出＝该期现购材料现金支出＋该期支付前期的应付账款

（7）计算预算期末应付账款余额。

预算期末应付账款余额＝预算期初应付账款余额＋该期含税采购金额－该期采购现金支出

例题解析 10-3

红光公司2017年只产销一种产品，预计销售量1、2、3、4季度分别为1 000件、1 500件、2 000件、1 500件。该产品每件消耗材料2千克，每千克材料单价5元，各季度期末材料按下季度生产需要量的20%计算，期初库存材料420千克，2017年度1季度材料需要量2 300千克，购料款当季支付50%，其余的在下季度支付完，期初应付账款6 000元。编制直接材料采购预算如表10-3所示。

表10-3　红光公司直接材料采购预算

金额单位：元

项　目	1季度	2季度	3季度	4季度	全年
预计生产量/件	1 050	1 550	1 950	1 460	6 010
单位耗用量/千克	2	2	2	2	2
原材料耗用总数/千克	2 100	3 100	3 900	2 920	12 020
+期末库存/千克	620	780	584	460	460
-期初库存/千克	420	620	780	584	420
原材料采购总数/千克	2 300	3 260	3 704	2 796	12 060
采购单价/（元·件$^{-1}$）	5	5	5	5	5
预计购料金额	11 500	16 300	18 520	13 980	60 300
期初应付账款	6 000				6 000
1季度购料款	5 750	5 750			
2季度购料款		8 150	8 150		
3季度购料款			9 260	9 260	
4季度购料款				6 990	6 990
现金支出合计	11 750	13 900	17 410	16 250	59 310

练习与思考

1. 如何编制直接材料采购预算？

2. 胜利公司2017年（计划年度）期初材料结存量720千克，本年各季季末结存材料分别为：一季季末820千克，二季季末980千克，三季季末784千克，四季季末860千克，每季度的购料于当季支付40%，剩余60%于下一个季度支付，应付账款年初余额为120 000元，其他资料根据销售预算和生产预算练一练。编制该公司计划年度直接材料采购预算。

五、直接人工预算的编制

直接人工预算，是用来确定预算期内直接人工工时的消耗水平和人工成本水平的预算。直接人工预算是根据生产预算中的预计生产量、标准单位或金额所确定直接人工工时、小时工资率进行编制的。直接人工预算可以反映预算期内人工工时的消耗水平和人工成本。直接人工预算的基本编制程序如下：

（1）计算某种产品消耗的直接人工工时。

某产品消耗的直接人工工时 = 单位产品工时定额 × 该产品预计产量

（2）计算某产品耗用的直接工资。

某产品耗用的直接工资 = 单位工时工资 × 该产品消耗的直接人工工时

（3）计算某种产品计提的福利费等其他直接费用。

某种产品计提的其他直接费用 = 某产品耗用的直接工资 × 计提标准

（4）计算预算期某产品的直接人工成本。

预算期某产品的直接人工成本 = 该产品耗用的直接工资 + 计提的其他直接费用

（5）计算预算期直接人工成本现金支出。

直接人工成本现金支出 = 直接工资 + 计提的其他直接费用 × 支付率

例题解析 10－4

红光公司 2017 年只产销一种产品，预计销售量 1、2、3、4 季度分别为 1 000 件、1 500 件、2 000件、1 500 件。该产品单位产品工时定额 5 小时，标准工资率 4 元/小时。编制直接人工预算如表 10－4 所示。

表 10－4 红光公司 2017 年直接人工预算

项目	1 季度	2 季度	3 季度	4 季度	全年
预计生产量/件	1 050	1 550	1 950	1 460	6 010
单位工时定额/小时	5	5	5	5	5
直接人工总工时/小时	5 250	7 750	9 750	7 300	30 050
标准工资率/（元/小时）	4	4	4	4	4
预计直接人工总成本/元	21 000	31 000	39 000	29 200	120 200
现金支出合计/元	21 000	31 000	39 000	29 200	120 200

练习与思考

1. 如何编制直接人工预算？

2. 假设胜得公司公司 2017 年（计划年度）单位产品耗用工时为 6 小时，单位工时的工资率为 5 元/小时，根据“练习与思考”中的胜利公司相关内容，编制该公司计划年度直接人工预算。

六、制造费用预算的编制

制造费用预算是反映生产成本中除直接材料、直接人工以外的一切不能直接计入产品制造成本的间接制造费用的预算。为编制预算，制造费用通常可按其成本性态可分为变动性制造费用、固定性制造费用和混合性制造费用三部分。固定性制造费用可在上年的基础上根据预期变动加以适当修正进行预计；变动性制造费用根据预计生产量乘以单位产品预定分配率进行预计；混合性制造费用则可利用公式 $Y = A + BX$ 进行预计（其中 A 表示固定部分，B 表示随产量变动部分，可根据统计资料分析而得）。对于制造费用中的混合成本项目，应将其分解为变动费用和固定费用两部分，并分别列入制造费用预算的变动费用和固定费用。其编制步骤是：

先分析上一年度有关报表，制定总体成本目标（通常是营业收入的百分比），再根据下一年度的销售预测和成本目标，制定各项运营成本，汇总具体市场举措所需的额外成本。

为了全面反映企业资金收支，在制造费用预算中，通常包括费用方面预期的现金支出。需要注意的是，由于固定资产折旧费是非付现项目，在计算时应予剔出。制造费用预算为两个步骤，首先计算预计制造费用，然后再计算预计需用现金支付的制造费用，各自的计算公式为：

预计制造费用 = 预计直接人工小时 × 变动性费用分配率 + 固定性制造费用

预计需用现金支付的制造费用 = 预计制造费用 - 折旧

例题解析 10-5

红光公司2010年只产销一种产品，预计销售量1、2、3、4季度分别为1 000件、1 500件、2 000件、1 500件。该企业单位工时变动制造费用标准分配率：间接人工0.4元/件，间接材料0.6元/件，维修费0.4元/件，水电费0.3元/件，动力费0.3元/件。生产部门每年折旧15 000元，维护费14 000元，管理费25 000元，保险费4 000元，财产税2 000元，平均分摊于各季且不变。编制制造费用预算如表10-5所示。

表10-5 红光公司2010年制造费用预算

金额单位：元

项　目	分配率/（元/件）	1季度	2季度	3季度	4季度	全年
间接材料	0.6	3 150	4 650	5 850	4 380	18 030
间接人工	0.4	2 100	3 100	3 900	2 920	12 020
维修费	0.4	2 100	3 100	3 900	2 920	12 020
水电费	0.3	1 575	2 325	2 925	2 190	9 015
动力费	0.3	1 575	2 325	2 925	2 190	9 015
合计	2	10 500	15 500	19 500	14 600	60 100
折旧		3 750	3 750	3 750	3 750	15 000
维护费		3 500	3 500	3 500	3 500	14 000
管理费		6 250	6 250	6 250	6 250	25 000
保险费		1 000	1 000	1 000	1 000	4 000
财产税		500	500	500	500	2 000
合计		15 000	15 000	15 000	15 000	60 000
变动制造费用		10 500	15 500	19 500	14 600	60 100
+固定制造费用		15 000	15 000	15 000	15 000	60 000
-折旧		3 750	3 750	3 750	3 750	15 000
现金支出合计		21 750	26 750	30 750	25 850	105 100

练习与思考

1. 制造费用预算的编制采用什么方法？

2. 根据“练习与思考”中胜利公司的资料，预计胜利公司公司2017年度单位工时变动制造费用标准分配率：间接人工0.2元/件，间接材料0.1元/件，维修费0.15元/件，水电费0.25元/件，机物料费0.05元/件。生产部门每年折旧73 200元，维护费4 000元，管理费35 000元，保险费6 000元，财产税3 000元，平均分摊于各季且不变。编制制造费用预算。

七、期间费用预算的编制

1. 管理费用预算的编制

管理费用预算是指企业日常生产经营中为搞好一般管理业务所必需的费用预算。随着企业规模的扩大，一般管理职能日益重要，因而其费用也会相应增加。在编制管理费用预算时，要分析企业的业务成绩和一般经济状况，务必做到合理化。管理费用项目比较复杂，且多属固定成本，因此，可以先由各费用归口各部门上报费用预算。企业在比较、分析过去实际开支的基础上，充分考虑预算期各费用项目变动情况及影响因素，确定各费用项目预计数额。值得注意的是，必须充分考虑各种费用是否必要，以提高费用支出效率。另外，为了给现金预算提供现金支出资料，在管理费用预算的最后，还可预计预算期管理费用的现金支出数额。管理费用中的固定资产折旧费、低值易耗品摊销、计提坏账准备金、无形资产摊销和递延资产摊销均属不需要现金支出的项目，在预计管理费用现金支出时，应予以扣除。在通常情况下，管理费用各期支出比较均衡，因此，各季的管理费用现金支出数为预计全年管理费用现金支出数的1/4。

管理费用预算的编制可采取以下两种方法：第一种方法是按项目反映全年预计水平；第二种方法将管理费用划分为变动性和固定性两部分费用，对前者再按预算期的变动性管理费用分配率和预计销售业务量进行测算。

2. 销售费用预算的编制

销售费用预算，是指为了实现销售预算所需支付的费用预算。它以销售预算为基础，要分析销售收入、销售利润和销售费用的关系，力求实现销售费用的最有效使用。在安排销售费用时，要利用本量利分析方法，费用的支付应能获取更多的收益。销售费用预算通常是一个公司最早要确定的预算项目，是公司营运的重要控制工具。一般说来，对主要依靠某种产品或者服务取得收入的公司而言，它可以看出公司该年度的预期盈利，每一个项目全部用财务指标来表达，通常一年一次，同时要做好后两年的滚动预算。

销售费用预算可以分为变动性销售费用预算和固定性销售费用预算。

（1）变动性销售费用预算。变动性销售费用预算就是为了实现产品的销售量所需支付变动销售费用的预算。变动性销售费用预算要以预计的销售量为基础分费用项目进行确定。

（2）固定性销售费用预算。固定性销售费用预算就是为了实现产品销售所需支付的固定性销售费用的预算。上述费用的确定需要对过去发生的上述费用进行分析，考察上述费用支出的必要性和效果，或者采用零基预算法来确定上述各项费用的预算数额。

销售费用预算应与销售收入预算相配合，应有按产品品种、销售区域、费用用途的具体预算额。

3. 财务费用预算的编制

财务费用预算，是指对预算期企业筹集生产经营所需资金等而发生的费用所进行的预计。就其本质而言，该预算属于日常业务预算，但由于该预算必须根据现金预算中的资金筹措及运用的相关数据来编制，故将其纳入财务预算的范畴。由于财务费用的发生主要与企业存、贷款数额和利率变动直接有关。在利率较平稳的情况下只要企业生产和销售规模不变，预算期财务费用与上年应基本一致。因此可在上年财务费用开支数的基础之上，按预算期可预见的变化进行调整，以此作为预算期财务费用预算数。

无上年预算数（或实际开支数）的企业，可按下式计算：

预计财务费用 = $\sum$ 每次借款额 × 每次借款期限 × 每次借款利率 − 4 × 每季度平均银行存款累积计息积数 × 存款利率

财务费用各项目均需支付现金，费用的预算数即为预计财务费用现金支出数。

该项预算最难估计，它涉及企业该年的信贷规模，并牵涉到专门决策预算。所以，首先应进行信贷预算和专门决策预算，在此基础上进行财务费用预算。

例题解析 10－6

红光公司2017年只产销一种产品，预计销售量1、2、3、4季度分别为1 000件、1 500件、2 000件、1 500件。该企业变动销售费用如下：销售佣金按收入的2.5%计付，办公费0.5%，运输费1%。固定部分（全年）：广告费9 000元，折旧4 000元，管理人员工资25 000元，保险费6 000元，财产税2 000元。合并编制销售费用与管理费用预算如表10－6所示。

表10－6　红光公司2017年销售及管理费用预算表

金额单位：元

项目	分配率/%	1季度 75 000	2季度 112 500	3季度 150 000	4季度 112 500	全年 450 000
销售佣金	2.5	1 875	2 812.5	3 750	2 812.5	11 250
办公费	0.5	375	562.5	750	562.5	2 250
运输费	1	750	1 125	1 500	1 125	4 500
合计		3 000	4 500	6 000	4 500	18 000
广告费		2 250	2 250	2 250	2 250	9 000
工资		6 250	6 250	6 250	6 250	25 000
保险费		1 500	1 500	1 500	1 500	6 000
财产税		500	500	500	500	2 000
折旧		1 000	1 000	1 000	1 000	4 000
合计		11 500	11 500	11 500	11 500	46 000
变动性费用		3 000	4 500	6 000	4 500	18 000
＋固定性费用		11 500	11 500	11 500	11 500	46 000
合计		14 500	16 000	17 500	16 000	64 000
－折旧		1 000	1 000	1 000	1 000	4 000
现金支出合计		13 500	15 000	16 500	15 000	60 000

练习与思考

1. 管理费用预算的编制可采用什么方法？

2. 根据"练习与思考"中胜利公司的资料，预计胜利公司2017年度制造费用、销售费用及管理费用如下：变动制造费用为45 450元；固定制造费用121 200元，其中固定资产折旧费12 140元，其余均为发生的付现成本；销售及管理费用合计为329 420元；制造费用按预计直接人工工时总数进行分配。编制销售费用及管理费用预算。

八、编制现金预算

现金预算（也称现金收支预算或现金收支计划）是指用于预测组织还有多少库存现金以及在不同时点上对现金支出的需要量。不管是否可以称之为预算，也许这是企业最重要的一项控制，因为把可用的现金去偿付到期的债务乃是企业生存的首要条件。一旦出现库存、机器以及其他非现金资产的积压，那么，即便有了可观的利润也并不能给企业带来什么好处。现金预算还表明可用的超额现金量，并能为盈余制订营利性投资计划、为优化配置组织的现金资源提供帮助。现金预算由现金收入、现金支出、现金余缺、现金投放与筹措四部分构成。

（1）现金收入，包括期初现金余额、预算期现金收入和可使用现金。现金收入的主要来源是销售收入。“期初现金余额”是在编制预算时预计的；“预算期现金收入”的数据来自销售预算；“可使用现金”是期初现金余额与本期现金收入和。

（2）现金支出，包括预算期内的各项现金支出，其数据主要来自“直接材料预算”“直接人工预算”“制造费用预算”“销售费用及管理费用预算”，此外，还包括所得税及预计股利分配等专门预算。

（3）现金余缺，主要反映现金收入合计与现金需求合计的差额。而现金需求总额包括本期现金支出额与公司政策所要求的最低现金余额之和。最低现金余额是公司为预防意外支出、可接受的最低现金持有量。

现金余缺 = 现金收入 − 现金支出

（4）现金投放和筹措，应根据预算期现金余缺的性质与数额的大小和期末应保持的现金余额变动范围，并考虑企业有关现金管理的各项政策，确定筹集或运用现金的数额。如果现金不足，可向银行取得借款，或转让作为短期投资的有价证券，或按长期筹资计划增发股票或公司债券；如果现金溢余，除了可用于偿还借款外，还可用于购买作为短期投资的有价证券。

编制现金预算的步骤包括：

（1）确定现金收入。

（2）计划现金支出。

（3）编制现金预算表。

例题解析 10－7

红光公司 2017 年只产销一种产品，预计销售量 1、2、3、4 季度分别为 1 000 件、1 500 件、2 000件、1 500 件。期初现金余额 12 000 元，该公司在计划期规定现金最低库存余额 10 000 元，资金借还均以千元为单位。另根据专门决策预算，决定在 2 季度购置固定资产 16 000 元，每季支付股利 2 000 元，每季交所得税 4 000 元。编制现金预算如表 10－7 所示。

表 10－7　红光公司 2017 年现金预算

单位：元

项目	资料来源	1 季度	2 季度	3 季度	4 季度	全年
期初现金余额		12 000	10 000	10 350	10 990	12 000
＋现金收入	表 10－1	54 000	90 000	127 500	135 000	406 500
可动用现金合计		66 000	100 000	137 850	145 990	418 500
减：现金支出						

续表

项目	资料来源	1季度	2季度	3季度	4季度	全年
采购材料	表10－3	11 750	13 900	17 410	16 250	59 310
支付工资	表10－4	21 000	31 000	39 000	29 200	120 200
制造费用	表10－5	21 750	26 750	30 750	25 850	105 100
销售及管理费用	表10－6	13 500	15 000	16 500	15 000	60 000
购买设备	专门决策预算		16 000			
支付股利		2 000	2 000	2 000	2 000	8 000
缴纳税金		4 000	4 000	4 000	4 000	16 000
现金支出合计		74 000	108 650	109 660	92 300	368 610
收支相抵后现金余额（不足）		－8 000	－8 650	28 190	53 690	49 890
融通资金						
向银行借款		18 000	19 000			37 000
归还借款				16 000	21 000	37 000
支付利息				1 200	1 625	2 825
合计		18 000	19 000	17 200	22 650	2 825
期末现金余额		10 000	10 350	10 990	31 065	31 065

练习与思考

1. 什么是现金预算？现金预算的意义及其在企业财务管理中的地位？

2. 根据任务一中的“练习与思考”中胜利公司的资料，且预计胜利公司2017年度1、2、3、4季度分别投资支出为50 000元、40 000元、70 000元、80 000元；1、4季度借入长期借款分别为40 000元、80 000元；该公司年初现金余额为80 000元，每季支付各种流转税35 000元，前三季度每季预交所得税50 000元，年末汇交89 440元，年末支付股利250 000元，最低现金持有量为50 000元。编制现金预算。

九、编制财务报表预算

预计财务报表是全部预算的综合，包括预计利润表、预计资产负债表和预计现金流量表。现金流量表的编制相对复杂，这里仅介绍预计利润表、资产负债表的编制。

预计资产负债表是依据当前的实际资产负债表和全面预算中的其他预算所提供的资料编制而成的，反映企业预算期末财务状况的总括性预算。预计资产负债表可以为企业管理当局提供会计期末企业预期财务状况的信息，它有助于管理当局预测未来期间的经营状况，并采取适当的改进措施。

预计利润表是以货币为单位，全面综合地表现预算期内经营成果的利润计划。该表既可以按季编制，也可以按年编制，是全面预算的综合体现。它是利用本期期初资产负债表，根据销售、生产、资本等预算的有关数据加以调整编制的。编制预计资产负债表的目的，在于判断预算反映的财务状况的稳定性和流动性。如果通过预计资产负债表的分析，发现某些财务比率不佳，必要时可修改有关预算，以改善财务状况。

例题解析 10－8

以前面所编制的各种预算为资料来源。假设每季预提的财务费用为 1 000 元。编制红光公司预计利润表，如表 10－8 所示。

单位产品预计生产成本 ＝单位产品直接材料成本＋单位产品直接人工成本＋单位产品制造费用

$$=2\times5+4\times5+2\times5+60\ 000\div30\ 050\times5=50(元)$$

表 10－8　红光 2017 年度红光公司预计利润表

2017 年度　　单位：元

项目	金额
一、营业收入	450 000
减：营业成本	300 000
销售费用及管理费用	64 000
财务费用	4 000
二、营业利润	82 000
减：所得税	16 000
净利润	66 000

预计资产负债表以货币形式反映预算期末财务状况的总括性预算。它的编制需以计划期开始日的资产负债表为基础，结合计划期间各项业务预算、专门预算、现金预算和预计利润表进行编制。它是编制全面预算的终点。

例题解析 10－9

以前面所编制的各种预算为资料来源。编制红光公司预计资产负债表，如表 10－9 所示。

表 10－9　2017 年度红光公司预计资产负债表

2017 年 12 月 31 日　　单位：元

资产	金额	负债	金额
流动资产：		流动负债：	
现金	31 065	短期借款	0
应收账款	67 500	应付账款	6 990
存货	7 800	应付税金	20 000
流动资产合计	106 365	预提费用	5 000
长期资产：		流动负债合计	31 990
固定资产	800 000	长期负债	400 000
减：累计折旧	200 000	股东权益：	
固定资产净额	600 000	股本	500 000
在建工程	240 000	资本公积	80 000
无形资产	184 200	留存收益	118 575
长期资产合计	1 024 200	权益合计	698 575
资产总计	1 130 565	负债及权益总计	1 130 565

练习与思考

1. 如何编制预计利润表和预计资产负债表？
2. 企业日常业务预算包括哪些预算？
3. 根据“练习与思考”中胜利公司的资料编制胜利公司预计2017年度利润表。

任务实施

1. 让同学们讨论导入资料企业成功的原因？
2. 下次上课时，请每组同学选派代表，谈一谈财务预算与财务控制对一个企业的影响。

知识链接

预算管理职能间的关系

企业预算管理有两个职能，即管理决策和管理控制。不同职能对预算管理体系的设计提出了不同的要求，如在销售预算的制定过程中，根据专业分工所造成的专业部门之间信息的不对称性，销售部门掌握着企业未来销售情况，如果预算仅仅是为了发挥管理决策功能（如以销定产），销售部门就会毫无保留地拿出其掌握的信息与各部门共享；但如果预算的目标之一是发挥管理控制职能（如作为业绩评价标准），销售部门就可能会有意低估未来的销售收入，从而有利于其业绩评价。然而，低估会相应造成生产计划的减少，企业生产就不能达到效率最高的状态。因此，如何把握好不同预算管理职能间的关系，是企业预算管理实践中的难题和应予以重视的问题。

任务二 财务控制

任务介绍

掌握财务控制的概念、分类，财务控制的程序，成本中心、利润中心、投资中心等责任中心的特征与评价指标。

基本知识

财务管理包括财务预决策、财务预算、财务控制等各个环节，财务预决策、财务预算指明了财务管理的方向和目标，财务控制则是保证实现财务管理目标的关键。如果没有财务控制，其他财务管理就会失去管理质量上的保障。

一、财务控制的相关知识

（一）财务控制的含义及特点

财务控制是按照一定的程序和方式确保企业及其内部机构和人员全面落实、实现财务预算的过程。

财务控制是一种全面控制，不仅可以将各种不同性质的业务综合起来控制，而且可将不同层次、不同部门的业务综合起来进行控制。同时，财务控制是通过重点对现金流量状况的控制来实现的。

财务控制是一种价值控制，所以有很强的连续性和全面性，它起着保证、促进、监督、协调等重要作用，保证了企业资金活动的顺利进行。

（二）财务控制的种类

财务控制按控制时间分为事前财务控制、事中财务控制和事后财务控制。事前财务控制是指财务收支活动尚未发生之前所进行的财务控制；事中财务控制是指财务收支活动发生过程中所进行的财务控制；事后财务控制是指对财务收支活动所进行的考核及相应的奖惩。

财务控制按控制主体可以分为所有者财务控制、经营者财务控制和财务部门的财务控制。所有者财务控制是资本所有者对经营者财务收支活动进行的控制，其目的是为实现资本保全和资本增值；经营者财务控制是企业管理者对企业的财务收支活动进行的控制，其目的是为了实现财务预算目标，更好地控制企业的日常生产和经营；财务部门的财务控制是企业日常财务活动所进行的控制，其目的是保证企业现金的供给。

财务控制按控制对象分为收支控制和现金控制。收支控制是对企业和各责任中心的财务收入活动和财务支出活动所进行的控制。通过收支控制，使企业收入达到既定目标，而成本开支尽量减少，以实现企业利润最大化。现金控制是对企业和各责任中心的现金流入和现金流出活动所进行的控制，目的是控制现金流入、流出的基本平衡，既要防止因现金短缺而可能出现的支付危机，也要防止因现金沉淀而可能出现的机会成本增加。

财务控制按控制手段分为绝对控制和相对控制。绝对控制是指对企业和责任中心的指标采用绝对额进行控制。通常对激励性指标通过绝对额控制最低限度，对约束性指标通过绝对额控制最高限度。相对控制是指对企业和责任中心的财务指标采用相对比率进行控制，通常相对控制具有反映投入与产出对比、开源与节流并重的特征。比较而言，绝对控制没有弹性，相对控制具有弹性。

（三）财务控制的一般程序

（1）明确控制标准。

（2）衡量实际执行情况。

（3）鉴定偏差。

（4）纠正偏差。

如果实际情况与控制标准有较大出入（有显著差异），那么就必须进行调查研究，找出产生显著差异的原因，从而采取有效措施进行纠正，或对控制标准作出修订，使其切实可行。

如果实际情况与控制标准没有较大出入（没有明显差异），那么就要保证财务预算的持续执行，并且还要对财务预算执行情况进行评估、考核与奖惩，以实现既定的财务目标。

二、责任中心

（一）责任中心的概念与特征

1. 责任中心的含义

责任中心就是承担一定经济责任，并享有一定权利和利益的企业内部（责任）单位。责任中心就是将企业经营实体分割成拥有独自产品或市场的几个绩效责任单位，然后将综合的管理责任授权给予这些单位之后，将他们单位处于市场竞争环境之下，通过客观性的利润计算，实施必要的业绩衡量与奖惩，以期达成企业设定的经营成果的一种管理制度，见图 10－1。

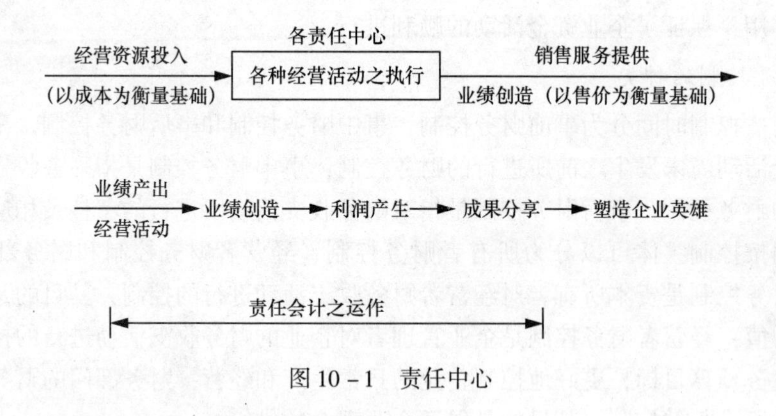

图 10－1　责任中心

2. 责任中心的特征

（1）责任中心是责权利结合的实体。每一个责任中心都要对一定的财务指标完成情况负责任；同时，责任中心被赋予与其所承担责任范围与大小相适应的权利，并规定出相应的业绩考核标准和利益分配步骤。

（2）责任中心具有承担经济责任的条件。它包含两方面的含义：一是责任中心具有履行经济责任中各条款的行为能力；二是责任中心一旦不能履行经济责任，能对其后果承担责任。

（3）责任中心所承担的责任和行使的权力都是可控的。每个责任中心只能对其职权范围内可控的成本、收入、利润和投资负责。因此，这些内容必定是该责任中心所能控制的内容，在对责任中心进行责任预算和业绩考核时只能包括该中心所能控制的项目。一般而言，责任层次越高，其可控范围越大，但不论什么层次的责任中心，它一定都具备考核其责任实施的条件。

（4）责任中心具有相对独立的经营业务活动和财务收支活动。它是确定经济责任的客观现象，是责任中心得以存在的前提条件。

（5）责任中心便于进行单独核算。责任中心的独立核算是实施责、权、利统一的基本条件。只有独立核算，工作业绩才可能得到正确评价。因此，只有既分清责任又能进行独立核算的企业内部单位，才是真正意义上的责任中心。

3. 责任中心的分类

根据企业内部责任单位的权责范围及业务活动的特点，责任中心一般分为成本中心、利润中心和投资中心三大类。

三、成本中心

（一）成本中心的含义

成本中心是指对成本或费用承担责任的责任中心。由于成本中心无收入来源，故这类中心只对成本费用负责，不需要对收入、利润或投资负责。

（二）成本中心的类型

成本中心分为技术性成本中心和酌量性成本中心。技术性成本是指发生的数额通过技术分析可以相对可靠地估算出来的成本，如产品生产过程中发生的直接材料、直接人工、间接制造费用等。其特点是这种成本的发生可以为企业提供一定的物质成果，在技术上投入量与产出量之间有着密切的联系。技术性成本可以通过弹性预算予以控制。

酌量性成本是否发生以及发生数额的多少是由管理人员的决策所决定的，主要包括各种管理费用和某些间接成本项目，如研发费用、广告费用、职工培训费用等。这种费用发生主要是为企业提供一定的专业服务，一般不能产生可以用货币计量的成果。在技术上，投入量与产出量之间没有直接关系。酌量性成本的控制应着重于预算总额的审批上。

（三）成本中心的特点

成本中心相对于利润中心和投资中心而言，具有如下特征：

（1）只考评成本费用而不考评收益。一般而言，成本中心没有经营权和销售权，其工作成果不会形成可以用货币计量的收入。

（2）只对可控成本承担责任。可控成本是成本中心能够事先知道发生的并且知道何时发生的；能够进行计量的；成本中心可以通过自身的行为的调节将控制责任分解落实，进行考核评价。

（3）只对责任成本进行考核和控制。责任中心当期发生的各项可控成本之和，即该中心的责任成本。对成本中心的工作业绩进行控制和考核，主要是通过责任中心发生的责任成本与其责任成本预算进行比较而实现的。

（四）成本中心的考核指标

成本中心所采用的考核指标，主要包括成本费用降低额和降低率两项指标，其计算公式是：

成本（费用）降低额 = 预算责任成本费用 - 实际责任成本费用

成本（费用）降低率 = （成本费用降低额 / 预算责任成本）× 100%

例题解析 10-10

金利公司的一个生产车间生产甲产品，预算产量为 1 000 件，单位成本为 50 元；实际产量为 1 200 件，单位成本为 45 元。则该成本中心的成本降低额和成本降低率分别为多少？

成本降低额 = 1 200 × 50 - 1 200 × 45 = 6 000（元）

成本降低率 = 6 000/（1 200 × 50）× 100% = 10%

练习与思考

1. 成本中心是否一定是企业的一个实体部门？
2. 北华公司的一车间生产甲产品，预算产量 6 000 件，其成本预算资料如表 10-10 所示。

表 10-10　甲产品成本预算表

成本项目	标准单价	标准用量	标准成本/元
直接材料	8 元/千克	5 千克/件	40
直接人工	20 元/小时	1 小时/件	20
合计			60

当期实际生产甲产品 5 500 件，实际发生的成本资料如表 10-11 所示。

表 10－11　甲产品实际成本表

成本项目	实际单价	实际用量	实际单位成本/元	实际总成本/元
直接材料	8.50 元/千克	4.80 千克/件	40.80	224 400
直接人工	18.20 元/小时	1.2 小时/件	21.84	120 120
合计			62.64	344 520

要求：计算该车间的目标成本降低额和目标成本降低率。

四、利润中心

（一）利润中心的含义

利润中心是对利润负责的责任中心。利润中心既要对收入负责，也要对成本费用负责，这类责任中心一般是指企业内部有产品经销权或提供劳务服务的部门。它有独立或相对独立的收入和生产经营决策权。

（二）利润中心的类型

利润中心按其收入特征，可分为自然利润中心和人为利润中心两种。自然利润中心是指可以直接对外销售产品并取得收入的利润中心，直接面向市场，具有产品销售权、价格决策权、材料采购权和生产决策权，其功能同独立企业相近，如分厂、分公司、事业部等。人为利润中心是指只对内部责任单位提供产品或劳务而取得"内部销售收入"的利润中心，一般不直接对外销售产品。

（三）利润中心的成本计算

在共同成本难以合理分摊或无须共同分摊的情况下，人为利润中心通常只计算可控成本，而不分担不可控成本；在共同成本易于合理分摊或者不存在共同成本分摊的情况下，自然利润中心不仅计算可控成本，也应计算不可控成本。

（四）利润中心的考核指标

1. 不计算共同成本或不可控成本时

利润中心边际贡献总额＝利润中心销售收入总额－该利润中心可控成本总额（或变动成本总额）

2. 计算共同成本或不可控成本，采取变动成本法计算成本时

（1）利润中心边际贡献总额＝该利润中心销售收入总额－该利润中心变动成本总额

（2）利润中心可控利润总额＝该利润中心边际贡献总额－该利润中心可控固定成本

（3）利润中心利润总额＝该利润中心可控利润总额－该利润中心不可控固定成本

（4）公司利润总额＝各利润中心利润总额之和－公司不可分摊的各种管理费用、财务费用等

例题解析 10－11

金利公司的第一分公司为自然利润中心，有关数据如下：

利润中心销售收入 200 万元，利润中心变动成本 80 万元，利润中心负责人实际可控固定成本 20 万元，利润中心分摊的不可控固定成本 6 万元。则该利润中心的有关指标计算如下：

利润中心边际贡献总额 = 200 - 80 = 120（万元）

利润中心可控利润总额 = 120 - 20 = 100（万元）

利润中心利润总额 = 100 - 6 = 94（万元）

练习与思考

1. 利润中心的评价指标有哪几种类型？各有什么侧重分析的内容？

2. 某企业的甲车间是一个人为利润中心，本期实现内部销售收入80万元，销售变动成本为55万元，该中心负责人可控固定成本为5万元，中心负责人不可控且由该中心负担的固定成本为7万元。则该中心实际考核指标分别为多少？

五、投资中心

（一）投资中心的含义

投资中心是指既对成本、收入和利润负责，又对投资效果负责的责任中心。这类中心，不仅能控制成本和收入，同时也要能控制其所占用的全部资金。

（二）特征

投资中心具有投资决策权以及产品生产和销售方面更大的自主权，可以相对独立地运用、处置其所掌握的资产。和其权利相对应的，是投资中心将承担更多的责任。

（三）考核指标

除考核利润指标外，投资中心主要考核能集中反映利润与投资额之间关系的指标，包括投资利润率和剩余收益。

1. 投资利润率

投资利润率又称投资收益率，是指投资中心所获得的利润与投资额之间的比率，可用于评价和考核由投资中心掌握、使用的全部净资产的盈利能力。其计算公式为：

投资利润率 = 利润 ÷ 投资额 × 100%

或 = 资本周转率 × 销售成本率 × 成本费用利润率

其中，投资额是指投资中心的总资产扣除对外负债后的余额，即投资中心的净资产。

为了评价和考核由投资中心掌握、使用的全部资产的总体盈利能力，还可以使用总资产息税前利润率指标。其计算公式为：

总资产息税前利润率 = 息税前利润 ÷ 总资产 × 100%

投资利润率指标的优点有：能反映投资中心的综合盈利能力；具有横向可比性；可以作为选择投资机会的依据；可以正确引导投资中心的经营管理行为，使其长期化。该指标的最大局限性在于会造成投资中心与整个企业利益的不一致。

2. 剩余收益

剩余收益是指投资中心获得的利润，扣减其投资额（或净资产占用额）按规定（或预期）的最低收益率计算的投资收益后的余额。其计算公式为：

剩余收益 = 利润 - 投资额(或净资产占用额) × 规定或预期的最低投资收益率

= 利润 - 最低投资收益 = 利润 - 投资额 × 规定或预期最低投资报酬率

或 剩余收益 = 息税前利润 - 总资产占用额 × 规定或预期的总资产息税前利润率

剩余收益指标能够反映投入产出的关系，能避免本位主义，使个别投资中心的利益与整个企业的利益统一起来。

以剩余收益作为投资中心经营业绩评价指标的基本要求是：只要投资利润率大于预期的最低报酬率，该项投资便是可行的，从而可避免投资中心单纯追求利润而放弃一些有利可图的投资项目，有利于提高资金使用效率。

若以剩余收益作为评价指标，预期最低投资报酬率的大小对剩余收益的影响较大，所以确定这一报酬率时，一般应以公司平均利润率作为标准。

该指标的主要优点是：反映投资中心综合的盈利能力；能比较不同投资额的投资中心的业绩大小，具有横向可比性，应用范围广；有利于调动资产经营者的积极性，提高资产的利用效果。该指标的主要不足是：使用投资利润率往往会使投资中心只顾本身利益而放弃对整个企业有利的投资项目，造成投资中心的近期目标与整个企业的长远目标的背离；一些共同成本费用无法为投资中心所控制，投资利润率的计量不全是投资中心所能控制的；投资利润率的计算与资本支出预算所用的现金流量分析方法不一致，不便于投资项目建成投产后与原定目标的比较。

例题解析 10－12

义利公司某部门资产额为22 000元，部门边际贡献为4 400元，计算该投资中心的投资报酬率。

$$投资报酬率 = 4\,400/22\,000 \times 100\% = 20\%$$

为了克服投资利润率的某些缺陷，应采用剩余收益作为评价指标。

例题解析 10－13

义利公司某部门资产额为22 000元，部门边际贡献为4 400元，该公司资金成本为15%，部门经理现面临一个投资报酬率为16%的投资机会，投资额为10 000元，计算增资后的投资报酬率。

$$投资报酬率 = 4\,400/22\,000 \times 100\% = 20\%$$

计算部门的剩余收益：

$$目前剩余收益 = 4\,400 - 22\,000 \times 15\% = 1\,100(元)$$

$$采纳增资方案后的剩余收益 = (4\,400 + 10\,000 \times 20\%) - (22\,000 + 10\,000) \times 15\% = 1\,600(元)$$

练习与思考

1. 以剩余收益作为评价指标，预期最低报酬率的大小选择对评价结果会产生怎样的影响？

2. 假定某公司的投资利润率如表10－12所示。

表10－12　甲、乙投资中心的相关信息表

投资中心	利润/元	投资/元	投资利润率/%
甲	150	1 000	15
乙	90	1 000	9
全公司	240	2 000	12

假定甲投资中心面临一个投资机会，其投资额为1 000元，可获利润130元，投资利润

率为 13%，假定全公司预期最低平均投资利润率为 12%。

要求：评价甲投资中心的这个投资机会。

任务实施

1. 给出任务。

某公司下设投资公司中心 A 和投资中心 B，该公司加权平均最低投资利润率为 10%，现准备追加投资，有关资料如表 10－13 所示。

表 10－13　投资中心指标计算表

项目		投资额/万元	利润/万元	投资利润率/%	剩余收益/万元
追加投资前	A	40	2	5	2－40×10%＝－2
	B	60	9	15	9－60×10%＝3
	∑	100	11	11	11－100×10%＝1
投资中心 A 追加投资 20 万元	A	60	3.6	6	3.6－60×10%＝－2.4
	B	60	9	15	9－60×10%＝3
	∑	120	12.6	10.5	12.6－120×10%＝0.6
投资中心 B 追加投资 40 万元	A	40	2	5	2－40×10%＝－2
	B	100	14.8	14.8	14.8－100×10%＝4.8
	∑	140	16.8	12	16.8－140×10%＝2.8

2. 分析任务所涉及的相关因素。

追加投资是投资于 A 投资中心还是投资于 B 投资中心？

由于涉及对投资中心的考核，运用考核指标投资利润率和剩余收益两个指标。

3. 运用相关指标计算公式进行计算同时进行决策。

（1）如以投资利润率作为考核指标，追加投资后投资中心 A 的利润率由 5% 提高到了 6%，投资中心 B 的利润率由 15% 下降到了 14.8%，则向 A 投资比向 B 投资好。

（2）如以剩余收益作为考核指标，A 的剩余收益由原来的－2 万元变成了－2.4 万元，B 的剩余收益由原来的 3 万元变成了 4.8 万元，应向 B 投资。

（3）如果从整个公司进行评价，就会发现 A 追加投资时全公司总体投资利润率由 11% 下降到 10.5%，剩余收益由 1 万元下降到 0.6 万元；B 追加投资时全公司总体投资利润率由 11% 上升到 12%，剩余收益由 1 万元上升到 2.8 万元，应向 B 投资。

综上分析，采用剩余收益评价指标可以保持各投资中心获利目标与总公司的获利目标达成一致。

实操训练

一、单项选择题

1. 某企业编制“销售预算”，上期销售收入为 300 万元，预计预算期销售收入为 500 万元，销售收入的 60% 会在本期收到，40% 将在下期收到，则预算期的经营现金收入为（　　）万元。

A. 420　　B. 400　　C. 300　　D. 120

2. 某企业编制“直接材料预算”，预计第四季度期初存量 300 吨，该季度生产需用量

500吨，预计期末存量为400吨，材料单价为100元/吨，若材料采购货款有80%在本季度内付清，另外20%在下季度付清，假设不考虑其他因素，则该企业预计资产负债表年末“应付账款”项目为（　　）元。

A. 11 000　　B. 14 000　　C. 12 000　　D. 13 000

3. 企业的各责任中心中权利最大的是（　　）。

A. 成本中心　　B. 自然利润中心

C. 人为利润中心　　D. 投资中心

4. 下列各项预算不属于日常业务预算的是（　　）。

A. 生产预算　　B. 产品生产成本预算

C. 资本支出预算　　D. 销售预算

5. 下列关于零基预算的说法错误的是（　　）。

A. 零基预算是区别于传统的增量预算而设计的一种费用预算

B. 零基预算有可能使不必要开支合理化

C. 不论基期费用为多少一切均从零开始编制预算

D. 采用零基预算，要逐项审议各种费用开支是否必要合理

二、多项选择题

1. 下列各项中属于财务预算的是（　　）。

A. 现金预算　　B. 销售预算

C. 财务费用预算　　D. 预计资产负债表

2. 关于增量预算和零基预算的说法正确的是（　　）。

A. 增量预算受原有费用水平的限制，可能导致保护落后

B. 零基预算不利于企业未来的发展

C. 增量预算容易滋长预算中的“平均主义”

D. 零基预算能调动企业各部门降低费用的积极性

3. 以下关于剩余收益的计算公式中正确的是（　　）。

A. 剩余收益 = 利润 - 投资额 × 规定或预期的最低投资收益率

B. 剩余收益 = 利润 - 总资产占用额 × 规定或预期的总资产息税前利润率

C. 剩余收益 = 息税前利润 - 总资产占用额 × 规定或预期的总资产息税前利润率

D. 剩余收益 = 息税前利润 - 净资产占用额 × 规定或预期的最低投资收益率

4. 下列各项中属于现金预算编制依据的是（　　）。

A. 销售预算　　B. 特种决策预算

C. 日常业务预算　　D. 预计资产负债表

5. 作为利润中心的业绩考核指标，“利润中心可控利润总额”的计算公式正确的是（　　）。

A. 该利润中心销售收入总额 - 该利润中心变动成本总额

B. 该利润中心边际贡献总额 - 该利润中心可控固定成本

C. 该利润中心销售收入总额 - 该利润中心变动成本总额 - 该利润中心可控固定成本

D. 该利润中心边际贡献总额 - 该利润中心不可控固定成本

三、计算题

1. 鸿发公司2016年10月到12月实际销售额分别为50 000万元、51 000万元和52 000

万元，预计2017年1月份销售额为55 000万元。每月销售收入中有50%能于当月收现，30%于次月收现，20%于第三个月收讫，不存在坏账。假定该公司销售的产品只需缴纳消费税，税率为10%，并于当月以现金交纳。该公司2016年12月月末现金余额为100万元，不存在应收、应付款项。

2017年1月份有关项目的预计资料如下：采购材料20 000万元（当月付款80%）；工资支出8 800万元（用现金支付）；制造费用9 000万元（其中非付现费用为4 000万元）；营业费用和管理费用均为500万元（用现金支付）；预交所得税3200万元；购买设备15 000万元（用现金支付）。现金不足时，通过向银行借款解决（借款是100万元的倍数）。2017年1月月末现金余额要求不低于160万元。

要求：根据上述资料，编制该公司2017年1月份的现金预算。

2. 甲企业一加工车间为成本中心，生产A产品，预算产量为10万件，单位成本200元；实际产量11万件，单位成本210元。

要求：（1）计算该成本中心的成本降低额。

（2）计算该成本中心的成本降低率。

3. 甲企业的A部门为利润中心，利润中心销售收入110万元，利润中心销售产品变动成本和变动销售费用50万元；利润中心可控固定成本20万元，利润中心不可控而由该中心负担的固定成本12万元。

要求：（1）计算该利润中心的边际贡献总额。

（2）计算该利润中心的可控利润总额。

（3）计算该利润中心的可控利润总额。

四、案例分析题

大正公司下设A、B两个投资中心。现在公司面临一个投资机会，公司的财务管理人员对A、B两个投资中心进行分析。

A中心的投资额为250万元，投资利润率为16%；B中心的投资额300万元，剩余收益为9万元；公司要求的平均投资利润率为13%，现公司决定追加投资150万元，若投向A中心，该中心每年增加利润30万元，若投向B中心，该中心每年增加利润25万元。

要求：如果你是大正公司的财务管理人员，你认为应该投向哪个公司？

附　录

附表一　复利终值系数表

期数	1%	2%	3%	4%	5%	6%	7%	8%	9%	10%
1	1.010 0	1.020 0	1.030 0	1.040 0	1.050 0	1.060 0	1.070 0	1.080 0	1.090 0	1.100 0
2	1.020 1	1.040 4	1.060 9	1.081 6	1.102 5	1.123 6	1.144 9	1.166 4	1.188 1	1.210 0
3	1.030 3	1.061 2	1.092 7	1.124 9	1.157 6	1.191 0	1.225 0	1.259 7	1.295 0	1.331 0
4	1.040 6	1.082 4	1.125 5	1.169 9	1.215 5	1.262 5	1.310 8	1.360 5	1.411 6	1.464 1
5	1.051 0	1.104 1	1.159 3	1.216 7	1.276 3	1.338 2	1.402 6	1.469 3	1.538 6	1.610 5
6	1.061 5	1.126 2	1.194 1	1.265 3	1.340 1	1.418 5	1.500 7	1.580 9	1.677 1	1.771 6
7	1.072 1	1.148 7	1.229 9	1.315 9	1.407 1	1.503 6	1.605 8	1.773 8	1.828 0	1.948 7
8	1.082 9	1.171 7	1.266 8	1.368 6	1.477 5	1.593 8	1.718 2	1.850 9	1.992 6	2.143 6
9	1.093 7	1.195 1	1.304 8	1.423 3	1.551 3	1.689 5	1.838 5	1.999 0	2.171 9	2.357 9
10	1.104 6	1.219 0	1.343 9	1.480 2	1.628 9	1.790 8	1.967 2	2.158 9	2.367 4	2.593 7
11	1.115 7	1.243 4	1.382 4	1.539 5	1.710 3	1.898 3	2.104 9	2.331 6	2.580 4	2.853 1
12	1.126 8	1.268 2	1.425 8	1.601 0	1.795 9	2.012 2	2.252 2	2.518 2	2.812 7	3.138 4
13	1.138 1	1.293 6	1.468 5	1.665 1	1.885 6	2.132 9	2.409 8	2.719 6	3.065 8	3.452 3
14	1.145 9	1.319 5	1.512 6	1.731 7	1.979 9	2.260 9	2.578 5	2.937 2	3.341 7	3.797 5
15	1.161 0	1.345 9	1.558 0	1.800 9	2.078 9	2.396 6	2.759 0	3.172 2	3.642 5	4.177 2
16	1.172 6	1.372 8	1.604 7	1.873 0	2.182 9	2.540 4	2.952 2	3.425 9	3.970 3	4.595 0
17	1.184 3	1.400 2	1.652 8	1.947 9	2.292 0	2.692 8	3.158 8	3.700 0	4.327 6	5.054 5
18	1.196 1	1.428 2	1.702 4	2.025 8	2.406 6	2.854 3	3.379 9	3.996 0	4.717 1	5.559 9
19	1.208 1	1.456 8	1.753 5	2.106 8	2.527 0	3.025 6	3.616 5	4.315 7	5.141 7	6.115 9
20	1.220 2	1.485 9	1.806 1	2.191 1	2.653 3	3.207 1	3.869 7	4.661 0	5.604 4	6.727 5
21	1.232 4	1.515 7	1.860 3	2.278 8	2.786 0	3.399 6	4.140 6	5.033 8	6.108 8	7.400 2
22	1.244 7	1.546 0	1.916 1	2.369 9	2.925 3	3.603 5	4.430 4	5.436 5	6.658 6	8.140 3
23	1.257 2	1.576 9	1.973 6	2.464 7	3.071 5	3.819 7	4.740 5	5.871 5	7.257 9	8.254 3
24	1.269 7	1.608 4	2.032 8	2.563 3	3.225 1	4.048 9	5.072 4	6.341 2	7.911 1	9.849 7
25	1.282 4	1.640 6	2.093 8	2.665 8	3.386 4	4.291 9	5.427 4	6.848 5	8.623 1	10.835
26	1.295 3	1.673 4	2.156 6	2.772 5	3.555 7	4.549 4	5.807 6	7.396 4	9.399 2	11.918
27	1.308 2	1.706 9	2.221 3	2.883 4	3.733 5	4.882 3	6.213 9	7.988 1	10.245	13.110
28	1.321 3	1.741 0	2.287 9	2.998 7	3.920 1	5.111 7	6.648 8	8.627 1	11.167	14.421
29	1.334 5	1.775 8	2.356 6	3.118 7	4.116 1	5.418 4	7.114 3	9.317 3	12.172	15.863
30	1.347 8	1.811 4	2.427 3	3.243 4	4.321 9	5.743 5	7.612 3	10.063	13.268	17.449
40	1.488 9	2.208 0	3.262 0	4.801 0	7.040 0	10.286	14.794	21.725	31.408	45.259
50	1.644 6	2.691 6	4.383 9	7.106 7	11.467	18.420	29.457	46.902	74.358	117.39
60	1.816 7	3.281 0	5.891 6	10.520	18.679	32.988	57.946	101.26	176.03	304.48

续表

期数	12%	14%	15%	16%	18%	20%	24%	28%	32%	36%
1	1.120 0	1.140 0	1.150 0	1.160 0	1.1800	1.2000	1.2400	1.2800	1.3200	1.3600
2	1.254 4	1.299 6	1.322 5	1.345 6	1.392 4	1.440 0	1.537 6	1.638 4	1.742 4	1.849 6
3	1.404 9	1.481 5	1.520 9	1.560 9	1.643 0	1.728 0	1.906 6	2.087 2	2.300 0	2.515 5
4	1.573 5	1.689 0	1.749 0	1.810 6	1.938 8	2.073 6	2.364 2	2.684 4	3.036 0	3.421 0
5	1.762 3	1.925 4	2.011 4	2.100 3	2.287 8	2.488 3	2.931 6	3.436 0	4.007 5	4.652 6
6	1.973 8	2.195 0	2.313 1	2.436 4	2.699 6	2.986 0	3.635 2	4.398 0	5.289 9	6.327 5
7	2.210 7	2.502 3	2.660 0	2.826 2	3.185 5	3.583 2	4.507 7	5.629 5	6.982 6	8.605 4
8	2.476 0	2.852 6	3.059 0	3.278 4	3.758 9	4.299 8	5.589 5	7.250 8	9.217 0	11.703
9	2.773 1	3.251 9	3.517 9	3.803 0	4.435 5	5.159 8	6.931 0	9.223 4	12.166	15.917
10	3.105 8	3.707 2	4.045 6	4.411 4	5.233 8	6.191 7	8.594 4	11.806	16.060	21.647
11	3.478 5	4.226 2	4.652 4	5.117 3	6.175 9	7.430 1	10.657	15.112	21.119	29.439
12	3.896 0	4.817 9	5.350 3	5.936 0	7.287 6	8.916 1	13.215	19.343	27.983	40.037
13	4.363 5	5.492 4	6.152 8	6.885 8	8.599 4	10.699	16.386	24.759	36.937	54.451
14	4.887 1	6.261 3	7.075 7	7.987 5	10.147	12.839	20.319	31.691	48.757	74.053
15	5.473 6	7.137 9	8.137 1	9.265 5	11.974	15.407	25.196	40.565	64.395	100.71
16	6.130 4	8.137 2	9.357 6	10.748	14.129	18.448	31.243	51.923	84.954	136.97
17	6.866 0	9.276 5	10.761	12.468	16.672	22.186	38.741	66.461	112.14	186.28
18	7.690 0	10.575	12.375	14.463	19.673	26.623	48.039	86.071	148.02	253.34
19	8.612 8	12.056	14.232	16.777	23.214	31.948	59.568	108.89	195.39	344.54
20	9.646 3	13.743	16.367	19.461	27.393	38.338	73.864	139.38	257.92	468.57
21	10.804	15.668	18.822	22.574	32.324	46.005	91.592	178.41	340.45	637.26
22	12.100	17.861	21.645	26.186	38.142	55.206	113.57	228.36	449.39	866.67
23	13.552	20.362	24.891	30.376	45.008	66.247	140.83	292.30	593.20	1178.7
24	15.179	23.212	28.625	35.236	53.109	79.497	174.63	374.14	783.02	1603.0
25	17.000	26.462	32.919	40.874	62.669	95.396	216.54	478.90	1 033.6	2 180.1
26	19.040	30.167	37.857	47.414	73.949	114.48	268.51	613.00	1 364.3	2 964.9
27	21.325	34.390	43.535	55.000	87.260	137.37	332.95	784.64	1 800.9	4 032.3
28	23.884	39.204	50.006	63.800	102.97	164.84	412.86	1 004.3	2 377.2	5 483.9
29	26.750	44.693	57.575	74.009	121.50	197.81	511.95	1 285.6	3 137.9	7 458.1
30	29.960	50.950	66.121	85.850	143.37	237.38	634.82	1 645.5	4 142.1	10 143
40	93.051	188.83	267.86	378.72	750.38	1 469.8	5 455.9	19 427	66 527	*
50	289.00	700.23	1 083.7	1 670.7	3 927.4	9 100.4	46 890	*	*	*
60	897.60	2 595.9	4 384.0	7 370.2	20 555	56 348	*	*	*	*
	* >99 999									

附表二　复利现值系数表

期数	1%	2%	3%	4%	5%	6%	7%	8%	9%	10%
1	0.990 1	0.980 4	0.970 9	0.961 5	0.952 4	0.943 4	0.934 6	0.925 9	0.917 4	0.909 1
2	0.980 3	0.971 2	0.942 6	0.924 6	0.907 0	0.890 0	0.873 4	0.857 3	0.841 7	0.826 4
3	0.970 6	0.942 3	0.915 1	0.889 0	0.863 8	0.839 6	0.816 3	0.793 8	0.772 2	0.751 3
4	0.961 0	0.923 8	0.888 5	0.854 8	0.822 7	0.792 1	0.762 9	0.735 0	0.708 4	0.683 0
5	0.951 5	0.905 7	0.862 6	0.821 9	0.783 5	0.747 3	0.713 0	0.680 6	0.649 9	0.620 9
6	0.942 0	0.888 0	0.837 5	0.790 3	0.746 2	0.705 0	0.666 3	0.630 2	0.596 3	0.564 5
7	0.932 7	0.860 6	0.813 1	0.759 9	0.710 7	0.665 1	0.622 7	0.583 5	0.547 0	0.513 2
8	0.923 5	0.853 5	0.787 4	0.730 7	0.676 8	0.627 4	0.582 0	0.540 3	0.501 9	0.466 5
9	0.914 3	0.836 8	0.766 4	0.702 6	0.644 6	0.591 9	0.543 9	0.500 2	0.460 4	0.424 1
10	0.905 3	0.820 3	0.744 1	0.675 6	0.613 9	0.558 4	0.508 3	0.463 2	0.422 4	0.385 5
11	0.896 3	0.804 3	0.722 4	0.649 6	0.584 7	0.526 8	0.475 1	0.428 9	0.387 5	0.350 5
12	0.887 4	0.788 5	0.701 4	0.624 6	0.556 8	0.497 0	0.444 0	0.397 1	0.355 5	0.318 6
13	0.878 7	0.773 0	0.681 0	0.600 6	0.530 3	0.468 8	0.415 0	0.367 7	0.326 2	0.289 7
14	0.870 0	0.757 9	0.661 1	0.577 5	0.505 1	0.442 3	0.387 8	0.340 5	0.299 2	0.263 3
15	0.861 3	0.743 0	0.641 9	0.555 3	0.481 0	0.417 3	0.362 4	0.315 2	0.274 5	0.239 4
16	0.852 8	0.728 4	0.623 2	0.533 9	0.458 1	0.393 6	0.338 7	0.291 9	0.251 9	0.217 6
17	0.844 4	0.714 2	0.605 0	0.513 4	0.436 3	0.371 4	0.316 6	0.270 3	0.231 1	0.197 8
18	0.836 0	0.700 2	0.587 4	0.493 6	0.415 5	0.350 3	0.295 9	0.250 2	0.212 0	0.179 9
19	0.827 7	0.686 4	0.570 3	0.474 6	0.395 7	0.330 5	0.276 5	0.231 7	0.194 5	0.163 5
20	0.819 5	0.673 0	0.553 7	0.456 4	0.376 9	0.311 8	0.258 4	0.214 5	0.178 4	0.148 6
21	0.811 4	0.659 8	0.537 5	0.438 8	0.358 9	0.294 2	0.241 5	0.198 7	0.163 7	0.135 1
22	0.803 4	0.646 8	0.521 9	0.422 0	0.341 8	0.277 5	0.225 7	0.183 9	0.150 2	0.122 8
23	0.795 4	0.634 2	0.506 7	0.405 7	0.325 6	0.261 8	0.210 9	0.170 3	0.137 8	0.111 7
24	0.787 6	0.621 7	0.491 9	0.390 1	0.310 1	0.247 0	0.197 1	0.157 7	0.126 4	0.101 5
25	0.779 8	0.609 5	0.477 6	0.375 1	0.295 3	0.233 0	0.184 2	0.146 0	0.116 0	0.092 3
26	0.772 0	0.597 6	0.463 7	0.360 4	0.281 2	0.219 8	0.172 2	0.135 2	0.106 4	0.083 9
27	0.764 4	0.585 9	0.450 2	0.346 8	0.267 8	0.207 4	0.160 9	0.125 2	0.097 6	0.076 3
28	0.756 8	0.574 4	0.437 1	0.333 5	0.255 1	0.195 6	0.150 4	0.115 9	0.089 5	0.069 3
29	0.749 3	0.563 1	0.424 3	0.320 7	0.242 9	0.184 6	0.140 6	0.107 3	0.082 2	0.063 0
30	0.741 9	0.552 1	0.412 0	0.308 3	0.231 4	0.174 1	0.131 4	0.099 4	0.075 4	0.057 3
35	0.705 9	0.500 0	0.355 4	0.253 4	0.181 3	0.130 1	0.093 7	0.067 6	0.049 0	0.035 6
40	0.671 7	0.452 9	0.306 6	0.208 3	0.142 0	0.097 2	0.066 8	0.046 0	0.031 8	0.022 1
45	0.639 1	0.410 2	0.264 4	0.171 2	0.111 3	0.072 7	0.047 6	0.031 3	0.020 7	0.013 7
50	0.608 0	0.371 5	0.228 1	0.140 7	0.087 2	0.054 3	0.033 9	0.021 3	0.013 4	0.008 5
55	0.578 5	0.336 5	0.196 8	0.115 7	0.068 3	0.040 6	0.024 2	0.014 5	0.008 7	0.005 3

续表

期数	12%	14%	15%	16%	18%	20%	24%	28%	32%	36%
1	0.892 9	0.877 2	0.869 6	0.862 1	0.847 5	0.833 3	0.806 5	0.781 3	0.757 6	0.735 3
2	0.797 2	0.769 5	0.756 1	0.743 2	0.718 2	0.694 4	0.650 4	0.610 4	0.573 9	0.5407
3	0.711 8	0.675 0	0.657 5	0.640 7	0.608 6	0.578 7	0.524 5	0.476 8	0.434 8	0.397 5
4	0.635 5	0.592 1	0.571 8	0.552 3	0.515 8	0.482 3	0.423 0	0.372 5	0.329 4	0.2923
5	0.567 4	0.519 4	0.497 2	0.476 2	0.437 1	0.401 9	0.341 1	0.291 0	0.249 5	0.214 9
6	0.506 6	0.455 6	0.432 3	0.410 4	0.370 4	0.334 9	0.275 1	0.227 4	0.189 0	0.158 0
7	0.452 3	0.399 6	0.375 9	0.353 8	0.313 9	0.279 1	0.221 8	0.177 6	0.143 2	0.116 2
8	0.403 9	0.350 6	0.326 9	0.305 0	0.266 0	0.232 6	0.178 9	0.138 8	0.108 5	0.085 4
9	0.360 6	0.307 5	0.284 3	0.263 0	0.225 5	0.193 8	0.144 3	0.108 4	0.082 2	0.062 8
10	0.322 0	0.269 7	0.247 2	0.226 7	0.191 1	0.161 5	0.116 4	0.084 7	0.062 3	0.046 2
11	0.287 5	0.236 6	0.214 9	0.195 4	0.161 9	0.134 6	0.093 8	0.066 2	0.047 2	0.034 0
12	0.256 7	0.207 6	0.186 9	0.168 5	0.137 3	0.112 2	0.075 7	0.051 7	0.035 7	0.025 0
13	0.229 2	0.182 1	0.162 5	0.145 2	0.116 3	0.093 5	0.061 0	0.040 4	0.027 1	0.018 4
14	0.204 6	0.159 7	0.141 3	0.125 2	0.098 5	0.077 9	0.049 2	0.031 6	0.020 5	0.013 5
15	0.182 7	0.140 1	0.122 9	0.107 9	0.083 5	0.064 9	0.039 7	0.024 7	0.015 5	0.009 9
16	0.163 1	0.122 9	0.106 9	0.098 0	0.070 9	0.054 1	0.032 0	0.019 3	0.011 8	0.007 3
17	0.145 6	0.107 8	0.092 9	0.080 2	0.060 0	0.045 1	0.025 9	0.015 0	0.008 9	0.005 4
18	0.130 0	0.094 6	0.080 8	0.069 1	0.050 8	0.037 6	0.020 8	0.011 8	0.006 8	0.003 9
19	0.116 1	0.082 9	0.070 3	0.059 6	0.043 1	0.031 3	0.016 8	0.009 2	0.005 1	0.002 9
20	0.103 7	0.072 8	0.061 1	0.051 4	0.036 5	0.026 1	0.013 5	0.007 2	0.003 9	0.002 1
21	0.092 6	0.063 8	0.053 1	0.044 3	0.030 9	0.021 7	0.010 9	0.005 6	0.002 9	0.001 6
22	0.082 6	0.056 0	0.046 2	0.038 2	0.026 2	0.018 1	0.008 8	0.004 4	0.002 2	0.0012
23	0.073 8	0.049 1	0.040 2	0.032 9	0.022 2	0.015 1	0.007 1	0.003 4	0.001 7	0.0008
24	0.065 9	0.043 1	0.034 9	0.028 4	0.018 8	0.012 6	0.005 7	0.002 7	0.001 3	0.000 6
25	0.058 8	0.037 8	0.030 4	0.024 5	0.016 0	0.010 5	0.004 6	0.002 1	0.001 0	0.000 5
26	0.052 5	0.033 1	0.026 4	0.021 1	0.013 5	0.008 7	0.003 7	0.001 6	0.000 7	0.000 3
27	0.046 9	0.029 1	0.023 0	0.018 2	0.011 5	0.007 3	0.003 0	0.001 3	0.000 6	0.000 2
28	0.041 9	0.025 5	0.020 0	0.015 7	0.009 7	0.006 1	0.002 4	0.001 0	0.000 4	0.000 2
29	0.037 4	0.022 4	0.017 4	0.013 5	0.008 2	0.005 1	0.002 0	0.000 8	0.000 3	0.000 1
30	0.033 4	0.019 6	0.015 1	0.011 6	0.007 0	0.004 2	0.001 6	0.000 6	0.000 2	0.000 1
35	0.018 9	0.010 2	0.007 5	0.005 5	0.003 0	0.001 7	0.000 5	0.000 2	0.000 1	*
40	0.010 7	0.005 3	0.003 7	0.002 6	0.001 3	0.000 7	0.000 2	0.000 1	*	*
45	0.006 1	0.002 7	0.001 9	0.001 3	0.000 6	0.000 3	0.000 1	*	*	*
50	0.003 5	0.001 4	0.000 9	0.000 6	0.000 3	0.000 1	*	*	*	*
55	0.002 0	0.000 7	0.000 5	0.000 3	0.000 1	*	*	*	*	*
	* <000 1									

附表三　年金终值系数表

期数	1%	2%	3%	4%	5%	6%	7%	8%	9%	10%
1	1.000 0	1.000 0	1.000 0	1.000 0	1.000 0	1.000 0	1.000 0	1.000 0	1.000 0	1.000 0
2	2.010 0	2.020 0	2.030 0	2.040 0	2.050 0	2.060 0	2.070 0	2.080 0	2.090 0	2.100 0
3	3.030 1	3.060 4	3.090 9	3.121 6	3.152 5	3.183 6	3.214 9	3.246 4	3.278 1	3.310 0
4	4.060 4	4.121 6	4.183 6	4.246 5	4.310 1	4.374 6	4.439 9	4.506 1	4.573 1	4.641 0
5	5.101 0	5.204 0	5.309 1	5.416 3	5.525 6	5.637 1	5.750 7	5.866 6	5.984 7	6.105 1
6	6.152 0	6.308 1	6.468 4	6.633 0	6.801 9	6.975 3	7.153 3	7.335 9	7.523 3	7.715 6
7	7.213 5	7.434 3	7.662 5	7.898 3	8.142 0	8.393 8	8.654 0	8.922 8	9.200 4	9.487 2
8	8.285 7	8.583 0	8.892 3	9.214 2	9.549 1	9.897 5	10.260	10.637	11.028	11.436
9	9.368 5	9.754 6	10.159	10.583	11.027	11.491	11.978	12.488	13.021	13.579
10	10.462	10.950	11.464	12.006	12.578	13.181	13.816	14.487	15.193	15.937
11	11.567	12.169	12.808	13.486	14.207	14.972	15.784	16.645	17.560	18.531
12	12.683	13.412	14.192	15.026	15.917	16.870	17.888	18.977	20.141	21.384
13	13.809	14.680	15.618	16.627	17.713	18.882	20.141	21.495	22.953	24.523
14	14.947	15.974	17.086	18.292	19.599	21.015	22.550	24.214	26.019	27.975
15	16.097	17.293	18.599	20.024	21.579	23.276	25.129	27.152	29.361	31.772
16	17.258	18.639	20.157	21.825	23.657	25.673	27.888	30.324	33.003	35.950
17	18.430	20.012	21.762	23.698	25.840	28.213	30.840	33.750	36.974	40.545
18	19.615	21.412	23.414	25.645	28.132	30.906	33.999	37.450	41.301	45.599
19	20.811	22.841	25.117	27.671	30.539	33.760	37.379	41.446	46.018	51.159
20	22.019	24.297	26.870	29.778	33.066	36.786	40.955	45.752	51.160	57.275
21	23.239	25.783	28.676	31.969	35.719	39.993	44.865	50.423	56.765	64.002
22	24.472	27.299	30.537	34.249	38.505	43.392	49.006	55.457	62.873	71.403
23	25.716	28.845	32.453	36.618	41.430	46.996	53.436	60.883	69.532	79.543
24	26.973	30.422	34.426	39.083	44.502	50.816	58.177	66.765	76.790	88.497
25	28.243	32.030	36.459	41.646	47.727	54.863	63.294	73.106	84.701	98.347
26	29.526	33.671	38.553	44.312	51.113	59.156	68.676	79.954	93.324	109.18
27	30.821	35.344	40.710	47.084	54.669	63.706	74.484	87.351	102.72	121.10
28	32.129	37.051	42.931	49.968	58.403	68.528	80.698	95.339	112.97	134.21
29	33.450	38.792	45.219	52.966	62.323	73.640	87.347	103.97	124.14	148.63
30	34.785	40.568	47.575	56.085	66.439	79.058	94.461	113.28	136.31	164.49
40	48.886	60.402	75.401	95.026	120.80	154.76	199.64	259.06	337.88	442.59
50	64.463	84.579	112.80	152.67	209.35	290.34	406.53	573.77	815.08	1 163.9
60	81.670	114.05	163.05	237.99	353.58	533.13	813.52	1 253.2	1 944.8	3 034.8

续表

期数	12%	14%	15%	16%	18%	20%	24%	28%	32%	36%
1	1.000 0	1.000 0	1.000 0	1.000 0	1.000 0	1.000 0	1.000 0	1.000 0	1.000 0	1.000 0
2	2.120 0	2.140 0	2.150 0	2.160 0	2.180 0	2.200 0	2.240 0	2.280 0	2.320 0	2.360 0
3	3.374 4	3.439 6	3.472 5	3.505 6	3.572 4	3.640 0	3.777 6	3.918 4	3.062 4	3.209 6
4	4.779 3	4.921 1	4.993 4	5.066 5	5.215 4	5.368 0	5.684 2	6.015 6	6.362 4	6.725 1
5	6.352 8	6.610 1	6.742 4	6.877 1	7.154 2	7.441 6	8.048 4	8.699 9	9.398 3	10.146
6	8.115 2	8.535 5	8.753 7	8.977 5	9.442 0	9.929 9	10.980	12.136	13.406	14.799
7	10.089	10.730	11.067	11.414	12.142	12.916	14.615	16.534	18.696	21.126
8	12.300	13.233	13.727	14.240	15.327	16.499	19.123	22.163	25.678	29.732
9	14.776	16.085	16.786	17.519	19.086	20.799	24.712	29.369	34.895	41.435
10	17.549	19.337	20.304	21.321	23.521	25.959	31.643	38.593	47.062	57.352
11	20.655	23.045	24.349	25.733	28.755	32.150	40.238	50.398	63.122	78.988
12	24.133	27.271	29.002	30.850	34.931	39.581	50.895	65.510	84.320	108.44
13	28.029	32.089	34.352	36.786	42.219	48.497	64.110	84.853	112.30	148.47
14	32.393	37.581	40.505	43.672	50.818	59.196	80.496	109.61	149.24	202.93
15	37.280	43.842	47.580	51.660	60.965	72.035	100.82	141.30	198.00	276.98
16	42.753	50.980	55.717	60.925	72.939	87.442	126.01	181.87	262.36	377.69
17	48.884	59.118	65.075	71.673	87.068	105.93	157.25	233.79	347.31	514.66
18	55.750	68.394	75.836	84.141	103.74	128.12	195.99	300.25	459.45	770.94
19	63.440	78.969	88.212	98.603	123.41	154.74	244.03	385.32	607.47	954.28
20	72.052	91.025	102.44	115.38	146.63	186.69	303.60	494.21	802.86	1 298.8
21	81.699	104.77	118.81	134.84	174.02	225.03	377.46	633.59	1060.8	1 767.4
22	92.503	120.44	137.63	157.41	206.34	271.03	469.06	812.00	1401.2	2 404.7
23	104.60	138.30	159.28	183.60	244.49	326.24	582.63	1 040.4	1850.6	3 271.3
24	118.16	185.66	184.17	213.98	289.49	392.48	723.46	1 332.7	2443.8	4 450.0
25	133.33	181.87	212.79	249.21	342.60	471.98	898.09	1 706.8	3226.8	6 053.0
26	150.33	208.33	245.71	290.09	405.27	567.38	1114.6	185.7	4260.4	8 233.1
27	169.37	238.50	283.57	337.50	479.22	681.85	1 383.1	2 798.7	5 624.8	11 198.0
28	190.70	272.89	327.10	392.50	566.48	819.22	1 716.1	3 583.3	7 425.7	15 230.3
29	214.58	312.09	377.17	456.30	669.45	984.07	2 129.0	4 587.7	9 802.9	20 714.2
30	241.33	356.79	434.75	530.31	790.95	1 181.9	2 640.9	5 873.2	12 941	28 172.3
40	767.09	1 342.0	1 779.1	2 360.8	4 163.2	7 343.2	27 290	69 377	*	*
50	2 400.0	4 994.5	7 217.7	10 436	21 813	45 497	*	*	*	*
60	7 471.6	18 535	29 220	46 058	*	*	*	*	*	*

* >99 999

附表四　年金现值系数表

期数	1%	2%	3%	4%	5%	6%	7%	8%	9%
1	0.990 1	0.980 4	0.970 9	0.961 5	0.952 4	0.943 4	0.934 6	0.925 9	0.917 4
2	1.970 4	1.941 6	1.913 5	1.886 1	1.859 4	1.833 4	1.808 0	1.783 3	1.759 1
3	2.941 0	2.883 9	2.828 6	2.775 1	2.723 2	2.673 0	2.624 3	2.577 1	2.531 3
4	3.902 0	3.807 7	3.717 1	3.629 9	3.546 0	3.465 1	3.387 2	3.312 1	3.239 7
5	4.853 4	4.713 5	4.579 7	4.451 8	4.329 5	4.212 4	4.100 2	3.992 7	3.889 7
6	5.795 5	5.601 4	5.417 2	5.242 1	5.075 7	4.917 3	4.766 5	4.622 9	4.485 9
7	6.728 2	6.472 0	6.230 3	6.002 1	5.786 4	5.582 4	5.389 3	5.206 4	5.033 0
8	7.651 7	7.325 5	7.019 7	6.732 7	6.463 2	6.209 8	5.971 3	5.746 6	5.534 8
9	8.566 0	8.162 2	7.786 1	7.435 3	7.107 8	6.801 7	6.515 2	6.246 9	5.995 2
10	9.471 3	8.982 6	8.530 2	8.110 9	7.721 7	7.360 1	7.023 6	6.710 1	6.417
11	10.367 6	9.786 8	9.252 6	8.760 5	8.306 4	7.886 9	7.498 7	7.139 0	6.805 2
12	11.255 1	10.575 3	9.954 0	9.385 1	8.863 3	8.383 8	7.942 7	7.536 1	7.160 7
13	12.133 7	11.348 4	10.635 0	9.985 6	9.393 6	8.852 7	8.357 7	7.903 8	7.486 9
14	13.003 7	12.106 2	11.296 1	10.563 1	9.898 6	9.295 0	8.745 5	8.244 2	7.786 2
15	13.865 1	12.849 3	11.937 9	11.118 4	10.379 7	9.712 2	9.107 9	8.559 5	8.060 7
16	14.717 9	13.577 7	12.561 1	11.652 3	10.837 8	10.105 9	9.446 6	8.851 4	8.312 6
17	15.562 3	14.291 9	13.166 1	12.165 7	11.274 1	10.477 3	9.763 2	9.121 6	8.543 6
18	16.398 3	14.992 0	13.753 5	12.689 6	11.689 6	10.827 6	10.059 1	9.371 9	8.755 6
19	17.226 0	15.678 5	14.323 8	13.133 9	12.085 3	11.158 1	10.335 6	9.603 6	8.960 1
20	18.045 6	16.351 4	14.877 5	13.590 3	12.462 2	11.469 9	10.594 0	9.818 1	9.128 5
21	18.857 0	17.011 2	15.415 0	14.029 2	12.821 2	11.764 1	10.835 5	10.061 8	9.292 2
22	19.660 4	17.658 0	15.936 9	14.451 1	13.488 6	12.303 4	11.061 2	10.200 7	9.442 6
23	20.455 8	18.292 2	16.443 6	14.856 8	13.488 6	12.303 4	11.272 2	10.371 1	9.580 2
24	21.243 4	18.913 9	16.935 5	15.247 0	13.798 6	12.550 4	11.469 3	10.528 8	9.706 6
25	22.023 2	19.523 5	17.413 1	15.622 1	14.093 9	12.783 4	11.653 6	10.674 8	9.822 6
26	22.795 2	20.121 0	17.876 8	15.982 8	14.375 2	13.003 2	11.825 8	10.810 0	9.929 0
27	23.559 6	20.705 9	18.327 0	16.329 6	14.643 0	13.210 5	11.986 7	10.935 2	10.026 6
28	24.316 4	21.281 3	18.764 1	16.663 1	14.898 1	13.406 2	12.137 1	11.051 1	10.116 1
29	25.065 8	21.844 4	19.188 5	16.983 7	15.141 1	13.590 7	12.277 7	11.158 4	10.198 3
30	25.807 7	22.396 5	19.600 4	17.292 0	15.372 5	13.764 8	12.409 0	11.257 8	10.273 7
35	29.408 6	24.998 6	21.487 2	18.664 6	16.374 2	14.498 2	12.947 7	11.654 6	10.566 8
40	32.834 7	27.355 5	23.114 8	19.792 8	17.159 1	15.046 3	13.331 7	11.924 6	10.757 4
45	36.094 5	29.490 2	24.518 7	20.720 0	17.774 1	15.455 8	13.605 5	12.108 4	10.881 2
50	39.196 1	31.423 6	25.729 8	21.482 2	18.255 9	15.761 9	13.800 7	12.233 5	10.961 7
55	42.147 2	33.174 8	26.774 4	22.108 6	18.633 5	15.990 5	13.939 9	12.318 6	11.014 0

续表

期数	10%	12%	14%	15%	16%	18%	20%	24%	28%	32%
1	0.909	0.892 9	0.877 2	0.869 6	0.862 1	0.847 5	0.833 3	0.806 5	0.781 3	0.757 6
2	1.735 5	1.690 1	1.646 7	1.625 7	1.605 2	1.565 6	1.527 8	1.456 8	1.391 6	1.331 5
3	2.486	2.401 4	2.321 6	2.283 2	2.245 9	2.174 3	2.106 5	1.981 3	1.868 4	1.766 3
4	3.169 9	3.037 3	2.913 7	2.855 0	2.798 2	2.690 1	2.588 7	2.404 3	2.241 0	2.095 7
5	3.790 8	3.604 8	3.433 1	3.352 2	3.274 3	3.127 2	2.990 6	2.745 4	2.532 0	2.345 2
6	4.355 3	4.111 4	3.888 7	3.784 5	3.684 7	3.497 6	3.325 5	3.020 5	2.759 4	2.534 2
7	4.868 4	4.563 8	4.288 3	4.160 4	4.038 6	3.811 5	3.604 6	3.242 3	2.937 0	2.677 5
8	5.334 9	4.967 6	4.638 9	4.487 3	4.343 6	4.077 6	3.837 2	3.421 2	3.075 8	2.786 0
9	5.759 0	5.328 2	4.946 4	4.771 6	4.606 5	4.303 0	4.031 0	3.565 5	3.184 2	2.868 1
10	6.144 6	5.650 2	5.216 1	5.018 8	4.833 2	4.494 1	4.192 5	3.681 9	3.268 9	2.930 4
11	6.495 1	5.937 7	5.452 7	5.233 7	5.028 4	4.656 0	4.327 1	3.775 7	3.335 1	2.977 6
12	6.813 7	6.194 4	5.660 5	5.420 6	5.197 1	4.793 2	4.439 2	3.851 4	3.386 8	3.013 3
13	7.103 4	6.423 5	5.842 4	5.583 1	5.342 3	4.909 5	4.532 7	3.912 4	3.427 2	3.040 4
14	7.366 7	6.628 2	6.002 1	5.724 5	5.467 5	5.008 1	4.610 6	3.961 6	3.458 7	3.060 9
15	7.606 1	6.810 9	6.142 2	5.847 4	5.575 5	5.091 6	4.675 5	4.001 3	3.483 4	3.076 4
16	7.823 7	6.974 0	6.265 1	5.954 2	5.668 5	5.162 4	4.729 6	4.033 3	3.502 6	3.088 2
17	8.021 6	7.119 6	6.372 9	6.047 2	5.748 7	5.222 3	4.774 6	4.059 1	3.517 7	3.097 1
18	8.201 4	7.249 7	6.467 4	6.128 0	5.817 8	5.273 2	4.812 2	4.079 9	3.529 4	3.103 9
19	8.364 9	7.365 8	6.550 4	6.198 2	5.877 5	5.316 2	4.843 5	4.096 7	3.538 6	3.109 0
20	8.513 6	7.469 4	6.623 1	6.259 3	5.928 8	5.352 7	4.869 6	4.110 3	3.545 8	3.112 9
21	8.648 7	7.523 0	6.687 0	6.312 5	5.973 1	5.383 7	4.891 3	4.121 2	3.551 4	3.115 8
22	8.771 5	7.644 6	6.742 9	6.358 7	6.011 3	5.409 9	4.909 4	4.130 0	3.555 8	3.118 0
23	8.883 2	7.718 4	6.792 1	6.398 8	6.044 2	5.432 1	4.924 5	4.137 1	3.559 2	3.119 7
24	8.984 7	7.784 3	6.835 1	6.433 8	6.072 6	5.450 9	4.937 1	4.142 8	3.561 9	3.121 0
25	9.077 0	7.843 1	6.872 9	6.464 1	6.097 1	5.466 9	4.947 6	4.147 4	3.564 0	3.122 0
26	9.160 9	7.895 7	6.906 1	6.490 6	6.118 2	5.480 4	4.956 3	4.151 1	3.565 6	3.122 7
27	9.237 2	7.942 6	6.935 2	6.513 5	6.136 4	5.491 9	4.963 6	4.154 2	3.566 9	3.123 3
28	9.306 6	7.984 4	6.960 7	6.533 5	6.152 0	5.501 6	4.969 7	4.156 6	3.567 9	3.123 7
29	9.369 6	8.021 8	6.983 0	6.550 9	6.165 6	5.509 8	4.974 7	4.158 5	3.568 7	3.124 0
30	9.426 9	8.055 2	7.002 7	6.566 0	6.177 2	5.516 8	4.978 9	4.160 1	3.569 3	3.124 2
35	9.644 2	8.175 5	7.070 0	6.616 6	6.215 3	5.538 6	4.991 5	1.164 4	3.570 8	3.124 8
40	9.779 1	8.243 8	7.105 0	6.641 8	6.233 5	5.548 2	4.165 9	4.165 9	3.571 2	3.125 0
45	9.862 8	8.282 5	7.123 2	6.654 3	6.242 1	5.552 3	4.998 6	4.166 4	3.571 4	3.125 0
50	9.914 8	8.304 5	7.132 7	6.660 5	6.246 3	5.554 1	4.999 5	4.166 6	3.571 4	3.125 0
55	9.947 1	8.317 0	7.137 6	6.663 6	6.248 2	5.554 9	4.999 8	4.166 6	3.571 4	3.125 0

参考文献

[1] 谷祺，刘淑莲．财务管理［M］．大连：东北财经大学出版社，2007.
[2] 袁建国．财务管理［M］．大连：东北财经大学出版社，2005.
[3] 王化成．公司财务管理［M］．北京：中信出版社，2008.
[4] 刘圻．财务管理［M］．大连：大连出版社，2011.
[5] 罗昌宏．财务管理教程［M］，武汉：武汉大学出版社，2008.
[6] 夏宗伟．财务管理学［M］．南京：南京大学出版社，2009.
[7] 王化成．财务管理教学案例［M］．北京：中国人民大学出版社，2000.
[8] 龙云飞．财务管理学［M］．北京：中国人民大学出版社，2006.
[9] 财政部会计资格评价中心．财务管理［M］．北京：中国财政经济出版社，2011.
[10] 中国注册会计师协会．财务成本管理［M］．北京：经济科学出版社，2011.